网络信息法学研究

Journal of Cyber and Information Law

主编 周汉华
执行主编 周辉

中国法学会网络与信息法学研究会
China Cyber and Information Law Society

Cyber Law

2018年 第1期
【总第3期】

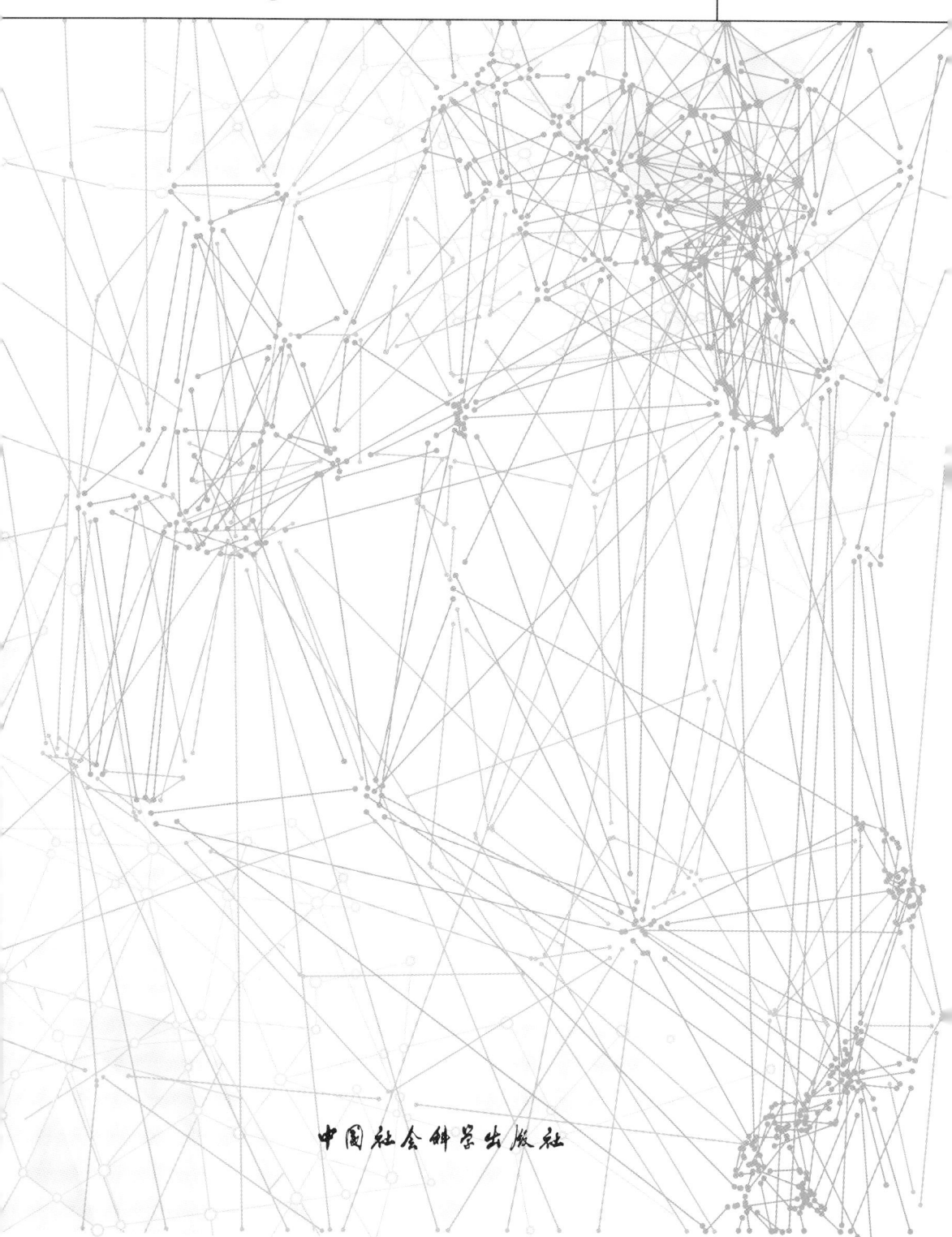

中国社会科学出版社

图书在版编目（CIP）数据

网络信息法学研究.2018年.第1期：总第3期/周汉华主编.—北京：中国社会科学出版社，2018.5

ISBN 978 – 7 – 5203 – 2355 – 0

Ⅰ.①网… Ⅱ.①周… Ⅲ.①计算机网络—科学技术管理法规—研究—中国②信息法—研究—中国 Ⅳ.①D922.174②D922.84

中国版本图书馆 CIP 数据核字（2018）第 070098 号

出 版 人	赵剑英
责任编辑	许 琳
责任校对	鲁 明
责任印制	李寡寡

出　　版	中国社会科学出版社
社　　址	北京鼓楼西大街甲 158 号
邮　　编	100720
网　　址	http://www.csspw.cn
发 行 部	010 – 84083685
门 市 部	010 – 84029450
经　　销	新华书店及其他书店

印　　刷	北京君升印刷有限公司
装　　订	廊坊市广阳区广增装订厂
版　　次	2018 年 5 月第 1 版
印　　次	2018 年 5 月第 1 次印刷

开　　本	710×1000　1/16
印　　张	20.75
字　　数	320 千字
定　　价	89.00 元

凡购买中国社会科学出版社图书，如有质量问题请与本社营销中心联系调换
电话：010 – 84083683
版权所有　侵权必究

《网络信息法学研究》
编辑委员会

编辑委员会主任 李　林

编辑委员会委员（以姓氏笔画为序）

　　　　　　　于志刚　马民虎　王卫国　石文昌
　　　　　　　龙卫球　申卫星　寿　步　张新宝
　　　　　　　周汉华　姜明安　姚　辉　徐汉明
　　　　　　　徐家力　蔡立东

主　　　编 周汉华
执 行 主 编 周　辉
责 任 编 辑 刘　明　刘金瑞　孙南翔　李　霞
　　　　　　　张　鹏　张新宇　林　华　胡　凌
编 务 助 理 张露子

卷 首 语

周汉华

互联网是一场革命，正在引发经济、社会、政治生活全面变革，无远弗届。互联网扁平化、去中心化的结构及不断进步的信息技术，带来了信息传播方式的巨大变化，推动了平台经济和网络社会的快速发展，给传统生产方式、销售方式及社会结构造成直接冲击，从而使政府管理方式面临巨大挑战。

法律规则是现实社会关系的反映，需要稳定和可预期。而相对于不断变化发展的社会生产，法律规则又具有一定的滞后性。在规则的稳定性与社会的变动性之间，需要通过立法、执法、司法活动寻求某种平衡，以减小两者之间的张力。在互联网时代，法律的滞后性更加显著，传统法律理念、制度、技术等面临全面挑战，很多法律规定已不适应互联网时代的现实。法律人需要去认识、理解和研究互联网，跟上时代进步步伐。

首先，互联网具有泛在性、融合化与跨边界特点，使传统的法律效力理论与管辖制度受到挑战。从地域效力来看，在互联网环境下，行为人、行为地、结果发生地、管辖地等发生分离，地域效力难以确定。从对人效力看，目前的法律制度设计是以对人效力理论作为支撑的，而在互联网环境下信息本身成为规范对象，很多情况下只需要管理信息，并不一定需要具体落地到行为人，为此，需要设计一套针对信息进行管理的法律规范，以反映互联网信息管理的现实。

其次，网络中间平台的发展亟须互联网法治的有力回应。作为典型的双边市场，网络中间平台融合生产与消费、信息制造与信息消费的边界，推动大众供给与大众需求的结合，推进交换经济向分享经济过渡，改变了传统生产方式、信息传播方式及社会组织形式，进而引发了传统法律诸多的不适应。其中比较突出的问题有网络中间平台责任认定问题、大数据的使用和隐私权的保护等等，这些问题反映了传统法律观念与网络时代新观念的冲突，对传统法律制度的适应性和韧性形成挑战。如何为平台经济发展营造良好的法治环境，以实现产业、市场主体、用户的"多元共赢"，考验着立法者、执法者和司法者的智慧，并成为互联网法治发展的最大驱动力。

再次，传统执法制度是以生产与消费的划分为前提的，执法的主要作用对象是供给端，主要执法手段是事前审批加违规之后的事后制裁。以平台经济为主要内容的互联网经济解构了传统的生产与消费的划分，要求管理环节延伸而不越位，更多通过信息化手段实现过程性监管、信用监管、实时在线监督等，以生产与消费的划分为前提的执法制度因此全面滞后。当前，行政体制改革涌现出很多创新举措，早已超出现行法律对于传统执法的理解和制度设计，而现行法律规定仍然停留在过去，学术研究更是全面落后于现实，新兴学科、交叉学科在传统法学划分中根本找不到位置。互联网法治建设亟须吸收国内外行政管理理论与实践创新成果，实现改革与法治的统一，缩短理论与实践的距离。

最后，随着大数据、云计算、物联网的发展，人工智能时代正以远远超出人们预期的速度来临，主体客体边界将进一步融合，传统法律制度面临更深层次挑战。法律规则与制度如何适应人工智能时代的要求，已成为各国法治领域最为前沿的探索领域。

未来已来。人工智能时代，包括法学研究在内的很多工作都会逐步被机器代替，留给法律人独立从事法学研究工作的时间窗口不会太长，我们更有责任留下对这个时代重大挑战的思考。目前，中国法学会网络与信息法学研究会正在筹备换届，网络信息法学研究面临难得的发展机会。《网络信息法学研究》作为研究会的会刊，将致力于推动跨学科、跨领域、跨部门融合，促进理论与实务对接，催生新理念新思想，为我国网络信息法学研究与网络信息法律实务打造一个交流互动的平台。

目　录

网络监管与规制

网络安全法基本概念若干问题 …………………………… 寿　步（3）
针对用户个人信息的网络服务提供者协助执法
　　义务边界 ………………………………………………… 裴　炜（21）
论网络虚拟财产禁止让与特约的法律规制 ……………… 刘　明（57）
论私人基于公法的干预义务
　　——兼议网络群组管理责任之正当性 ………………… 张　亮（83）

平台治理与平台责任

网络平台规制的双重逻辑及其反思 …………………… 许　可（105）
互联网平台经济的合作治理模式 ……………………… 魏小雨（122）
专车平台在交通事故中的侵权责任研究 ……………… 虞婷婷（143）

大数据与个人信息保护

个人信息保护中的"用户同意"规则：问题与解决 …… 方　禹（161）
限制数据跨境传输的国际冲突与企业应对 …… 邓志松　戴健民（182）
从数据属性视角看数据商业化中的使用规则 ………… 王　磊（204）

网络社会的被遗忘权研究 …………………………… 郑志峰（218）

国际治理

《国际电信规则》审议与修订的法律分析 ………… 王春晖（247）

研究报告

网络信息法学研究机构建设和发展报告（2004—2017）
………………………………………………………… 周　辉（273）
我国网络音乐市场的现实困境与法律制度完善 ………… 赵一洲（281）

域外动态

美国《澄清域外合法使用数据法》译文 …………… 张露予（295）

Contents and Abstracts ………………………………………（308）

Network Supervision and Regulation
网络监管与规制

网络安全法基本概念若干问题[*]

寿 步

（上海交通大学法学院教授）

内容提要 我国网络安全法以"网络"和"网络安全"等为核心概念，导致个人信息保护和违法信息管控等内容并不在"网络安全"概念的外延之内，因此《网络安全法》无法自洽，且核心概念无法与英文用语对应。如果以"ISO/IEC 27032：2012"关于网络空间、网络空间安全、网络空间安全态、网络空间犯罪这四个术语的定义为逻辑起点，将网络空间安全与信息安全、应用程序安全、网络安全、因特网安全、关键信息基础设施保护等术语进行明确定义和区分，就可以在此基础上构建满足自洽要求的我国网络空间安全法的逻辑体系。"cyberspace/cyber"在中国法律中或中文语境下的外延应拓展到不与因特网相连接的网络上。长远来说，宜将"Cyber"音译为"赛博"，将"Cyberspace"译为"赛博空间"。

关键词 网络 网络安全 网络空间 网络空间安全 网络空间安全态 赛博

一 问题的提出

《中华人民共和国网络安全法》（以下简称网络安全法）2016 年 11 月 7 日由全国人大常委会通过，2017 年 6 月 1 日起施行。《网络安全法》

[*] 本课题研究受上海交通大学中央高校基本科研业务费资助，项目编号16JXYB01。

第 2 条规定了它的调整范围："在中华人民共和国境内建设、运营、维护和使用网络，以及网络安全的监督管理，适用本法。"这里涉及两个方面：其一，《网络安全法》适用的地域范围原则上是在我国境内，当然《网络安全法》也有具体条款规定其特定的域外效力。地域范围不是本文关注的问题，因此不展开讨论。其二，《网络安全法》的调整对象是我国境内"建设、运营、维护和使用网络，以及网络安全的监督管理"的活动。

（一）法律的核心概念问题

《中华人民共和国网络安全法释义》（以下简称《释义》）[①] 一书写道："一部法律的调整范围决定了一部法律的总体思路、框架结构和主要内容。《网络安全法》主要通过'网络'、'网络安全'和'网络运营者'这三个核心概念界定了它的调整范围。"[②]

《网络安全法》第 76 条给出的该法五个定义中的前三个，正是"网络"、"网络安全"和"网络运营者"。可见这三个概念在该法中的核心地位。

《网络安全法》第 76 条定义的"网络"，"是指由计算机或者其他信息终端及相关设备组成的按照一定的规则和程序对信息进行收集、存储、传输、交换、处理的系统"。显然，该法所称的"网络"，是 network，而不可能是 cyberspace/cyber。

当然，就《网络安全法》的调整范围而言，这三个概念中最核心的概念当属"网络安全"，而这正是《网络安全法》的名称。《释义》中关于该法名称的解释，也正是基于"网络安全"（Network Security）展开的[③]。

《网络安全法》的调整范围与其最核心的概念直接相关，值得进一步研讨。下面首先回顾近几年我国官方的相关论述。

[①] 杨合庆主编：《中华人民共和国网络安全法释义》，中国民主法制出版社 2017 年 4 月第 1 版。该书由直接参与《网络安全法》起草制定工作的全国人大常委会法制工作委员会经济法室工作人员编撰。该书无疑是对《网络安全法》的一种权威的学理解释。
[②] 同上书，第 26 页。
[③] 同上书，第 26—27 页和第 150—152 页。

1. 总体国家安全观中"信息安全"的提法

2014年4月15日习近平总书记在中央国家安全委员会第一次会议上提出总体国家安全观。他强调，要准确把握国家安全形势变化新特点新趋势，坚持总体国家安全观，走出一条中国特色国家安全道路。他指出：当前我国国家安全内涵和外延比历史上任何时候都要丰富，时空领域比历史上任何时候都要宽广，内外因素比历史上任何时候都要复杂，必须坚持总体国家安全观。他要求：构建集政治安全、国土安全、军事安全、经济安全、文化安全、社会安全、科技安全、信息安全、生态安全、资源安全、核安全等于一体的国家安全体系。

这里所说的国家安全体系所涵盖的十一种安全中包括"信息安全"。

2. 国家安全法中"网络与信息安全"的提法

2015年7月1日通过并施行的《中华人民共和国国家安全法》是在总体国家安全观指导下进行的立法。其中第25条规定："国家建设网络与信息安全保障体系，提升网络与信息安全保护能力，加强网络和信息技术的创新研究和开发应用，实现网络和信息核心技术、关键基础设施和重要领域信息系统及数据的安全可控；加强网络管理，防范、制止和依法惩治网络攻击、网络入侵、网络窃密、散布违法有害信息等网络违法犯罪行为，维护国家网络空间主权、安全和发展利益。"

这里在与总体国家安全观中"信息安全"对应的条款中采用了"网络与信息安全"的提法，而不是"信息安全"的提法。

3. 《网络安全法》中"网络安全"的提法

2016年11月7日通过的《中华人民共和国网络安全法》，从名称到正文，"网络安全"出现108次；"网络空间安全"出现1次（出现在第五条最后的"维护网络空间安全和秩序"这句话中）。虽然就国家安全法与《网络安全法》的关系而言，前者是"纲"，后者是"目"，纲举则目张，但是，在《网络安全法》中并没有沿用国家安全法中"网络与信息安全"的提法，而是自始至终采用了"网络安全"的提法。

4. 国家网络空间安全战略中"网络空间安全"（以下称网络安全）的提法

《网络安全法》颁布后，在经中央网络安全和信息化领导小组批准、国家互联网信息办公室于 2016 年 12 月 27 日发布的《国家网络空间安全战略》中，却并没有沿用《网络安全法》关于"网络安全"的提法，而是在标题中明确采用了"网络空间安全"的提法，并且在正文一开始就采用了"网络空间安全"（以下称网络安全）的提法，其后"网络安全"总计出现 42 次。注意，这里 42 次出现的"网络安全"只是"网络空间安全"的简称，并不等于《网络安全法》中的"网络安全"一语。换言之，《国家网络空间安全战略》是用"网络空间安全"（以下称网络安全）作为过渡、舍去了"网络安全"的提法、而改用"网络空间安全"的提法。

5. 网络空间国际合作战略中"网络安全"的官方英译是"cyber security"

在经中央网络安全和信息化领导小组批准、由外交部和国家互联网信息办公室于 2017 年 3 月 1 日共同发布的《网络空间国际合作战略》中文版中，"网络安全"出现 14 次；"网络空间安全"出现 1 次。在《网络空间国际合作战略》的官方英译本（这是网络安全相关官方文件中难得一见的官方英译本）中，network security 完全没有出现；cyber security 出现 13 次；cyberspace security 出现 1 次。

显然，在《网络空间国际合作战略》的发布机关外交部和国家互联网信息办公室看来，该文件中文版中的"网络安全"并不对应于 network security，而是对应于 cyber security/cyberspace security。

官方表述的上述变迁过程可用图 1 表示。在此过程中，我们看到的趋势是：中文表述转为"网络空间安全"；英文表述转为"cyber security"。

总体国家安全观（2014年4月）→《国家安全法》（2015年7月）→《网络安全法》（2016年11月）→《国家网络空间安全战略》（2016年12月）→《网络空间国际合作战略》（2017年3月）

信息安全 ≈ 网络与信息安全 ≈ 网络安全 ≈ 网络空间安全（简称网络安全）≈ 网络安全（官方英译 cyber security）

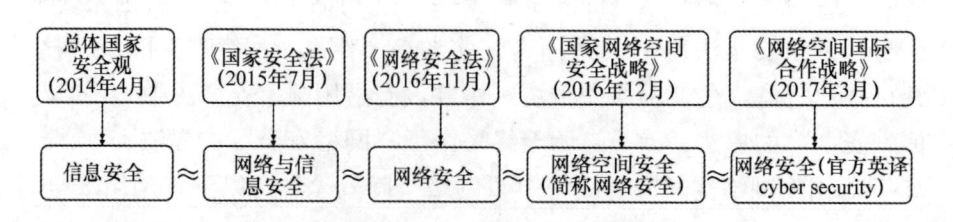

图 1 官方文件中相关术语使用的演变过程

英文中，Network Security 与 Cyberspace security/Cyber security/Cybersecurity 的含义并不相同；同理，中文中的"网络安全"与"网络空间安全"这两个术语的含义也不相同。它们之间的差异并不是将"网络空间安全"简称为"网络安全"就可以解决的。

（二）法律的自洽问题

国家制定的法律当然应该自洽。但在我国《网络安全法》中，自洽的要求尚未得到满足。《网络安全法》的名称是"网络安全法"，其中第76条将"网络安全"定义为："是指通过采取必要措施，防范对网络的攻击、侵入、干扰、破坏和非法使用以及意外事故，使网络处于稳定可靠运行的状态，以及保障网络数据的完整性、保密性、可用性的能力。"但《网络安全法》的内容却包含了如个人信息保护和违法信息管控等内容；这些内容显然并不属于《网络安全法》定义的"网络安全"的范围之内。因此，该法无法满足自洽要求。

如何解决该法的自洽问题？

如果以国际标准"ISO/IEC 27032：2012"为依据，则可以使该法的核心概念建立在国际标准基础上，可以解决该法的自洽问题，可以给个人信息保护和违法信息管控找到国际标准的依据，可以构建该法的完备的逻辑体系。

二 "ISO/IEC 27032：2012"中定义的四个基础概念

在国内外相关立法和学术文献中，信息安全（Information Security）、网络安全（Network Security）、因特网安全（Internet Security）、网络与信息安全（Network and Information Security）、网络空间安全（Cybersecurity）等概念都常见到。对这些术语如何进行取舍，我们可以借鉴 ISO/IEC 27032：2012。

与质量管理体系的 ISO 9000 系列标准类似，信息安全管理体系（Information Security Management System，ISMS）是国际标准化组织（ISO）发展的一个信息安全管理标准族，用以保障各机构的信息系统和业务的安全和正常运作。从 2000 年 ISO/IEC 17799：2000《信息技术—信息安全管理实施细则》正式发布以来，信息安全管理体系被世界各国逐渐认可和接受，由此发展成为 ISO/IEC 27000 系列标准族。该标准族中包括国际标准"ISO/IEC 27032：2012"《信息技术—安全技术—网络空间安全指南》（ISO/IEC 27032：2012 Information technology-Security techniques-Guidelines for cybersecurity）。

"ISO/IEC 27032：2012"阐述了"网络空间"（the Cyberspace）所面临的独特的安全问题。网络空间存在着目前信息安全、应用程序安全、网络安全和因特网安全等多种安全领域所不能涵盖的安全问题；原因在于这些安全领域之间存在差距。网络空间安全将解决在网络空间中由于不同的安全领域差距所导致的安全问题。同时，网络空间安全为网络空间中不同的安全利益相关者提供合作框架基础。

在"ISO/IEC 27032：2012"中已经给出了相关术语的准确定义。首先看对于四个基础概念的定义。

（一）网络空间（the Cyberspace）[①]

网络空间：不以任何物理形式存在的，通过技术设施和网络接入其中的，由因特网上（on the Internet）的人员、软件、服务的相互作用所产生的复杂环境。

网络空间可以描述为一个虚拟环境。

（二）网络空间安全（Cybersecurity/Cyberspace security）

网络空间安全：在网络空间里（in the Cyberspace）保护信息的保密性、完整性、可用性。此外，像真实性、可追责性、不可抵赖性、可靠性等特性，也可以提及。

注意到，"网络空间安全"的定义比"ISO/IEC 27000：2009"中"信息安全"（information security）的定义只是增加了"在网络空间里"（in the Cyberspace）。

---

① 此处及后续术语的定义均来自 ISO/IEC 27032：2012，并由笔者译出。

(三) 网络空间安全态（Cybersafety）

网络空间安全态：是一种状态，可免受身体的、社会的、精神的、财务的、政治的、情感的、职业的、心理的、教育的或者其他类型或后果的失败、损害、错误、事故、伤害或者其他在网络空间中可以视为不希望发生的事件。

注释1：这可采用避免将引起健康损害或经济损失的某种经历或披露某事的形式。它包括对人和对财产的保护。

注释2：安全态（safety）通常也定义为一种特定的状态，这时负面影响将不会通过某种代理引发或者在设定条件下引发。

注意到，网络空间安全态（Cybersafety）不同于网络空间安全（Cybersecurity）。用网络空间安全态翻译Cybersafety、用网络空间安全翻译Cybersecurity正好可以在中文中明确区分这两者。后面将详细讨论"网络空间安全态"相关问题。

(四) 网络空间犯罪（态）（Cybercrime）

网络空间犯罪（态）：是指在网络空间中的服务或应用程序被用于犯罪或者成为犯罪目标的犯罪活动，或者网络空间是犯罪来源、犯罪工具、犯罪目标或者犯罪地点的犯罪活动。

注意到，"网络空间犯罪（态）"（Cybercrime）是与"网络空间安全态"（Cybersafety）对应的一个概念。它们构成网络空间安全的两种极端状态，若以二进制表示，即一为"零"（0）状态、一为"壹"（1）状态。网络空间安全的实际状态通常是在这两个极端状态之间。

三 在我国立法中引入网络空间安全态 （Cybersafety）的必要性

为什么需要在我国立法中引入网络空间安全态（Cybersafety）的概念，这是因为仅有网络空间安全（Cybersecurity）的概念还不够。

网络空间安全态：Cybersafety = Cyber + Safety = Cyberspace +

Safety；

网络空间安全：Cybersecurity = Cyber + Security = Cyberspace + Security。

因此，网络空间安全态（Cybersafety）与网络空间安全（Cybersecurity）的辨异问题实质上是 Safety 与 Security 的辨异问题。

（一）安全态（safety）与安全（security）的辨析

从词源看，security 源于拉丁词 secura，意即 free of concern（没有忧虑）；se 表"没有"，cura 表"忧虑"。safety 源于拉丁词 salvus，意为 healthy（健康的）。safety 更具有个人色彩，针对意外伤害；而 security 则更多针对人为事件。例如，说一条道路很安全，用 safe 表示这条路不会遭遇山体滑坡等自然灾害；用 secure，则说明这条道路有重兵把守，恐怖分子不会在这条道路上伏击你。中文中的"安全第一"，如果说 safety first，这表明说话者希望不会有危及安全的意外发生（比如小朋友去河边玩水，母亲这样叮嘱是希望孩子不会溺水出危险）；如果说 security first，则表明说话者希望不会发生人为的坏事（比如密码被盗银行存款被盗刷等等，故 security first 可以用在网络购物上）。

通过对若干词典中 safety 和 security 的释义和例句的比较可以发现，两者在很多方面有共通之处，比如两者都可以翻译成"免受伤害的状态"，细微的区别在于：safety 意为不危险的或无伤害的安全状态（freedom from harm or danger: the state of being safe）[1]，而 security 意为被保护的或免受伤害的状态（the state of being protected or safe from harm）[2]。

虽然两者同有"安全"之意，但是两者之间有下列区别：

（1）safety 通常指免于意外发生的安全，而 security 是指免于人为故意破坏伤害的安全。两者的区别在于人和意图。中文此前常用"安全"（safety）和"安保"（security）来区分。

（2）safety 常表示人体健康和生产技术活动的安全问题。常见的有

---

[1] 《韦氏高阶英语词典》，中国大百科全书出版社 2009 年版，第 1434 页。
[2] 同上书，第 1468 页。

生产安全、劳动安全、安全使用、安全技术、安全产品、安全设施等。security 表示社会政治性的安全问题，常见的有社会安全、国家安全、国际安全等。而 safety and security 则表示人体健康、技术性的安全概念和社会政治性的安全联系到一起的安全。

（3）safety 表示安全的状态（the state of being safe），即如果一个人或者物是 safety 的，则表示其处于安全状态，可以理解为此状态毫无危险存在，是一种完全安全的情况。security 表示受保护的状态（the state of being protected），受保护并不表示没有危险存在，只是当一个人或物是 security 时，他（它）已经受到了一定的保护，处于相对安全的状态。

因此，在这个意义上，我们可以将 safety 理解为 security 的"极限"状态：当危险和伤害变为零，受保护的状态（security）就变成了完全安全的状态（safety）。当然，现实情况下，safety 往往是一种永远不可能达到的理想状态。

如果引入 crime（犯罪状态）一词，将其视为毫无安全可言的混乱状态，则可用图 2 来表述它们的关系：crime 是"零"（0）状态；safety 是"壹"（1）状态。security 是"零"和"壹"之间的一个变量，也可用 x 表示，即 security = x。图二给出了 crime、safety、security 这三者之间的关系。

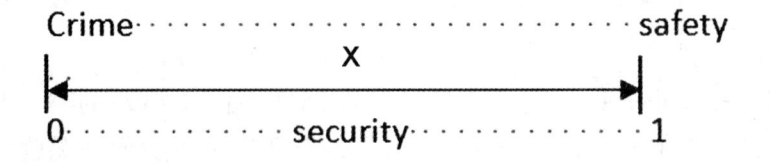

图 2　crime、security、safety 关系图

（二）网络空间安全态（Cybersafety）与网络空间安全（Cybersecurity）的辨析

从"ISO/IEC 27032：2012"的定义可以看出，网络空间安全态（Cybersafety）是指网络空间的一种安全状态。在此状态下，可以免受身体的、社会的、精神的、财务的、政治的、情感的、职业的、心理的、教育的或者其他类型或后果的失败、损害、错误、事故、伤害或者其他

在网络空间中可以视为不希望发生的事件。可见，Cybersafety 大体上排除了网络空间中任何可能出现的不安全因素。

与此对照的是，网络空间安全（Cybersecurity）是指在网络空间里保护信息的保密性、完整性、可用性以及真实性、可追责性、不可抵赖性、可靠性等特性。其侧重点与网络空间安全态（Cybersafety）有显著区别。

在明确 crime、safety、security 这三者之间的关系后，就不难推导出 cybercrime、cybersafety、cybersecurity 这三者之间的关系，因此有图 3。其中，cybercrime 表示网络空间犯罪态，cybersafety 表示网络空间安全态。

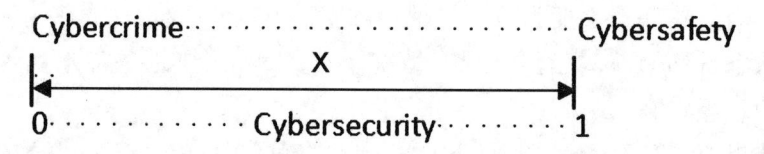

图 3　cybercrime、cybersecurity、cybersafety 关系图

（三）我国立法中引入"网络空间安全态"（Cybersafety）的意义

保持"网络空间安全态"（Cybersafety）的要求本身，已经为保护个人信息和管控违法信息提供了依据。这是在我国网络空间安全相关立法中引入"网络空间安全态"（Cybersafety）的意义之所在。

其一，Cybersafety 定义中涉及的在网络空间中出现的"身体的""精神的""情感的""职业的""心理的"等方面的负面情况就与保护个人信息直接相关。

其二，Cybersafety 定义中涉及的在网络空间中出现的"社会的""财务的""政治的""教育的"等方面的负面情况就与管控违法信息直接相关。

因此，如果能够以该国际标准关于"网络空间安全态"的定义为依据、在《网络安全法》中给出其定义，则可以为该法保护个人信息和管控违法信息提供依据。

鉴于网络空间的违法信息管控问题涉及国家主权、宗教文化、意识形态等敏感领域，国际争议很大，因此，若能以国际技术标准的既有定义作为管控违法信息的立法依据，则有助于中国争取更多的国际共识、获得更多的国际支持。

四　"ISO/IEC 27032：2012"中区分的六个相关概念

该国际标准对与Cybersecurity（网络空间安全）相关且容易混淆的下列五个相关概念给出了定义，进行了区分，提供了它们之间相互关系的示意图：

（1） Information security（信息安全）；
（2） Application security（应用程序安全）；
（3） Network security（网络安全）；
（4） Internet security（因特网安全）；
（5） Critical Information Infrastructure Protection（CIIP，关键信息基础设施保护）。

该国际标准中的相关说明和定义如下。

网络空间安全依赖信息安全、应用程序安全、网络安全和因特网安全作为基础性的构建模块。网络空间安全是关键信息基础设施保护的必要活动之一，同时，对关键基础设施服务的足够保护有助于满足为达到网络空间安全之目标的基本安全需求（即关键基础设施的安全性、可靠性、可用性）。

然而，网络空间安全并不是因特网安全、网络安全、应用程序安全、信息安全或关键信息基础设施保护的同义词。它有独一无二的范围，需要利益相关者发挥积极作用以维持（如果不是改善的话）网络空间的可用性和可信性。

信息安全（Information security）通常涉及对信息的保密性、完整性、可用性的保护，以满足可用信息的用户需求。

应用程序安全（Application security）是通过对机构的应用程序实施控制和量度以管理其使用风险所完成的过程。这种控制和量度可以施加于应用程序本身（它的进程、组件、软件和结果），施加于应用程序的数据（配置数据、用户数据、组织数据），施加于应用程序生命周期中涉及的所有技术、进程和参与者。

网络安全（Network security）涉及网络的设计、实施和运营，以达到在机构内部的网络上、机构与机构之间的网络上、机构与用户之间的网络上的信息安全。

因特网安全（Internet security）作为机构中和家庭中的网络安全的扩展，涉及保护因特网相关的服务和相关的信息通信技术系统与网络，以达安全目的。因特网安全也确保因特网服务的可用性和可靠性。

关键信息基础设施保护（CIIP）涉及由能源、电信和水务部门之类的关键基础设施提供商提供或运营的系统的保护。关键信息基础设施保护确保这些系统和网络受到保护，并可承受信息安全风险、网络安全风险、因特网安全风险以及网络空间安全风险。

该国际标准给出的网络空间安全与其他安全领域的关系如图4所示。①

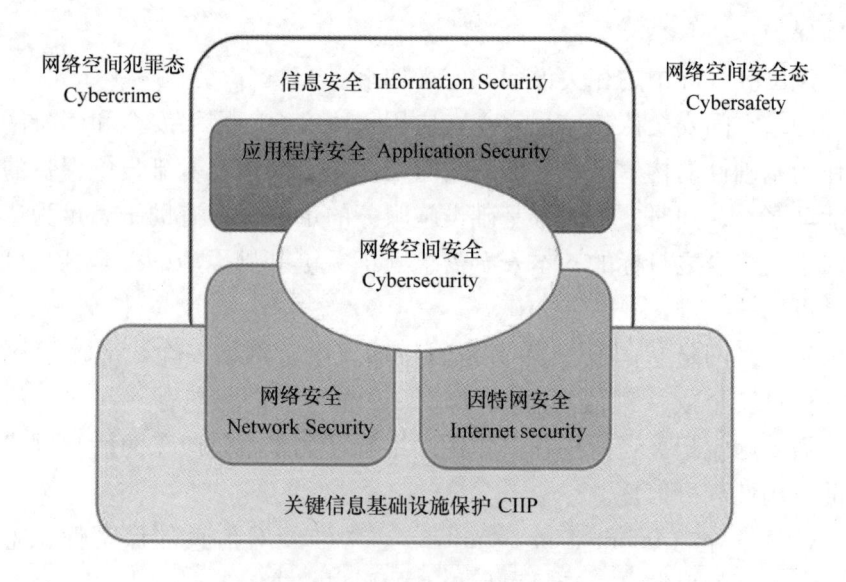

图4　网络空间安全与其他安全领域的关系

---

① 该图引自 ISO/IEC 27032：2012。图中中文为笔者所译。对此作出贡献的还有张田田、白莉莉。

该国际标准对图4给出了如下说明：上图展示了网络空间安全和其他安全领域的关系。这些安全领域与网络空间安全的关系非常复杂。某些关键基础设施服务，如水务和交通，不会直接地或者显著地影响网络空间安全的状态。然而，网络空间安全的缺失却可能对关键基础设施提供商提供的关键信息基础设施系统的可用性产生负面影响。另一方面，网络空间的可用性和可靠性在许多情况下依赖于与之相关的关键基础设施服务的可用性和可靠性，例如电信网络基础设施。网络空间的安全通常也与因特网安全、企业/家庭的网络安全和信息安全密切相关。值得注意的是，该国际标准中本节所定义的安全域都有其自己的目标和关注范围。关于网络空间安全的话题，需要来自不同国家和组织的不同的私有和公共实体间的实质性的交流与合作。关键基础设施服务被一些国家视为国家安全相关的服务，因此可能不会公开探讨和披露这些服务。此外，关于关键基础设施脆弱点的知识，如果被不当使用，将直接牵涉国家安全。因此，有必要建立用于信息共享、问题或事故合作的基础框架以缩小差距，为网络空间的利益相关方提供充分的保障。

五个安全术语（信息安全、网络安全、因特网安全、应用程序安全、网络空间安全）之间的衍生关系也可以用笔者给出的图5表示。

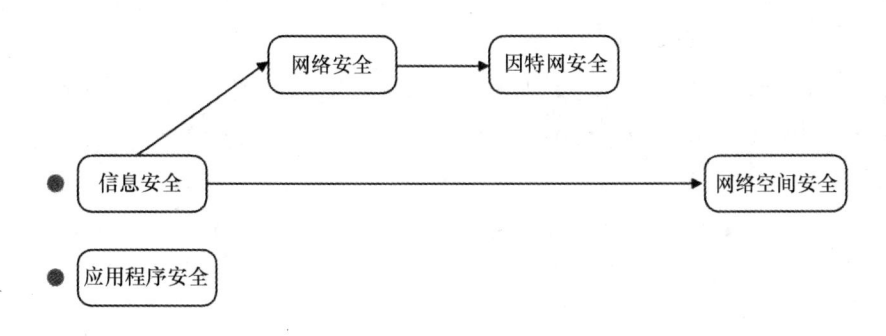

图5　五个安全术语之间的衍生关系

通过上述定义和图解，我们可以非常清晰地了解网络空间安全（Cybersecurity）与信息安全（Information Security）、网络安全（Network Security）、因特网安全（Internet Security）、应用程序安全（Application security)、关键信息基础设施保护（CIIP）等概念之间的异同和相互关系。

不论在中文、还是在英文中，不论是从内含还是从外延看，网络空间安全（Cybersecurity）都不可能等于网络安全（Network Security）；当然，网络空间安全（Cybersecurity）也就不应该简称为网络安全（Network Security）。我们不能因为英文中的 Cyberspace 可以简写为 Cyber，英文中的 Cyberspace security 可以简写为 Cyber security 进而合成为一个单词 Cybersecurity，就将中文的"网络空间"简称为"网络"，进而将"网络空间安全"简称为"网络安全"。因为，在英文中，Cyberspace = Cyber ≠ Network。如果在中文中实在需要一个"网络空间安全"的简称，则可以考虑简称为"网空安全"，以别于"网络安全"。

因此，如果能以该国际标准为基础在我国的网络空间安全立法中定义并且区分使用这些概念，则可避免在相关法律中相关术语的模糊、混淆和争论。

令人遗憾的是，在《国家网络空间安全战略》的一开始，就用"网络空间安全（以下称网络安全）"的说法进行了将"网络空间安全"（Cybersecurity）简称为"网络安全"（Network Security）的转换。这样做实质上是将"网络空间安全"这个概念用另一个不同的概念"网络安全"作为其简称，因此并不妥当。

类似的，在《网络空间国际合作战略》中文本和官方英译本中，将中文"网络安全"译为 cyber security 或者 cyberspace security 也是不妥的。

五 Cyber 应译为"赛博"

其实，仔细思考将"网络空间安全"简称为"网络安全"的缘由，不难看出一个思维误区：Cyberspace = Cyber + space，既然对 space 译为"空间"没有异议，用"网络空间"翻译 Cyberspace 又似乎是约定俗成的，则意味着译者已经默认 Cyber 应该译为"网络"。但这与 Cyber ≠ Network 矛盾。由此形成悖论。

显然，问题的关键在于译名。如果我们找到一个不同于"网络空间"的译名来翻译 Cyberspace，就可以避免上述悖论。

这里可以参考唐代玄奘法师主持翻译佛经时制定的"五不翻"原则：

（1）多含故不翻：如"薄伽梵"，是佛陀名号之一，又含有自在、炽盛、端严、吉祥、尊重等义；又如"摩诃"，含有大、殊胜、长久及深奥等义。

（2）秘密故不翻：如楞严咒、大悲咒、十小咒，以及各种经咒，一经翻出，就会失去它的神秘性。

（3）生善故（尊重）不翻：如"般若"，不可直译为智慧；"三昧"不可直译为"正定"；"涅槃"不可直译为圆寂或解脱等。

（4）顺古故不翻：如"阿耨多罗三藐三菩提"不可直译为"无上正等正觉"；"阿罗汉"不可直译为"无生"；"菩萨"不可直译为"觉悟"等。

（5）此无故不翻："此无"即中国没有。如阎浮树，中国没有，所以不翻。

Cyber 之翻译问题，涉及上述五种情况中的三种：多含、尊重、本无。参照"五不翻"原则，宜音译，即为"赛博"。这样的话，对于同以 Cyber 作为词根的不同的英文组合词，就可以得到一致的译名。例如，Cybernetics 可译为"赛博学"；Cyberspace 可译为"赛博空间"。而不宜将 Cybernetics 译为"控制论"、将 Cyberspace 译为"网络空间"。那样就无法使不知道"控制论"和"网络空间"的英文原文的读者了解到它们在英文中本来是源于同一个词根。

显然，将 Cyberspace/Cyber 译为"赛博空间"是最佳译法。此时，Cyberspace security 就译为"赛博空间安全"。当 Cyberspace security 简写为 Cyber security/Cybersecurity 时，在中文中就自然可以表述为"赛博空间安全"简称为"赛博安全"。这样，在英文和中文中都不会与 network security（网络安全）和 Internet security（因特网安全）相混淆。

目前国内用"网络空间"翻译 Cyberspace、用"网络空间安全"翻译 Cyberspace security 似已约定俗成。本文也将暂且使用"网络空间安全"的译法。但是，如果将"网络空间安全"简称为"网络安全"，则完全不妥。理想的解决办法就是直接将 Cyberspace 译为"赛博空间"，这时，由 Cyber 衍生的其他词汇组合（如 Cyber security/Cybersecurity）的译成中文就没有混淆之虞。

六 《网络安全法》中"网络"的外延界定和 "cyberspace"在中国的外延拓展

《网络安全法》第 76 条定义了"网络"。该法所称"网络"的外延如何界定？

《中华人民共和国网络安全法释义》一书认为：《网络安全法》所说的"网络"应该既包括"互联网（Internet）"（按：指因特网），也包括相对封闭的局域网和工业控制系统。[①] 这里的局域网可以理解为各机构内不与因特网连接的内部网（intranet）。

实际上，《网络安全法》所涉"网络"，除了因特网、局域网、工业控制系统之外，还应该包括不与因特网相连接的国家机关政务网络（《网络安全法》第 72 条）、军事网络（《网络安全法》第 78 条）。考虑到不与因特网相连接的国家机关政务网络和军事网络的安全问题的重要性，将它们纳入该法所涉范围，既是不言而喻的，也是该法已经明文规定的。

不与因特网连接的其他网络（network）的安全问题，就是上述国际标准中网络安全（network security）定义所涉及的安全问题。通过图 4 "网络空间安全与其他安全领域的关系图"中所示的"网络安全"与"网络空间安全"之间的交叉关系可以看到，我国不与因特网连接的其他网络（network）的安全问题，仍可在网络空间安全法（Cybersecurity Law）中进行规范，并无遗漏。

另一方面，注意到，在该国际标准的"网络空间"（the Cyber-

[①] 杨合庆主编：《中华人民共和国网络安全法释义》，中国民主法制出版社 2017 年版，第 26—27、150—152 页。

space）定义中，用"因特网上"（on the Internet）指明其所在。也就是说，cyberspace 或其简写 cyber 只存在于因特网（Internet）上。因此，在该国际标准用"在网络空间里"（in the Cyberspace）的"信息安全"来定义"网络空间安全"（Cybersecurity/Cyberspace security）时，也就将此安全问题之所在领域限定在"因特网上"（on the Internet）。

考虑到我国网络空间安全立法所涉网络必须包括不与因特网相连接的国家机关政务网络、军事网络、局域网、工业控制系统等，因此，当我们在中文语境之下谈论中国的网络空间安全法（Cybersecurity Law）时，这个"网络空间"（Cyberspace/Cyber）应该并不限定在因特网上，也应该包括不与因特网相连接的那些网络。cyberspace/cyber 在中国法律中或中文语境下的外延拓展到不与因特网相连接的网络上，是应当明确的也是不可忽视的。

七 小结

我国《网络安全法》未来应当更名为《网络空间安全法》，不再以"网络""网络安全""网络运营者"这三个概念为基础界定该法的调整范围，特别是不以"网络安全"作为该法的最核心概念。

未来《网络空间安全法》的基本概念，应当以"ISO/IEC 27032：2012"为依据，以"网络空间""网络空间安全""网络空间安全态""网络空间犯罪"这四个术语为逻辑起点，将"网络空间安全"与另外五个术语"信息安全""应用程序安全""网络安全""因特网安全""关键信息基础设施保护"等进行明确区分，以此为基础构建我国《网络空间安全法》的逻辑框架。

在中文语境下针对中国国情进行扩大解释后使用的"网络空间"，并不限定在因特网上，还包括不与因特网相连接的国家机关政务网络、军事网络、局域网、工业控制系统等网络。如果引入"网络空间安全态"的概念，则可以为网络空间安全法保护个人信息和管控违法信息提供国际标准的依据。如果以上述国际标准为基础制定我国的网络空间安全法，既可以使法律本身建立在严谨、周密、坚实的技术基础上，给法律规制未来出现在"网络空间"中的新问题预留空间,也有助于建立科学的、完整的网络空间安全法学理论体系。

从长远考虑,宜将 Cyber 音译为"赛博",将 Cyberspace 译为"赛博空间"。

(责任编辑:刘金瑞)

针对用户个人信息的网络服务提供者协助执法义务边界

裴 炜

(北京航空航天大学法学院院长助理、诉讼中心副主任，副教授)

内容提要 网络服务提供者同时具备商业主体、公民基本权利延伸、执法权力延伸的三重身份，其所承担的以用户个人信息为核心对象的协助执法义务，同时受到以上三重身份的制约。就基本权利延伸与执法权力延伸两重身份而言，其对网络服务提供者协助执法义务所形成的限制，本质上是"权利—权力"二元互动的结果，此时协助执法义务的设定应当贯彻比例原则的基本要求。就商业主体身份而言，网络服务提供者所承担的协助执法义务不能实质性损害其经营目的，具体体现在经济成本、用户信任、经营全球化三个层面。结合我国当前法律规定，可以从以上两个角度推导出网络服务提供者协助执法义务的七项具体原则。

关键词 网络服务提供者 身份竞合 协助执法义务 比例原则 经营目的

一 引言

在互联网治理的过程中，一个毋庸置疑的发展趋势是，网络服务提供者的参与度在不断上升，其与执法机关的合作亦在不断密切。特别是在犯罪治理语境下，网络服务提供者常常担负起信息存储、监控、披露等协助义务，这种执法权的外溢与共享已经成为网络社会的显著特征。

但是这仅仅是理解网络服务提供商参与执法的一个角度。需要看到的是，网络服务提供者往往还担负着保护用户个人信息的义务，这些义务包括但不限于不随意进行监控、不向他人披露，以及不用做他途。可以说，这些义务构成网络服务的商业基石，是用户信赖的基础，同时也是网络治理的关键。由此可以看出，网络服务提供者一方面担负着保护用户个人信息的义务，另一方面又担负着在特定情形下协助执法的义务，两项义务之间并不必然一致，反而存在着一定的张力。与此同时，网络服务提供者本质上的商业主体身份使得其行为仍以利润最大化为基本目标。以上三重身份相互交织，共同作用于其所承担的协助执法义务。

毫无疑问的是，特定情况下网络服务提供者所承担的协助执法义务本身即构成其信息保护义务的边界，这也是当前相关规范性法律文件中的常见表述。但协助执法义务本身是否有边界，以及依据何种标准如何划定这种边界，法律规定则语焉不详。事实上，如果我们将网络服务提供者的协助执法义务看做是其信息保护义务的例外，那么后者所倚赖之价值则构成前者的限制因素。换言之，网络服务提供者所承担的信息保护义务与协助执法义务之间不仅互为制约，且两者并非平行关系，而是存在一定的优先性排序。

本文正是从网络服务提供者所承担具备的三重身份出发，分析网络服务提供者协助执法义务的合理边界。基于该思路，本文正文共包括以下四个部分：第一部分对于当前网络服务提供者所承担的协助执法义务进行规则梳理，并将其义务类型化为三种：信息收集存留义务、信息监控审查义务、信息报告披露义务；在此类型基础上，第二部分围绕用户个人信息，进一步分析网络服务提供者协助执法义务形成过程中，三重身份互动的基本逻辑；第三部分和第四部分基于该逻辑，从"权利—权力"互动的比例原则和商主体的经营目的两个角度，具体分析网络服务提供者协助执法义务的边界，并形成我国当前法律体系下，义务边界划定的七项原则。

在进一步进行分析之前，有必要就本文所用概念稍加说明。本文采用了"网络服务提供者"一词，用于对应英文中广义的 Internet service provider（ISP）。《网络安全法》中首次采用了"网络运营者"这一概念，意指"网络所有者、管理者和网络服务提供者"，由此可以看出，"网络服务提供者"是"网络运营者"的下属概念。然而，《网络安全法》后续条文并未就"所有者""管理者""服务提供者"在职能上进行进一步区分。与之形成鲜明对比的是，目前已经出台的大量规范互联网行为的专门领域法律法规多采用"网络/互联网+特定领域+服务提供者"的表述。

尤其需要注意的是，《刑法修正案（九）》第286条之一的"拒不履行信息网络安全管理义务罪"明确将刑事责任的适用主体限定为"网络服务提供者"；2016年"两高一部"《关于办理刑事案件手机提取和审查判断电子数据若干问题的规定》（下文简称《电子数据规定》）和《反恐怖主义法》采用的是相同的规范思路；2014年《最高人民法院关于审理利用信息网络侵害人身权益民事纠纷案件适用法律若干问题的规定》（下文简称《网络民事纠纷规定》）也主要关注的是"网络服务提供者"的权利义务问题。以上规定表明，"网络服务提供者"承担一定的网络管理义务，并非仅限于实施经营活动的主体。也正是在这个意义上，才有探讨商主体所应承担的社会治理职能的必要性。此外，在相关立法尚未进一步明晰"网络所有者""网络管理者"与"网络服务提供者"之间的实质性差异之前，本文仍然选择使用目前规范体系较为完善的"网络服务提供者"一词，以避免论述过程中造成概念混乱。

二 网络服务提供者协助执法义务类型

网络服务提供者在执法过程中承担多种类型的协助义务：信息收集存储义务、信息监控审查义务、信息披露报告义务。以下就这三种义务分别进行分析。

（一）信息收集存储义务

一般而言，网络服务提供者收集存储用户个人信息在遵循合法性、正当性、必要性的原则下，需同时满足以下三个条件：（一）明确收集、适用的目的、方式和范围；（二）经被收集者同意；（三）为服务经营所必须。在此范围内，网络服务提供者的信息收集存储行为与协助执法并无直接关联，而是直接服务于其日常经营活动。

为协助执法之目的，网络服务提供者所承担的信息收集与存储义务通常不受该三个条件的限制。此时，基于启动依据不同，可以将该义务区分为一般收集存储义务和特殊收集存储义务。

就信息的一般收集存储义务而言，典型的文件是 2011 年修订的《互联网信息服务管理办法》，其中第 14 条规定，互联网信息服务提供者应当记录提供的信息内容及其发布时间、互联网地址或者域名；互联网接入服务提供者应当记录上网用户的上网时间、用户账号、互联网地址或者域名、主叫电话号码等信息。此项信息收集存储义务的功能主要在于为日后执法过程中的信息获取提供便利，区别于网络服务提供者基于日常经营活动所进行的信息收集存储，因此一般指向特定信息，并存在一定的期限限制。尽管绝大多数规范性法律文件对于一般收集存储义务进行了规定，但针对的服务主体、信息类型和存储期间不尽相同，如表 1 所示。

表1　部分法律法规中网络服务提供者信息一般收集存储义务

规范性法律文件	义务主体	存储类型				存储期间
		注册信息	服务信息	内容信息	其他	
互联网信息服务管理办法	信息服务提供者		信息发布时间、互联网地址、域名	信息内容		60 日
	接入服务提供者	用户账号	上网时间、互联网地址、域名			60 日
互联网群组信息服务管理规定	群组信息服务提供者		网络日志			不少于6 个月
移动互联网应用程序信息服务管理规定	移动互联网应用程序提供者		用户日志信息			60 日

续表

规范性法律文件	义务主体	存储类型				存储期间
		注册信息	服务信息	内容信息	其他	
网络出版服务管理规定	网络出版服务单位		时间、网址、域名	作品内容		60日
网络借贷信息中介机构业务活动管理暂行办法	网络借贷信息中介		上网日志信息、信息交互内容等			借贷合同到期起5年
		用户身份信息		交易记录		——
互联网直播服务管理规定	直播服务提供者		日志信息	发布内容		60日
互联网视听节目服务管理规定	视听节目服务单位、网络运营单位			视听节目		至少60日

由表1可以看出，信息的一般收集存储义务多指向服务信息和内容信息，注册信息则更多依据网络服务提供者的日常经营活动进行存储。就信息的存储期间而言，大部分法律法规规定了60日的固定期间，非固定期间则一般设置了最低存储期间，例如《互联网群组信息服务管理规定》的"至少6个月"或者《互联网视听节目服务管理规定》的"至少60日"。就文件内的各个条文而言，一个普遍的现象是存储期间并未与信息类型进行匹配。

网络服务提供者针对信息的特殊收集存储义务的启动基于个案，即执法机关针对特定违法犯罪嫌疑展开调查时，要求网络服务提供商就该案件之相关信息进行收集存储。我国当前相关法律规定大致包括两种类型。

第一种是由主管机关发现特定嫌疑后，网络服务提供者针对该嫌疑所承担的信息收集和存储义务，例如2015年《反恐怖主义法》第19条第2款规定，特定主管部门发现含有恐怖主义、极端主义内容的信息，责令有关单位停止传输、删除相关信息，或者关闭相关网站、关停相关服务时，这些单位不仅应当立即执行，还负有保存相关记录以协助调查的义务。2016年《网络安全法》第50条同样规定，网络运营者在收到有关部门就违法信息停止传输的命令后，除采取消除该信息等处置措施，还要保存有关记录。2016年"两高一部"《关于办理刑事案件手机提取和审查判断电子数据若干问题的规定》（下文简称《电子数据规定》）第12条明确规定了冻结电子数据过程中网络服务提供者所应承担的协助义务。

第二种是网络服务提供者自己发现违规信息之后，在向有关机关进行报告的同时，主动保存相关记录，例如2016年《网络安全法》第47条和刚刚出台的《互联网群组信息服务管理规定》第10条均属于这一类型。总体而言，这些禁止发布的信息主要涉及国家秩序、社会秩序和公民合法权益三个部分，但不同规定在划定禁止内容的范围时，表述上存在细微差异，如表2中的几份文件所示：

表2　　　　部分规范性法律文件中关于禁止类信息的表述

违法违规信息类型	网络安全法第47条	反恐怖主义法第19.1条	关于加强网络信息保护的决定第5条	互联网信息服务管理办法第16条	互联网群组信息服务管理规定第10条	网络出版服务管理规定第33条	互联网视听节目服务管理规定第18条	互联网新闻信息服务管理规定第16.2条	互联网信息搜索服务管理规定第8条
反对宪法所确定的基本原则									
危害国家安全，泄露国家秘密									
危害国家统一、主权和领土完整									
损害国家荣誉和利益									
煽动民族仇恨、民族歧视，破坏民族团结									

续表

违法违规信息类型	网络安全法第47条	反恐怖主义法第19.1条	关于加强网络信息保护的决定第5条	互联网信息服务管理办法第16条	互联网群组信息服务管理规定第10条	网络出版服务管理规定第33条	互联网视听节目服务管理规定第18条	互联网新闻信息服务管理规定第16.2条	互联网信息搜索服务管理规定第8条
侵害民族风俗、习惯						■	■		
破坏国家宗教政策				■	■	■	■	■	■
宣扬邪教和封建迷信				■	■	■	■	■	■
散布谣言，扰乱社会秩序，破坏社会稳定				■	■	■	■	■	■
诱导未成年人违法犯罪						■	■		
散布淫秽、色情、赌博、暴力、凶杀、恐怖或者教唆犯罪				■	■	■	■	■	■
侮辱或者诽谤他人，侵害他人合法权益				■	■	■	■	■	■
危害社会公德或者民族优秀文化传统						■	■		
含有恐怖主义、极端主义内容		■							
法律、行政法规和国家规定禁止发布的信息	■		■	■	■	■	■	■	■

从表2可以看出，不仅各个层级的规范性法律文件在具体表述上存在差异，同时众多文件采用了"法律法规和国家有关规定"对禁止类信息进行概括性描述。尽管有些文件对于此类信息进行了进一步细化，但是在"破坏国家宗教政策""诱导未成年人违法犯罪""危害社会公德或者民族优秀传统文化""恐怖主义、极端主义"等表述上并不一致。

表2仅涉及网络服务提供者收集存储特定信息义务的适用情形，但

· 27 ·

与信息的一般收集存储义务相同的是，特殊收集存储义务也需回答收集哪些信息和存储多久的问题。从目前已经出台的相关法律法规来看，该问题尚处于立法空白状态。例如《网络安全法》第 47 条在规定网络运营者承担的"保存有关记录"的义务时，并未明确"有关记录"的具体内容，后续条文亦未能进一步明确此类记录需要存储的具体期限，以及期限届满之后的处置措施。

这里需要注意的是，原则上网络服务提供者在收集和使用个人信息时应当明确收集使用规则，并征得被收集者同意。但协助执法义务是否构成该告知和同意获取义务之例外，法律法规同样没有进行明确规定。以《网络信息保护决定》为例，全国人大常委会出台该文件体现出对公民个人电子信息的高度保护意识，但第 5 条所规定的"保存有关记录"如果涉及此类信息，是否还应当遵守第 2 条规定之收集使用的基本原则，《决定》本身无法提供一个明确的答案。

（二）信息审查监控义务

原则上，网络服务提供者对于用户信息不承担主动监控职责。例如《网络传播权规定》第 8 条规定："网络服务提供者未对网络用户侵害信息网络传播权的行为主动进行审查的，人民法院不应据此认定其具有过错。"但是，通过对当前已经出台的法律法规进行审查，我们可以看到《网络传播权规定》属于例外情形。绝大多数规范性文件对于网络服务提供者规定了信息内容审查监控义务。具体而言，这种义务可以进一步划分为一般审查监控义务和特殊审查监控义务。

一般审查监控义务是指网络服务提供者在日常经营活动中所承担的常规化的信息审查监控义务。目前已经出台的规范性法律文件通常就一般性审查监控义务、可以采取的措施、法律责任等事项进行了规定。以《网络安全法》为例，第 47 条明确要求网络运营者加强对用户发布信息的管理。发现违法信息之后，网络运营者应当采取的处理措施包括停止传输、信息消除、保存记录和报告。网络运营者未能履行该项职责的，将引发包括责令改正、警告、没收违法所得、暂停相关业务、停业整顿、关闭网站、吊销业务许可证或营业执照、罚款等行政处罚措施。通过"义务—措施—责任"的三阶构建，网络服务提供者就用户信息的一般审查监控义务已经体系化。

由于监控目的是过滤违反法律法规和国家规定的信息，因此审查监控主要针对的是内容信息而非注册信息或服务信息。例如《反恐怖主义法》第19条第1款规定了互联网服务提供者的"信息内容监督制度"；《移动互联网应用程序信息服务管理规定》明确指出APP提供者应当建立健全"信息内容审核管理机制"。进一步分析，将内容信息的审查监控纳入到"管理义务"项下，意味着监控不力并"致使违法信息大量传播"时，将有可能引发《刑法》第286条之一的拒不履行信息网络安全管理义务罪。

特殊审查监控义务指向的是个案监控，即针对已经形成违法违规嫌疑的特定主体，为进一步收集线索或证据所进行的信息审查监控。此时网络服务提供者承担的是辅助司法行政的职能。此类义务在刑事司法领域较为典型，《刑事诉讼法》中设置了一般性规定，例如第50条规定在必要时可以吸收与案件有关或了解案情的公民协助调查；第52条规定公检法有权向有关单位和个人收集、调取证据，有关单位和个人应当如实提供证据；第150条第4款规定有关单位和个人应当配合公安机关进行技术侦查，并对有关情况予以保密，等等。《网络安全法》第28条的规定与之异曲同工，①《反恐怖主义法》尽管列举了"提供技术接口"与"解密"两项具体的协助方式，但其后的"等"字意味着网络服务提供者的义务不止于此。《电子数据规定》同样未就动态信息的网络服务提供者的监控义务进行规定，毋庸提及对不同类型的配合义务加以区分。

以上文件的共性在于，仅笼统规定了特定案件处理过程中网络服务提供者所承担的"协助""配合"义务，并未进一步明确配合的具体形式。从不履行义务可能引发的法律责任来看，部分法律法规并未就违反此类配合义务作出明确规定，例如《网络安全法》第六章"法律责任"

---

① 《网络安全法》第28条规定，网络运营者应当为公安机关、国家安全机关依法维护国家安全和侦查犯罪的活动提供技术支持和协助。

没有与前文第 28 条之规定相配套的责任规定；另外一些规范性法律文件则作出了笼统规定，例如 2016 年《工商总局关于进一步做好查处网络传销工作的通知》第 3 条第 4 款规定网络服务提供者有义务向各级工商、市场监管部门开展调查取证、处理违法信息提供必要的协助配合，对不履行相关义务的，依法追究其责任。

从《刑法》第 286 条之一项下的具体情形来看，如果网络服务提供者不履行义务的行为导致刑事案件证据灭失，情节严重时同样可以构成拒不履行信息网络安全管理义务罪。结合《刑事诉讼法》第 52 条第 2 款之规定，"刑事案件证据"并不仅限于刑事诉讼过程中搜集到的证据，还有可能扩展至行政执法和查办案件过程。证据之灭失可以对应多项协助不力之行为，例如未能按照法律规定对特定信息进行日常收集存储，但该灭失同样可能基于网络服务提供者在具体案件查办过程中未能协助监控特定信息。当前法律规定的模糊导致在此方面网络服务提供者的义务范围并不明确。

（三）信息披露报告义务

信息收集存储义务与审查监控义务通常与信息的披露义务紧密联系在一起。在符合特定条件的情形下，网络服务提供者负有依法向有权执法的机关提供原本应当予以保密的特定信息的义务。此时，"特定情形"成为网络服务提供者信息保密义务的例外。从相关法律法规来看，网络服务提供者的保密义务主要指向的是其为日常业务之需要收集的用户个人信息。原则上此类信息不得向他人泄露、出售或非法提供，例如《网络安全法》第 42 条第 1 款明确规定网络运营者不得泄露用户个人信息，并且未经信息被收集者之同意不得向其他人提供个人信息。

与信息收集存储义务和审查监控义务相对应，网络服务提供者所承担的信息披露义务同样可以区分为两种类型：其一是基于一般信息收集存储和审查监控行为形成的披露义务，主要体现为违法信息报告义务；其二是具体案件执法活动中的信息披露义务。就后者而言，三种义务类型相互交叉，在法律法规中也通常以协助配合义务一语概之。从前文分析可以看出，目前相关规范性法律文件尚未就后者予以类型化。

就违法信息报告义务而言，其通常指向法律、法规禁止或违反国家规定的信息。例如全国人大常委会《关于加强网络信息保护的决定》（下文简称《网络信息保护决定》）第5条规定了网络服务提供者发现违法信息应当立即向有关主管部门报告。与之类似的规定还包括《网络安全法》第47条，这里进一步涉及两个问题：一是哪些信息属于"违法信息"，二是向主管部门报告哪些类型的信息。

针对前一个问题，表2所列之违法违规信息通常被纳入报告义务之中，例如《互联网信息服务管理办法》第16条明确将网络信息服务提供者的报告义务指向第15条所列的九种情形。如前所述，不同规范性法律文件中对于"违法信息"的列举方式和内容不尽相同；即便针对具体的信息类型，其法律表述亦边界不清，例如如何界定"民族优秀文化传统"。

就后一个问题即报告内容问题而言，绝大多数法律法规同样尚未明确规定，仅有少数文件有所涉及，例如2013年《信息网络传播权保护条例》第13条规定，著作权行政管理部门为了查处侵犯信息网络传播权的行为，可以要求网络服务提供者提供涉嫌侵权的服务对象的姓名（名称）、联系方式、网络地址等资料。此外，根据2014年最高人民法院《关于审理利用信息网络侵害人身权益民事纠纷案件适用法律若干问题的规定》，网络服务提供者在以涉嫌侵权的信息系统网络用户发布为由抗辩时，法院可以责令其提供能够确定涉嫌侵权的网络用户的姓名（名称）、联系方式、网络地址等信息。这一规定在某种程度上也可以解读为要求网络服务提供者在具体案件的司法裁判过程中对法院进行协助。

综上，绝大多数规范性法律文件在规定网络服务提供者的报告义务时，并不区分注册信息、服务信息和内容信息。仍以《网络安全法》第47条为例，网络运营者在发现违法违规信息后，不仅应当存储"有关记录"，还应该向有关部门报告。显然，报告的"内容"可以涵盖"有关记录"，而何为"有关记录"，条文则语焉不详。

三 网络服务提供者协助执法义务的基本逻辑

通过梳理网络服务提供者在协助执法层面所承担的义务,我们可以观察到我国当前相关法律制度以下四个特征。

首先,网络服务提供者所承担的协助执法义务尚未与其承担的其他义务形成体系化结构,集中体现在网络服务提供者的个人保护义务与涉及协助执法义务之间的紧张关系。就这两种义务而言,当前立法的一般思路是分而治之,即"保护归保护,协助归协助"。基于该思路,两种义务均呈现出强化之势,但就义务交叉区域则避而不谈。就协助义务而言,这种强化一方面表现为义务启动情形的多样化和泛化,另一方面则表现为具体义务范围、内容、条件和限制的规范不详。同时,由于其他义务未能对协助义务形成有效制约,这也以间接方式强化了此类义务。

其次,现有法律规定已经形成了"收集存储—审查监控—披露报告"的协助义务体系,但三类协助义务是否存在体系上的轻重差异,是否对应不同层级的法律责任,以及在涉及个人信息时是否在干预程度上有所不同,多数规范性法律文件并未加以明确。反映在具体条文上,则一方面表现为三类义务的合并规定,另一方面表现为条文之间的"义务—责任"关系不匹配。

第三,协助义务主要指向的是信息,其中又以个人信息为主。从信息主体来看,在多数情况下相关文件并不区分用户信息和非用户信息;从信息类型来看,在具体案件的执法活动中,相关法律法规也极少对内容信息和非内容信息、个人信息和非个人信息区别对待。

第四,协助义务同时面向行政执法和刑事司法;现有法律规定中,网络服务提供者所承担的协助义务并不因行政执法案件或刑事案件而有所区分。与之相对应的,可能引发的刑事责任也并不因网络服务提供者的过失产生于行政执法阶段还是刑事侦查阶段而有所不同。

由此可以看出,当前我国法律体系对于网络服务提供者协助执法义务方面的规定存在着一系列未决问题,这些问题集中体现在义务边界不明上,而义务边界不明则可能进一步引发三个层面的担忧:其一是是否会形成公权力的过当溢出,其二是是否会对公民的基本权利形成不当干预,其三是是否会对网络服务提供者形成过重的社会责任。鉴于此,划定网络服务提供者的协助义务边界,首先需要理顺以上三者间的逻辑关系。

(一) 网络服务提供者的社会治理责任分担

作为市场主体的网络服务提供者,其所追求的基本目标是利润最大化。经济合作与发展组织(OECD)在其2010年针对网络中介(Internet intermediaries)的报告中指出,包括网络服务提供者在内的网络中介所承担的基本职能主要包括以下七项:(一)提供基础设备;(二)收集、组织和评估分散信息;(三)为社交和信息交换提供便利;(四)强化需求与供给;(五)为市场交易提供便利;(六)增进信任;(七)综合平衡买卖双方及广告方的需求。[①] 所有这些功能均服务于其商业经营活动。

但自相关产业诞生伊始,网络服务提供者就被要求承担多种多样的社会治理功能,即便这些功能并不必然与其经营活动相关,甚至可能与之冲突。这项功能区别于传统意义上企业所承担的遵守法律、道德伦理和社会规范的消极社会责任,亦与其依据法律规定所承担的例如保护环境、资源、劳工利益等的积极社会责任。[②] 在以上两种社会责任中,企业扮演的仍然是被监管者的角色,但在社会治理功能语境下,企业某种程度上转化为监管者的延伸,集中表现为政府监管职责的下移;其所承担的信息收集、存储、审查、监控、披露、报告义务直接服务于执法活动而非社会公益。

从这个角度讲,对于网络服务提供者社会治理功能更为贴切的表述应当是国家责任而非社会责任。也正是在这个意义上,网络治理全球委员会(Global Commission on Internet Governance)在2015年举办的网络

---

① OECD, "The economic and social role of internet intermediaries", issued in April 2010. Available at http://www.oecd.org/internet/ieconomy/44949023.pdf. Accessed September 21, 2017.
② 就企业社会责任的概念及类型化的讨论,参见蒋建湘《企业社会责任的法律化》,《中国法学》2010年第5期。

空间全球大会（Global Conference on Cyberspace）上发表宣言，号召网络空间建构新的"社会契约"以调整公民及其民选代表、司法部门、执法部门、情报机构、商业机构、市民社会、网络技术群体之间的关系。[①]

网络服务提供者承担社会治理责任折射出的是网络空间治理区别于传统社会治理的特性。一方面，网络空间所具有的去中心化和信息碎片化特征，构成网络服务提供者生存的必要基础，网络服务提供者的经营活动很大程度上围绕着信息的收集、筛选、整理、认证展开，其在充当信息共享的组织者的同时，也承担着以自身背书弥补网络空间传统人际信任关系缺位的功能。另一方面，网络空间的以上特征也使得旧的社会治理方式作用到具体行为主体上的成本加大，而网络服务提供者所具备的信息处理优势恰恰为规范的执行提供了便利。有学者将这种便利的直接后果描述为国家治理手段的"去中心化"趋势（decentralization），网络服务提供者由此演化为国家权力的延伸。从这个角度讲，"去中心化"是指权力行使方式的去中心化，而非权力本身的去中心化。

由此，我们可以总结出网络服务提供者社会治理责任来自三个方面的限制。首先，网络服务提供者的社会治理责任受到其作为经济主体所追求的利润最大化目标的限制，在合法经营的范围内，社会治理职责不应当成为该目标实现的实质性障碍。其次，国家权力并非毫无边界，网络服务提供者作为其治理手段的延伸，所承担的社会治理职责同样需要在该边界内履行。第三，公民作为社会治理的另一端，其所享有的基本权利构成网络服务提供者的第三方面的限制。就后两个方面的限制而言，本质上是国家权力与公民基本权利相互制约在网络空间的映射，因此接下来有必要对二者的一般关系进行进一步分析。

（二）"权力—权利"双向制约

尽管作用于不同空间的不同行为，但国家权力并未因此在其本质上

[①] "OECD's Gurria welcomes call for 'Social Compact for Digital Privacy and Security' as critical first step for trust and economic prosperity", available at http：//www.oecd.org/newsroom/oecds-gurria-welcomes-call-for-social-compact-for-digital-privacy-and-security-as-critical-first-step-for-trust-and-economic-prosperity.htm. Accessed September 21, 2017.

发生异变，这也意味着针对物理环境的权力运行的边界划定，在原则上仍然应当适用于网络空间中的国家权力。基于自由主义搭建起的现代国家治理框架，强调的是在保障公民基本权利的前提下对于社会秩序与功能的构建和维护。在这一语境下，公民基本权利构成对国家权力的天然制约，当两者出现对立时，法治原则介入并进行调和，要求对于公开发布、平等实施和独立裁断并符合国际人权规范和标准的法律，国家权力机关应遵守并对其负责。[①] 这不仅在形式层面涉及权力的依据、形式、方式、手段等要素的法律之治问题，又在实质层面涉及权力运行合理基础的良法善治问题。[②]

就何为良法善治而言，存在不同的解读，但万变不离其宗的是需要在多种利益价值之间"执中行权"，在特定条件下以适当的比例对公民的基本权利进行限制。从这个角度讲，在遵循法治原则的前提下，比例原则构成国家权力反向制约公民基本权利的基础和边界，是衡量限制措施的必要性和充分性的规则体系。该体系至少包含四项要求：目的正当性要求、手段目的匹配要求、谦抑性或必要性要求、成本收益均衡要求。[③]

在比例原则的框架下，衍生出一系列国家权力行使过程中的具体规则。就目的正当性而言，其存在两项判断前提：一是目的的可识别性，或者有法律之明文规定，或者符合公序良俗之内涵；二是目的之可评价性，要求目的之表述"必须尽量精确而具体地界定"，[④] 否则后续评价标准将流于形式。在此前提下，需要对于两种观点予以警惕：一是凡有法律规定的均是正当的目的；二是凡减损公民基本权利的均是不正当的

---

① 该定义取自联合国安理会2004年发布的《冲突中和冲突后社会的法治和过渡司法：秘书长的报告》。引自http：//www.un.org/en/ga/search/view_doc.asp?symbol=S/2004/616&referer=/english/&Lang=C，访问日期2017年9月25日。
② 关于"法律之治"与"良法善治"的关系，参见张文显《法治与国家治理现代化》，《中国法学》2014年第4期。
③ 关于比例原则四项要求的具体探讨，参见裴炜《比例原则视阈下电子侦查取证程序性规则构建》，《环球法律评论》2017年第1期。
④ 杨登杰：《执中行权的宪法比例原则》，《中外法学》2015年第2期。

目的。前者将架空目的正当性之要求，后者则架空比例原则本身。①

手段目的匹配要求探讨的是国家权力运行的充分性问题，需要对具体的目的和手段之间的关系基于经验上的或逻辑上的勾连。从该要求出发，目的和手段均不应当是口袋规定，也不应当是目的集合与手段集合之中子集的任意匹配。这种匹配既可以通过事前的令状加以明确，亦可以通过事后审查予以衡量，关键在于行为主体能够以外部可见的方式自证其手段与目的之间的关联性。

谦抑性或必要性要求在多项手段之间选取对于公民基本权利减损程度最低的一项，其同样建立在三个认知前提之上：其一是就实现同一目的而言，存在多个选项，否则将不存在选择之可能性；其二是基本权利自身存在阶层划分，并非同质同量；其三是所谓对基本权利最弱程度之减损，并不等同于干预本身的稀释或转嫁。

收益成本层面或者所谓的狭义比例原则衡量的是"是否值得为了实现某一或某些法益而付出限制基本权利的代价"。② 原则上，对基本权利的干预程度越高，其所欲实现的目的应当更重要。这一方面隐喻出不同利益之间存在冲突并且有可能进行位阶排序，另一方面也意味着有必要存在后续的审查机制，对于个案中的利益衡量进行评价。

以上四项要求层层递进，共同构成国家权力在立法、执法和司法层面限制公民基本权利时的边界。网络服务提供者在作为国家权力的延伸工具而承担社会治理职责时，延伸的程度同样应当在该边界内予以划定。

（三）经营目的在"权利—权力"互动关系中的介入

在自身经营目的、国家权力、公民基本权利三方的角力之下，网络服务提供者的协助执法义务被勾勒出来。2015—2016 年美国苹果公司与 FBI 之间的解密争议，是三方角力的典型案例，在是否配合恐怖主义犯罪侦查的问题上，国家安全、公民个人信息权、商业利益之间

---

① See Aharon Barak, *Proportionality: Constitutionality Rights and Their Limitations*, translated from the Hebrew by Doron Kalir, Camrbidge University Press, 2012, at 250 – 278.
② 杨登杰：《执中行权的宪法比例原则》，《中外法学》2015 年第 2 期。

的冲突集中凸显,①网络服务提供者成为权力与权利相互作用的重点场域。

如前所述,网络服务提供者的社会治理职能不应当成为其利润最大化价值的实质性障碍,而对"实质性障碍"的不同界定,往往会影响网络服务提供者在"权利—权力"轴线上的偏向。Alan Z. Rozenshtein 指出,这种偏向并不必然指向权力一端,网络服务提供者可能通过诉讼程序、技术设计或舆论与政策驱动等方式来规避其执法配合义务。② 本文并不欲进一步探讨这些方法,但网络服务提供者采取的这些策略恰恰反映出,协助执法义务本身可能引发的与其他利益的冲突。特别是在舆论与政策驱动层面,网络服务提供者更多寻求公民自由与权利保障层面的支持,也从侧面折射出在网络治理领域,公民基本权利与国家权力的紧张关系。③

在这一背景下再去审视网络服务提供者所承担的协助执法义务,并非单纯的行政授权行为,本质是执法成本的转移和扩散。通过权力在纯公共领域与纯个人领域之间的第三方领域的运行,国家行为与公民基本权利之间的直接冲突被淡化,直接作用于国家权力机关的法律法规被规避,从表面上看呈现出以更弱的权利干预实现正当目的,符合比例原则之必要性要求。但综合考量协助行为对于公民基本权利的侵入程度,以及网络服务提供者自身因为协助义务而担负的成本,执法行为向第三方转移对于合法权益造成的实际损害并不必然实现帕累托最优。

在明确网路服务提供者协助执法义务的三方面限制的基础上,我们需要进一步回归到其目前所承担的信息收集存储义务、审查监控义务和

---

① See Alan Z. Rozenshtein, "Surveillance Intermediaries", 70 *Stanford Law Review* (forthcoming 2018), available at https://papers.ssrn.com/sol3/papers.cfm? abstract_id = 2935321. Accessed September 28, 2017.

② Ibid..

③ 例如在苹果与 FBI 的争斗中,民调显示支持和反对苹果公司行为的民众基本上持平。参见"CBS News poll: Americans split on unlocking San Bernardino Shooter's iPhone", issued on March 18, 2016, available at https://www.cbsnews.com/news/cbs-news-poll-americans-split-on-unlocking-san-bernardino-shooters-iphone/. Accessed September 30, 2017.

披露报告义务的界限和适用条件。以下我们将从"权利—权力"关系和经营目的两个层面分别加以分析。

四 "权利—权力"关系形成的协助义务边界

就"权利—权力"关系对网络服务提供者的协助执法义务的限制而言，有必要分两个步骤进行分析：其一是对网络服务提供者三项义务所涉及的公民基本权利加以识别；其二是以比例原则的四项要求为框架，进行义务边界的划定。

（一）公民相关基本权利识别

如前所述，网络服务提供者的三项执法协助义务基本上围绕着用户信息展开，无论该信息是注册信息、服务信息抑或内容信息。《宪法》第二章集中规定了公民的基本权利，其中与用户信息相关的主要包括第33条概括式规定的"人权"、第35条规定的"言论自由"和第40条规定的"通信自由和通信秘密"。在《宪法》构建的基本权利框架下，部门法也通过具体规定进一步落实基本权利的保障，例如2017年出台的《民法总则》第五章涉及一些相关的具体权利，主要包括第110条规定的"隐私权"和第111条规定的"个人信息"；①《刑法》自1979年以来一直设置专章保护公民的人身财产权利，特别是《刑法修正案九》新增加的侵犯公民个人信息犯罪，进一步确认个人信息作为公民基本权利的属性。

在以上涉及的公民基本权利中，宪法与法律层面明确作出权利干预限制的是通信自由和通信秘密，只能"因国家安全或者追查刑事犯罪的需要"并且"由公安机关或者检察机关依照法律规定的程序"进行检查。就其他相关权利而言，宪法层面上并未专门设定限制；法律层面，

---

① 需要注意的是，尽管《民法总则》将"个人信息"列入第五章之"民事权利"项下，但并未采用"个人信息权"之表述，学界对于其是否构成"权利"以及构成何种类型的"权利"仍存在争议。王利明教授认为"个人信息"属于人格权中的具体人格权。参见王利明《民法总则》，中国人民大学出版社2017年版，第253—254页。

《民法总则》在确认隐私权与个人信息相关权利的同时，也未就干预行为的目的加以明确，仅在个人信息项下不完全列举了非法干预此项权利的形式。①

以上权利在规范性文件的效力级别、效力范围、干预方式、干预强度等方面均存在差异，这些差异将进一步影响比例原则四项要求的具体衡量和适用。因此，除识别网络服务提供者协助执法义务可能涉及的权利类型以外，仍有必要从权利性质、范围、内容等角度进行纵向层级上的划分。

首先，从权利依据的规范性文件效力层级角度出发，有必要对《宪法》第40条规定的"通信自由和通信秘密"做进一步分析。2004年全国人大常委会法制工作委员会在《关于如何理解宪法第四十条、民事诉讼法第六十五条、电信条例第六十六条问题的交换意见》（下文简称《交换意见》）②中，就该项权利进行了原则性说明。首先，《交换意见》肯认公民通信自由和通信秘密不仅是公民的基本权利，并且强调"该项权利的限制仅限于宪法明文规定的特定情形"；其次，就所涉的特定案件情形而言，《交换意见》认为，移动用户通话详单反映了"通话对象、通话时间、通话规律等大量个人隐私和秘密，是通信内容的重要组成部分，应属于宪法保护的通信秘密范畴"；第三，《交换意见》明确法院取证需符合宪法规定，不得侵犯公民的基本权利。

《交换意见》重申了《宪法》第40条的上位效力，但其在一般适用过程中仍需进一步明确何为"通信自由和通信秘密"。《交换意见》反映出的逻辑是通信秘密包括但不限于通信内容，而通信内容不仅包括内容信息本身，还包括与通信行为相关的附带信息，例如通信对象、时间、规律等。《宪法》第40条并未进一步明确"通信"的含义，但从相关司法裁判来看，凡是起到信息传递与交流功能的行为，都应当属于通信行为。例如2012年浙江省舟山市中级人民法院审理的一件行政诉讼

---

① 《民法总则》第111条：自然人的个人信息受法律保护。任何组织和个人需要获取他人个人信息的，应当依法取得并确保信息安全，不得非法收集、使用、加工、传输他人个人信息，不得非法买卖、提供或者公开他人个人信息。

② 法工办复字【2004】3号。

· 39 ·

案件中，[①] 争议焦点之一是电脑 QQ 聊天记录属于宪法规定的公民通信权利还是民法意义上的隐私权，两者之核心区别就在于对于该权利的干预是否仅限于"国家安全或追查刑事犯罪"之目的。对此，舟山市中院认为，"腾讯 QQ……主要功能就是对外联络和交流，在本质上与信件、电报等传统的通讯方式一样均属于公民通信自由和通信秘密的范畴"。与之相类似的，承担有信息传输交流功能的电子邮件、即时通信等网络服务同样应当被划入《宪法》第 40 条的保护范围。

其次，权力干预的信息类型不同，对于基本权利的干预程度亦会有所差异，例如 2015 年《网络犯罪公约》委员会在其报告中明确区分注册人信息（subscriber information）、交互信息（traffic data）和内容信息（content data），包括英国、澳大利亚、法国等国家则采用了内容信息与非内容信息的二分模式。[②] 该区分是基于一个前提假设作出：相对于非内容信息，内容信息会更加直接、完整地反映出包括隐私在内的个人敏感信息，从而对相关公民基本权利形成的干预更为严重。以美国为例，如果仅搜集用户的基本注册信息，则仅需要大陪审团签发的传票即可；如果要搜集与邮箱账号相关的 IP 地址信息，则需要为刑事侦查之目的，以具体且确定的事实为基础；如果要对邮件内容进行搜查，则必须以法院签发的刑事案件搜查证为依据。[③] 因此即便当前各级规范性法律文件未对通信权以外的其他权利就公权力干预上设置特殊限制，我们仍有必要深入到权利内部，对干预程度进行阶层划分。

第三，单纯就信息所涉及的内容而言，不同国家往往基于其社会历史文化形成对一般信息和敏感类信息的划分，后者往往与"隐私"联系在一起，例如英国《数据保护法》（*Data Protection Act* 1998）长期将种族背景、政治观点、宗教信仰、健康、性健康和犯罪记录等信息列为敏

[①] （2012）浙舟行终字第 14 号。
[②] 参见裴炜《犯罪侦查中网络服务提供商的信息披露义务》，《比较法研究》2016 年第 4 期。
[③] See Alan Z. Rozenshtein, "Surveillance Intermediaries", 70 Stanford Law Review (forthcoming 2018), available at https://papers.ssrn.com/sol3/papers.cfm?abstract_id=2935321. Accessed October 16, 2017.

感信息，并对这些信息进行更为严格的保护。[①]

第四，权力干预的信息范围不同，同样会对公民的基本权利构成不同程度的侵犯。基于镶嵌论（mosaic theory）的相关理论，[②] 针对公民信息搜集的范围越广，在其中发现或拼组出公民个人信息、隐私或通信信息的可能性越高，从而对公民基本权利侵犯的程度越高。正是在这个意义上，各国对于公民信息不加区别的收集（bulk interception）通常采用更高的限制。例如美国在 2015 年出台的《美国自由法》第 201 条明确要求监听设备要依附于具体的特定物品，而不能在广阔地域上开展。

第五，公权力收集、使用信息的方式不同，也会影响对公民基本权利的干预程度。典型的例子是对信息的动态收集（real-time collection），由于无法事前确定可能采集到的信息类型和内容，在一定程度上相当于不加区分的信息采集，因此相对于静态的信息搜集，动态信息采集的限制相对更严格。美国最高法院 Bennett 法官在 United States v. Graham 案中[③]就回溯性（retroactive）的静态信息搜集与预期性（prospective）的动态信息搜集进行了区分，并以此作为宪法第四修正案是否适用的判断标准之一。

据此，就网络服务提供者协助执法义务可能干预的公民基本权利，我们可以从以上五个向度对涉及的用户信息进行区分，并由此建构起比例原则适用的基本框架，接下来我们将进一步进入到框架内，从四项要求逐步划定网络服务提供者的协助执法义务边界。

（二）基于比例原则的协助义务边界

比例原则的第一项要求为目的正当要求。如前所述，在两个向度划分的信息类型中，除通信权类信息外，公权力对于其他类型信息的干预

[①] 对于一般信息和敏感信息的区分同样体现在英国 2017 年新出台的《一般数据保护规定法案》（*General Data Protection Regulation*）中。
[②] 关于镶嵌论的基本原理和在司法中的运用，参见裴炜《比例原则视域下电子侦查取证程序性规则构建》，《环球法律评论》2017 年第 1 期。
[③] United States v. Graham, 864 F. Supp. 2d 384 (D. Md. 2012)

在这一层面以存在法律依据即可。就通信权类信息而言，目的正当不仅意味着该目的为法律规定所认可，还意味着该目的的特定性，即"国家安全或追查刑事犯罪"。就国家安全而言，《中华人民共和国国家安全法》（下文简称《国安法》）第 2 条将其定义为"国家政权、主权、统一和领土完整、人民福祉、经济社会可持续发展和国家其他重大利益相对处于没有危险和不受内外威胁的状态，以及保障持续安全状态的能力"；而"追查刑事犯罪"则以《刑法》明文规定之犯罪行为为对象，以《刑事诉讼法》规定之权力为界限。

司法实践中存在着仅以满足前者即认定干预行为正当的情形，例如 2014 年四川省蔡某与龚某、XX 刚、郝某提供劳务者受害责任纠纷一案[①]中，一审法院依职权调取了再审申请人的通话记录，被申请人主张该行为是法律赋予的权力，因此不构成对公民通信自由和通信秘密的侵犯。四川省高级人民法院最终认可了这一主张。但是该主张的问题在于，仅因法院之取证权由《民事诉讼法》授权，遂认定未侵犯公民通信权利，实则忽视了《宪法》第 40 条对于干预目的和干预主体的双重限制。《民事诉讼法》作为下位法，其授权不得与上位法相抵触，因此法院以解决民事纠纷为目的调取公民通话记录应当属于对公民通信权的不当干预。事实上，这也恰恰是《交换意见》反映出的信息，即法院之取证行为不得与宪法相违背。与之相类似的，即便是由公安机关进行调查取证的治安管理案件，同样不符合《宪法》第 40 条限定的目的。[②]

这里需要额外讨论的一点是，如何看待刑事正式立案之前的信息收集行为。原则上，案件是否正式进入刑事诉讼程序，以立案为标准，而立案则以发现犯罪事实或犯罪嫌疑人为前提。犯罪事实或犯罪嫌疑人的发现线索来源多样，特别是存在着在行政执法过程中发现犯罪事实之情形。此时尽管行政机关收集的证据材料可以在后续的刑事诉讼程序中作为刑事案件证据使用，但其行为性质并不因此回溯性地被确认为"追查

---

① (2014) 川民申字第 1171 号。
② 典型案例参见 (2015) 甬宁行初字第 46 号。该案中，被告宁海县公安局在调查治安管理案件中，监控原告手机微信，从而获取了案件的关键证据。

刑事犯罪"，因此也不能当然认为由于收集的信息未来可能用于证明刑事犯罪，从而在行政执法过程中对公民通信信息加以干预。

由此我们可以得出第一项结论，即就通信权类信息而言，网络服务提供者不应当在普遍意义上承担此类信息的收集存储、审查监控和报告披露的协助执法义务。在具体案件的执法活动中，网络服务提供者的协助义务也仅限于为国家安全或追查刑事犯罪之目的。就其他类型的信息而言，尽管其正当目的不仅仅限于此，但"正当性"之要求仍然成立，而该要求成立的前提在于事前对执法目的清晰具体的表述，以及事后对该目的正当性的可审查性。

从目前国内实践来看，司法层面的信息调取一般有司法行政机关公函为依据，其中会列明具体案件信息、法律依据、待查事项以及所需调取的证据。但是在行政执法层面，相应的程序性规则则相对不确实。为规范互联网内容信息执法程序，2017年国家互联网信息办公室（下文简称国家网信办）制定了《互联网信息内容管理行政执法程序规定》（下文简称《执法程序规定》），并在第四章专门就调查取证程序加以规定，遗憾的是该《规定》并未就调查取证行为所需的令状加以规定，从而导致具体案件中执法目的不明，进而阻碍比例原则后续要求的评价。

在此基础上，我们进一步对比例原则的其他三项要求进行分析。其中，手段与目的匹配要求同样需要以目的之可识别性为前提。从这个角度讲，要在细化的规则层面对网络服务提供者的协助执法义务进行限缩，首先需要在法律法规层面引入明确的令状规则，用以明确具体执法行为的目的。同时，考虑到网络服务提供者在与国家权力机关互动过程中所处的相对弱势地位，应当从制度层面设置相应的措施，以保障网络服务提供者在衡量所需履行的协助义务与执法目的之间的匹配性。

在此基础上，比例原则第三项要求强调的是手段的必要性，即在可以同等实现正当目的的前提下，采用对公民基本权利干预程度最低的手段。这里需要结合前文关于基本权利干预成本转移的探讨，对这一问题进行进一步分析。如前所述，网络服务提供者之所以成为执法过程的重要参与者，在于用户不可避免地将各类信息交由其管理、使用，这种信息"信托"使得执法者可以绕过用户从网络服务提供者那里获取相关信息，而法律法规就公民个人信息设定的保护措施在此种情形下似乎难以继续适用。

以用户信息使用的"同意原则"为例，2012 年全国人大常委会《关于加强网络信息保护的决定》（下文简称《决定》）就明确要求网路服务提供者收集、使用公民个人电子信息应当经被收集者同意，并且应当公开收集、使用规则。《网络安全法》第 22 条第 3 款延续了这一规定；[①] 2017 年"两高"出台的《关于办理侵犯公民个人信息刑事案件适用法律若干问题的解释》（下文简称《个人信息解释》）更在第 3 条中明确将"未经被收集者同意，将合法收集的公民个人信息向他人提供的"行为列为《刑法》第 253 条规定的"提供公民个人信息"行为。但是当网络服务提供者因履行执法协助义务而向司法行政机关提供用户个人信息，是否仍然应当取得用户本人同意，或者是否至少承担告知义务，法律规定语焉不详。这种规则空缺在为执法提供便利的同时，实际上并未降低对公民基本权利的干预程度。

针对这一问题的应对大致可以分为两种类型：一类将问题核心转化为用户"同意"是否构成弃权行为；另一类则转化为执法行为是否构成"同意"的例外。前者的典型例证是美国隐私权保护中，构成合理隐私期待例外的"第三人条款"。根据该条款，当权利主体自愿将信息提交给第三方主体时，其不再对该信息享有合理隐私期待，进而意味着美国宪法第四修正案对于该项权利的保障不再适用。[②] 这一规则在网络时代受到了严重挑战，关键在于用户为获得网络服务而不得不向网络服务提供者提供信息，该行为能否适用"第三人条款"。可以看到的是，从著名的 United States v. Jones 案[③]到斯诺登的棱镜门事件，"第三人条款"

---

① 《网络安全法》第 22 条第 3 款规定：网络产品、服务具有收集用户信息功能的，其提供者应当向用户明示并取得同意。
② 合理隐私期待（reasonable expectation of privacy）检验标准是在 Katz v. United States, 389 U. S. 347 (1967) 案件中建立起来的。在 Smith v. Maryland, 442 U. S. 735 (1979) 案中，最高法院认为用户通过将个人信息提供给电话公司，从而不再对该信息享有合理隐私期待。
③ United States v. Jones, 132 S. Ct. 945 (2012)

对于网络服务提供者的适用在逐步弱化。从本质上而言，信息使用目的的转化使得用户原先为获取相应服务而作出的信息收集和使用授权难以当然地扩展至执法行为。

就第二种转化而言，关键在于设置这种例外的本质是公权力赋权行为，从法治原则的角度出发，这种赋权应当有法律上的明确规定。例如根据美国相关法律规定，政府部门可以通过出具行政令状或《联邦刑事诉讼规则》规定的令状，要求远程计算服务提供者披露电信或电子通讯的内容信息，但政府对该服务的注册者或用户的告知义务仅在后一种情形中可以豁免。① 就非内容信息而言，则条件相对放宽，政府部门主要可以在五种情形下要远程计算服务提供商提供此类信息：（1）根据《联邦刑事诉讼规则》获取有权法院的特定令状；（2）在特定情形下获取法院命令；（3）获取注册者或用户的同意；（4）针对电话销售诈骗，就用户或注册者的姓名、住址、工作地址向服务提供者出具正式的书面信息提取函；（5）要求提供的信息限于姓名、住址、通信时长、距离、支付方式、电话号码或服务号码等信息。② 与之相类似的，2016年欧盟出台的《一般数据保护条例》（General Data Protection Regulation）明确归纳出合法处理数据的六种情形，其中除数据被收集者同意外，其他几项都必须建立在为特定目标所必需的基础上。③

基于以上分析，我们可以得出第二项结论，即网络服务提供者所承担的保护和尊重用户个人信息的义务，其本身应当被视为公民基本权利的延伸。基于执法之目的对该义务设定例外，本质上仍然是对公民基本权利的干预。在此基础上，将执法对象从具体公民个体替换为网络服务

---

① 18 U. S. Code § 2703（b）
② 18 U. S. Code § 2703（c）
③ 这六种情形包括：（一）数据被搜集者就一个或多个具体目的作出同意处理其个人数据的表示；（二）在被收集者作为合同当事人的情形下，为实施合同所必需，或者是被收集者签订合同前所必需的步骤；（三）为数据控制者履行其所承担法定义务所必需；（四）为保护被收集者或其他自然人重大利益所必需；（五）为实现公共利益或数据控制者履行公共职务所必需；（六）为实现数据控制者或其他第三方合法利益之目的所必需，但该利益与数据被收集者特别是儿童的基本权利和自由相冲突时除外。

提供者，并不能够实现降低基本权利干预程度的目标。但这并不意味着这种替换不能提高执法收益。

由此，接下来的一个问题是，执法行为作为网络服务提供者所承担的用户个人信息保护义务之例外情形时，所依赖的正当化基础是什么。回答这个问题涉及对执法行为所欲保护之利益与公民基本权利保护之利益之间的衡量，由此我们进入到比例原则最后一项要求的考察。根据该要求，"国家所干预的基本权利愈重要，对基本权利的干预愈强、造成的损失愈大，由此得以实现的其他法益就应该愈重要，对这些法益的实现的促进作用就应该愈大"。[1] 在本文的研究框架下，该项要求的核心问题在于在协助执法过程中，网络服务提供者所承担的保障用户信息的义务在何种情形下基于何种理由依何种条件可以被豁免。

从前文就公民基本权利的分析可以看出，信息收集或使用的方式、对象、程度、范围、目的不同，对于公民基本权利的干预程度亦会有所差异，这种差异恰恰构成了狭义比例原则要求适用的核心。由此我们可以得出第三项结论，即网络服务提供者所承担的协助执法义务的强度，应当与用户信息的具体干预形式形成阶层式对应。具体而言，该结论由以下五个推论构成：首先，针对内容信息的协助义务门槛应当高于非内容信息；其次，动态信息监控审查的协助义务门槛应当高于静态信息的收集存储义务；第三，涉及个人隐私等敏感类信息的协助义务门槛应当高于其他个人信息；第四，针对用户的不加区分的信息搜集的协助义务门槛应当高于特定类型信息收集；第五，针对预测性信息收集的协助义务门槛应当高于回溯性信息收集。

在此基础上，我们仍然有必要就"门槛"的构成要素进行进一步探讨。通过考察国内外相关立法与司法实践，我们可以归纳出以下几个关键要素。首先，从干预行为所欲实现的法益类型而言，一般区分为公共利益与个人利益，前者可以进一步划分为包括犯罪治理、国家安全等在内的重大公共利益与一般性社会治理公共利益，后者可以区分为信息被

---

[1] 参见杨登杰《执中行权的宪法比例原则》，《中外法学》2015 年第 2 期。

收集者利益与第三方主体利益。基于该区分，一方面，刑事司法或国家安全多构成公民基本权利保护之例外，或者立法对其设置相对较低的限制；另一方面，为第三方利益所进行的执法活动往往难以直接对抗信息被收集者的合法权益。

"门槛"的第二项和第三项构成要素分别是限制条件的数量和强度。就限制条件数量而言，主要涉及不同来源的限制条件是否叠加的问题，对此可以划分为两类：一类是来自私主体的限制条件，例如前文论及的被收集者同意；另一类是来自公权力主体的限制条件，例如对于令状的要求。就限制的强度而言，一定程度上可以转化为干预条件实现的难易程度。以前文提及的美国关于远程计算服务内容信息提取的规定，由法院依照《联邦刑事诉讼规则》签发的令状，其获取程序的严格程度高于行政令状，因此如果以前者作为收集使用公民个人信息的条件，其实现难度明显高于后者。通过将限制条件的数量与强度进行不同方式的组合，从而形成与被干预权利的层级化对应。

五　经营目的对协助执法义务的限制

从以上分析可以看出，网络服务提供者同时扮演着公权力扩张与公民基本权利延伸的双重角色，这两种角色并非必然一致，而角色冲突的根源在于"权力—权利"二元互动过程中的固有张力。从这个意义上讲，网络服务提供者协助执法义务边界在划定上与一般执法机关的权力边界划定具有一定的相似性，也正是基于此，比例原则能够类推适用于网络服务提供者，此时的协助执法义务边界首要的是一项立法任务。

但是，两种角色之间的冲突同样意味着实践中网络服务提供者不可能全然居中，甚至有可能同时偏离两种角色。在这一过程中起核心作用的是网络服务提供者自身的商业经营目的。因此，在网络服务提供者身上我们看到的并非单纯的"权力—权利"二元互动，而是更为复杂的"权力—权利—经营目的"三元互动。网络服务提供者的经营目的不仅独立于其所承担的协助执法与权利保障义务，还直接或间接决定着两种义务冲突时网络服务提供者的实际站位。[①] 更重要的是，相对于协助执法与权利保障，网络服务提供者的经营目的构成其作为商业主体存在的基础，对于该目的的违反将可能直接损及网络服务提供者的存在价值。正是基于此，我们在前文中已经论证，网络服务提供者所承担的协助执法义务可以限制但不应实质性地损及其经营目的。具体而言，网络服务提供者的经营目的主要在以下四个层面可能限制其协助执法义务。

（一）经济成本对协助义务的限制

第一层限制来自于协助执法成本。实现利润最大化的重要途径之一是降低成本。通过协助执法，一部分执法成本由执法机关转嫁给网络服务提供者，从而对其利润最大化形成负面影响。以谷歌为例，谷歌每年定期发布两次《谷歌透明度报告》（Google Transparency Report），公布其收到的用户信息披露请求数量，以及实际执行情况。[②] 根据该报告，谷歌2017年上半年收到政府部门关于用户信息披露请求的数量高达83345份，而在报告伊始的2011年，这一数字仅为25342份。对于这些请求，谷歌并非不加区分地予以合作，2017年上半年其实际执行的请求数量仅为48941份，占到全部请求量的65%左右。即便在这4万多份中，谷歌也并非全部进行完整执行，而是要根据相关法律规定，对请求事项与待披露用户信息之间的相关性进行判断，从而确定每份请求的具体执行程度。

与之相类似的，苹果公司每年也会发布两次《透明度报告》，统计数据涉及执法部门针对设备（device）、账户（account）、金融标识（financial identifier）、紧急事项（emergency）等项目提出的协助要求。[③] 表

[①] See Alan Z. Rozenshtein, "Surveillance Intermediaries", 70 Stanford Law Review (forthcoming 2018) available at https://papers.ssrn.com/sol3/papers.cfm?abstract_id=2935321. Accessed October 16, 2017.

[②] See "Google Transparency Report", available at https://transparencyreport.google.com/user-data/overview. Accessed October 27, 2017.

[③] 数据来源参见苹果中国区官网《透明度报告历史记录》，引自 https://www.apple.com/cn/privacy/transparency-reports/，访问日期2017年10月31日。

3 就中国区的数据进行梳理:

表3　　苹果公司中国区政府协助透明度报告（2014.1—2017.6）

主要项目		2017.1—6	2016.7—12	2016.1—6	2015.7—12	2015.1—6	2014.7—12	2014.1—6
设备	请求量	1273	1270	1764	1005	1129	644	291
	设备量*	10436	13502	4412	2413	4398	2425	1664
	执行量	1096	1021	1357	668	841	490	120
	执行率	86%	80%	77%	66%	74%	76%	41%
	平均执行率**	77%	72%	——	——	——	——	——
金融标识	请求量	33	22					
	标识量	226	113					
	执行量	27	12					
	执行率	82%	55%					
	平均执行率	81%	76%	——	——	——	——	——
账户	请求量	24	25	31	32	24	31	7
	账户量	35491	5184	1560	6742	85	39	10
	执行量***	23	22	27	17	7	10	1
	不执行量	1	3	4	15	17	21	6
	执行率	96%	88%	87%	53%	29%	32%	14%
	平均执行率	80%	79%	——	——	——	——	——
紧急事项	请求量	1	0	1	0	0		
	执行量	1	0					
	部分执行量	0	0					
	执行率	100%	0					
	平均执行率	81%	86%					

数据来源：苹果公司官网隐私——《透明度报告》。

注：*单项请求通常涉及多个设备，因此设备量总量往往大幅度超出请求量总量。金融标识和账户两项的子项与之类似。

**各项中的"平均执行率"是指世界范围内对政府请求的平均执行率，苹果《透明度报告》从2016年下半年开始添加该指标。

***账户请求"执行量"包括全部执行量和部分执行量。

很显然，运行这样一整套应对机制要耗费大量的人力、物力、财力，并且可以进一步推导出的是，保护公民基本权利的倾向越强，应对机制越复杂，从而耗费的成本越高。以上成本还不包括用户可能基于该协助执法行为提出诉讼所形成的成本。诸如谷歌这样的大型网络服务提供者尚有能力支持该机制大规模长时间运行，但网络经济发展并不平衡，对于经济与技术能力相对较弱的网络服务提供者，运行这样一套机制则相对困难。从这个角度讲，一刀切式地要求所有网络服务提供者在同等程度上承担协助执法义务既不合理也不现实。

针对网络经济发展不平衡的问题，我国立法也作出了一定的回应，其中以《网络安全法》尤为典型。例如第 29 条规定，"国家支持网络运营者之间在网络安全信息收集、分析、通报和应急处置等方面进行合作，提高网络运营者的安全保障能力"。同时，《网络安全法》设置专章"网络安全支持与促进"，强调国家对网络安全技术推广、普及、创新的重要作用。这些规定通过国家层面的推动与行业内相互扶持，促进不同重量级的网络市场主体进行资源和技术共享，从而在整体上提升服务于国家利益或公共利益的能力。

据此，我们可以得出第四和第五项结论：一是网络服务提供者协助执法带来的经济成本不应当实质性地减损其经营利润；二是经济成本的有效降低不仅需要通过企业间、企业与行业协会间的资源共享，还需要国家履行积极义务予以扶持。

需要注意的是，以上论述并不否定协助执法可能带来的包括政策优惠等在内的经济效应。例如阿里巴巴与浙江省高级人民法院共享淘宝地址以促进文书送达，[①] 反映出网络服务提供者的一种积极态度。这种配合的态度一方面可以为网络服务提供者营造相对友好的公权环境，另一方面公权良好运行也会改善和提升网络环境，从而回馈于商主体。欧洲理事会（Council of Europe）2008 年发布的打击网络犯罪报告正是从后

[①] 参见"法律文书无法送达？浙高院与阿里合作，直接寄送淘宝收货地址"，2015 年 12 月 9 日发布，引自 http：//ytzyfy.sdcourt.gov.cn/ytzyfy/402518/402565/1248443/index.html，最后访问日期：2017 年 10 月 30 日。

者的角度出发，阐明网络犯罪控制于公于私的多重利益，鼓励执法机关与网络服务提供者加强理解，进而形成对抗网络犯罪的合力。①

（二）用户信任对协助义务的限制

如前所述，对于执法协助请求不加区分地予以协助或许可以在一定程度上降低协助成本，但从谷歌和苹果的例子可以看出，全面配合并不必然构成网络服务提供者的最优选。之所以出现这种情况，在于影响网络服务提供者利润最大化的一个重要因素在于其用户对于产品的认可度。

旨在推进网络公民基本权利保障的国际民间组织电子前沿基金会（Electronic Frontier Foundation，EFF）每年针对大型网络平台发布报告，从用户信息保护角度对其进行综合评价和排名。② 该报告采用了六项评价标准：第一，是否就通信内容信息要求提供司法令状；第二，是否就预测性的位置信息要求提供司法令状；第三，是否发布【政府索取用户信息的】透明度报告；第四，是否发布针对执法部门的行为指引；第五，是否在政府索要数据时通知用户；第六，是否作为数字正当程序联盟（Digital Due Process Coalition，DDPC）③ 成员，在议会中呼吁用户隐私保护。

EFF 的报告直接反映出用户对于网络服务提供者的要求和评价体系，从而从市场需求的角度，对网络服务提供者的服务供给形成限制。也正是基于该考量，在斯诺登事件之后，美国大型网络公司在面临重大用户信任危机的背景下，开始积极重构其与公权力的合作机制。上文提及数字正当程序联盟正是这一发展的典型例证。事实上，

---

① See Council of Europe, "Cooperation between law enforcement and internet service providers against cybercrime: towards common guidelines", issued June 25, 2008, available at https://rm.coe.int/16802f69a6. Accessed October 30, 2017.
② See EFF, "Who has your back? Government data requests 2016", available at October 29, 2017. https://www.eff.org/who-has-your-back-2016#download. Accessed October 29, 2017.
③ Digital Due Process Coalition 是由隐私权律师、大型网络公司和智库共同组成的、旨在推动美国议会修改《电子通信隐私法》（Electronic Communications Privacy Act，ECPA）、实现数字环境中的程序正义，从而保护用户隐私保护的民间联合体。

有学者指出，斯诺登事件最重要的影响，就在于它通过曝光对公民个人信息的大面积政府监控，使得政府与企业之间长期存在的合作关系面临新的挑战。[1]

　　如前所述，用户对于个人信息保障的需求会直接映射到网络服务提供者的服务供给中去。这种映射并非基于公民基本权利保障的价值考量，更多的是从市场自由竞争的角度出发，通过满足用户需求、提升用户体验来强化服务的竞争优势。换言之，改善特定网络服务的个人信息特别是隐私的保障水平有助于强化网络服务提供者的市场比较优势，从而在这个意义上服务于其作为商主体所追求的利润最大化目标。苹果公司中国区宣传口号"你的设备，只有你能访问""你的个人数据只属于你，而绝非其他人"是这一考量的典型例证。[2]

　　需要注意的是，这种对于个人信息的强化保障不仅仅是网络服务提供者价值选择的结果，很大程度上与技术本身的特性相关。以通信加密技术为例，网络通信服务提供者既可以采用托管加密模式（escrowed encryption），也可以采用端对端加密模式（end-to-end encryption），两者的核心区别在于是否存在通信双方以外的包括服务提供者在内的第三方掌握或备份通信密钥。一般认为，在其他条件相同的前提下，托管加密模式由于密钥的知情方更多，因此在保证信息加密完整性方面相对于端对端模式更弱，加密系统被侵入的风险相对更高。[3] 2015 年，面对政府再次兴起的要求网络通信服务提供加密系统后门的倾向，美国计算机安全领域的多位专家联合发布报告，认为这种向第三方提供通信信息入口的技术存在重大缺陷；通过引入此类入口，现有的通信秘密保护机制可能

---

[1] See Bruce Schneier, *Data and Goliath: The Hidden Battles to Collect Your Data and Control Your World*, W. W. Norton & Company, 2015, at 207.

[2] 参见苹果中国区官网"隐私"板块，引自 https://www.apple.com/cn/privacy/，最后访问日期：2017 年 10 月 31 日。

[3] 2016 年苹果公司针对一名联邦法官要求其配合 FBI 调查，协助解锁 iPhone 手机的命令作出回应，技术层面的担忧是其拒绝合作的重要理由之一。参见 Apple, "A message to our customers", issued February 16, 2016, available at https://www.apple.com/customer-letter/. Accessed October 31, 2017.

面临不可预测的破坏。① 基于该考虑,网络服务提供者所存在减少密钥接触渠道的强烈动机。以阿里云为例,其所提供的加密服务的重要优势在于"云计算服务商只能管理设备硬件……密钥完全由客户管理,阿里云没有任何方法可以获取客户密钥"。②

在这一语境下,是否在技术层面为执法人员开设后门,已经不再单单是"隐私—安全"之间的较量,而是"安全—安全"之间的平衡。由此进一步延伸,如果政府为提升网络安全之目的要求网络服务提供者在技术层面对其加密服务设置一般性的例外措施,而添加该项例外本身将系统性、实质性地损及该网络服务在保护个人信息层面的安全性,那么网络服务提供者履行设置后门的义务无异于饮鸩止渴,本质上也构成对比例原则"手段目的匹配要求"的违反。据此,我们得出第六项结论:网络服务提供者所承担的协助执法义务不应当在技术层面不可行,或者会对提供服务所必需的技术的核心功能造成实质性损害。

(三) 市场全球化对协助义务的限制

网络经济区别于传统经济的一个重要特性在于其弱地域性。相对于传统企业在推进业务全球化过程中的积极主动地位,网络服务的全球化进程更多的是业务发展的必然结果。对于网络服务提供者而言,市场的全球化意味着其协助执法义务也同步全球化。国家执法行为具有强烈的主权属性,与之对应的是清晰的地域性特征。由此产生网络服务提供者经营业务弱地域性与协助执法义务强地域性之间的张力。

原则上,网络服务提供者应当遵守业务所在国的相关法律规定,但是网络经济的高度竞争以及用户在世界范围内的高速流动,使得网络服务提供者要实现全球范围内的竞争优势,就需要谨慎平衡不同区域协助

---

① See Harold Abelson et al, "Keys under Doormats: Mandating Insecurity by Requiring Government Access to All Data and Communications", issued on July 7, 2015, available at https://mitpress.mit.edu/blog/keys-under-doormats-security-report. Accessed October 30, 2017.
② 参见阿里云官网"加密服务"板块,引自 https://www.aliyun.com/product/hsm? spm = 5176.7920199.765261.105.SbaXDA,最后访问日期:2017年10月31日。

执法的力度。仍以 2016 年苹果公司与 FBI 的争议为例,在接到联邦法官要求其配合 FBI 调查,协助解锁 iPhone 手机的命令之后,苹果公司首席执行官 Tim Cook 发表公开声明,强调如果提供协助将会形成一个"危险的先例"(dangerous precedent),日后苹果的协助执法将难以避免地扩展至全体用户的各类数据。①

在一定程度上,基于区域规则差异所形成的网络服务提供者在具体协助执法过程中的犹豫态度,可能会进一步折射到各国在世界范围内的主权与话语权之争。以 Microsoft Corp. v. United States 案为例。② 2013 年,为对一起贩毒案件进行调查,纽约市一名区法官根据 1986 年《存储通信法》(Stored Communications Act)签发令状,要求微软公司提供与一特定账号相关的全部信息和邮件。尽管账号信息存储在微软的美国服务器上,但相关邮件的存储服务器位于爱尔兰的都柏林。微软在履行了账户信息披露义务后,拒绝提供在爱尔兰服务器上存储的邮件。2014 年,一名联邦治安法官再次要求微软提交相关邮件,微软向第二巡回区上诉法院提出上诉。2016 年,上诉法院推翻了之前法院的裁判,并宣布令状无效。2017 年 6 月,美国司法部将此案上诉至最高法院,判决预计将在 2017—2018 年间作出。

在过去,微软在挑战美国政府的协助要求中屡战屡败。此次案件之所以会在上诉期间出现重大转折,一个重要的影响因素是包括爱尔兰政府在内的众多机构和组织出具了法庭之友意见书(amicus brief)以支持微软。③ 爱尔兰政府更是强调其绝不接受他国司法程序对于本国主权的减损,相关邮件的提供应当在国家间司法协助的基本框架下进行。④ 这一表态一方面在国家主权层面有助于爱尔兰保障本国数据主权和安全,

---

① See Tim Cook, "A message to our customers", issued February 16, 2016, available at https://www.apple.com/customer-letter/. Accessed October 31, 2017.
② Microsoft Corp. v. United States, in the Matter of a Warrant to Search a Certain E-Mail Account Controlled and Maintained by Microsoft Corportation.
③ See "Microsoft Reply Brief for Appellant", available at http://mscorpmedia.azureedge.net/mscorpmedia/2015/04/Microsoft-Reply-Brief.pdf. Accessed October 31, 2017.
④ See Vlad Dudau, "Ireland files brief in support of Microsoft against the US government", issued December 24, 2014, available at https://www.neowin.net/news/ireland-files-brief-in-support-of-microsoft-against-the-us-government. Accessed October 31, 2017.

另一方面也意味着在国际对话层面，国家在设定网络服务提供者所承担的跨境数据协助执法义务时，需要考虑该义务可能对本国执法产生的反弹作用。基于此，我们可以得出第七项结论：从全球化的角度来看，宽泛设定网络服务提供者的协助执法义务在实践中并不必然能够充分实现，也并不必然有助于本国在国际网络安全与数据安全攻防战中获益。在这个意义上，网络服务提供者协助执法义务的设定需要充分考量和尊重通行的国际规则与惯例。

六 结语

社会网络化的不断深入，使得网络服务提供者成为各相关利益主体的"兵家必争之地"。在多方关系交错复杂的环境下，网络服务提供者在作为商业主体的同时，已经被赋予了另外两重身份：在用户信息保护层面，其承担着公民基本权利延伸的角色；在社会治理层面，其承担着公权力延伸的角色。正是这三重身份的叠加，使得网络服务提供者的协助执法义务可能与其他主体的合法权益相冲突，从而使得义务边界的划定不仅复杂，而且必要。

基于该三重身份，本文从"权利—权力"互动和网络服务提供者经营目的两个角度出发，对网络服务提供者的协助执法义务的具体划定形成了七项结论，对应可以转化为网络服务提供者协助执法义务边界划定的七项原则：

第一，基于《宪法》第40条，网络服务提供者不应当在普遍意义上承担通信权类信息的收集存储、审查监控和报告披露的协助执法义务。

第二，网络服务提供者所承担的协助执法义务必须受到其所承担的保护公民基本权利之义务的限制，前者对于后者的干预应当符合比例原则。

第三，网络服务提供者所承担的协助执法义务的强度，应当与对用户信息的具体干预形式形成阶层式对应。

第四，网络服务提供者协助执法带来的经济成本不应当实质性地减损其经营利润。

第五，经济成本的有效降低不仅需要通过企业间、企业与行业协会间的资源共享，还需要国家履行积极义务予以扶持。

第六，网络服务提供者所承担的协助执法义务不应当在技术层面不可行，或者会对提供服务所必需的技术的核心功能造成实质性损害。

第七，网络服务提供者协助执法义务的设定需要充分考量和尊重通行的国际规则与惯例。

通过参考国际大型网络公司的实践经验，同时结合我国的实际情况，以上原则至少可以先行从以下四个方面入手加以落实。首先，从政务公开的角度，允许甚至鼓励网络服务提供者定期发布报告，就其在特定时间内收到的针对用户信息的协助要求数量、类型、执行程度、后续处理等信息向其用户进行发布。其次，从推进网络空间法治的角度出发，允许甚至鼓励网络服务提供者对现有协助义务法律法规进行梳理并公布，便于执法机关和社会从外部监督协助行为的程序合法性与合理性。第三，推动司法在监督规范执法权的过程中发挥更重要的作用，其中既包括强调行政诉讼对于协助义务范围审查的功能，也包括司法机关在审查批准特定调查取证行为时的监督作用。第四，基于同意的用户信息处理，在网络服务提供者履行执法协助义务的语境下至少应当转化为告知义务，在法律法规不禁止的前提下，将该协助行为所涉及的信息类型告知信息被采集者。在特定情形下，例如国家安全或犯罪侦查时，应当允许法律设置告知的例外条款，但在其他情形中，这种告知应当作为原则存在，该项义务的豁免应当以个案审查为基础，并且需要相应的执法部门提供理由。

（责任编辑：林华）

论网络虚拟财产禁止让与特约的法律规制[*]

刘 明

(中国社会科学院法学研究所助理研究员)

内容摘要 网络虚拟财产在本质上是一系列合同权利义务的组合,因此以其为标的的让与行为,应适用合同让与的相关规定。我国合同法并未禁止当事人在合同中设定禁止让与特约,对某些网络服务提供者来说,限制网络虚拟财产的自由让与也具有相当的合理性基础。但只有当禁止让与特约同时符合商业合理性、合法性和实效性标准时,才可以赋予其法律效力。禁止让与特约在内部关系中可以限制权利人对其财产的处分权,但在外部关系中,却不能对抗善意受让人,以维护交易的安全和秩序。

关键词 网络服务协议 网络虚拟财产 禁止让与特约 债权让与

问题的源起:网络虚拟财产让与需求与禁止让与特约之间的矛盾

伴随着网络虚拟财产的财产权地位被广泛承认,人们对于其的让与需求也正变得愈发强烈。一方面,网络虚拟财产的交易市场日趋火爆,

---

[*] 本文部分发表于《中国社会科学院研究生院学报》2015年第1期,本次收录有较大增补,系2017网络法青年工作坊成果。

不仅交易总量连年攀升，而且还形成了以销售网络虚拟财产为盈利手段的成熟产业链；另一方面，在离婚、继承等相关案件中，针对网络虚拟财产的析产要求也变得十分普遍，还引发了以 QQ 号码继承案、[①] 淘宝网店过户案[②]、雅虎邮箱继承案[③]为代表的一系列现实法律纠纷。然而，与之形成鲜明反差的，却是网络服务协议中普遍存在的禁止让与特约。根据此类条款，在未经网络服务提供者同意的情况下，网络用户不得以任何方式向第三人让与包括账号密码、游戏装备、电子货币、电子邮箱等在内的各类网络虚拟财产。此种尖锐的矛盾，无疑给网络虚拟财产让与的合法性基础蒙上了一层迷雾，也对网络消费者的合法权益保护带来新的挑战。为解决上述问题，本文拟以网络服务协议中的禁止让与特约为对象，重点讨论如下几个问题：（1）网络虚拟财产让与行为的法律属性；（2）禁止让与特约在何种情况下产生法律效力；（3）有效禁止让与特约的对内和对外法律效力。以期为网络虚拟财产让与秩序的建构，以及网络服务消费者合法权益的保护提供理论参考。

一　网络虚拟财产禁止让与特约的法律适用

对网络虚拟财产禁止让与特约进行有效法律规制的前提，在于准确确定规制行为所应适用的法律。从逻辑上讲，禁止让与特约约束的是网络虚拟财产的让与行为，因此，让与行为的法律属性决定了对禁止让与特约进行规制应适用何种法律，而该让与行为的法律性质又取决于让与标的，即网络虚拟财产自身的法律属性。这就使得对网络虚拟财产禁止让与特约的法律适用问题，转化成为对网络虚拟财产法律属性的探讨。

我国现行法律对于网络虚拟财产的权利属性并未作明确规定，因此在大多数网络服务协议中，网络服务提供者只是以列举或笼统概括的方式，对网络虚拟财产的禁止让与特约进行表述，至于限制让与对象的法

[①] 李吉斌：《网络虚拟财产能否继承引争议》，《法制日报》2011 年 10 月 21 日。
[②] 张波：《网店所有权纠纷频发 淘宝店修改规则可以过户》，《现代快报》2013 年 3 月 2 日。
[③] Darrow Jonathan J. & Ferrera Gerald, Who Owns a Decedent's E-Mails: Inheritable Probate Assets or Property of the Network [J], 10 NYU *Journal of Legislation & Public Policy*, 2006, pp. 281–282.

律属性为何，则未作明确说明。① 然而该问题的解决，对于应依据何种法律规范对禁止让与特约的法律效力进行判断，有着十分重要的影响，不可不察。

（一）网络虚拟财产的权利客体是专属性服务

1. 网络虚拟财产的权利客体并非智力成果

有观点认为，网络虚拟财产是一种智力成果，应将其划入知识产权的保护范畴。② 诚然，网络虚拟财产大多是以计算机软件为基础，并由文字、图片和声光电信息等组合而成的，但是，仅据此外在特征就将其权利客体界定为智力成果，恐有失偏颇。③ 主要理由在于：

第一，网络虚拟财产是网络服务提供者或网络用户使用知识产权所获得的利益，而并非是知识产权本身。④ 以网络游戏为例，无论是游戏中的人物角色还是武器装备，都只是运行游戏软件——这一真正智力成果所获得的结果，其本身并不具有智力成果属性。

第二，将网络虚拟财产的权利客体界定为智力成果，混淆了网络虚拟财产与基于网络虚拟财产所产生的知识产权之间的关系。例如，淘宝店主对其网店独特的装饰方案无疑是享有著作权的，但该著作权与店主对网店本身所享有的权利是有所区分的，即使店主丧失了对该网店的一切权利，其著作权亦不会受到任何影响。

---

① 例如，在暴雪公司《战网使用条款》中规定："（网络用户）不得购买、出售、赠送或以其他任何方式交易任何战网通行证……上述行为均被视作无效。"腾讯公司《QQ号码使用规则》中规定："未经腾讯许可，您不得赠与、借用、租用、让与或售卖QQ号码或者以其他方式许可非初始申请注册人使用QQ号码。"虽然从条文中可以清晰地看出网络服务提供者具有禁止网络用户让与其账号的意思表示，但至于"战网通行证"和"QQ号码"究竟具有何种法律属性，则并未有提及。

② Stephens, Molly, Sales of In-Game Assets: An Illustration of the Continuing Failure of Intellectual Property Law to Protect Digital-Content Creators, *Texas Law Review Association*, 2002.

③ 笔者并不否认例外情况的存在，如在网络游戏"第二人生"（second life）中，网络用户就可以通过自行编程的方式创造游戏中的装备或物品，对于此类物品的让与，必然会涉及知识产权的让与或授权许可使用。但鉴于此种运营模式在当今主流网络服务类型中已较为少见，故本文暂不将其纳入考量范围。

④ 于志刚主编：《网络空间中虚拟财产的刑法保护》，中国人民公安大学出版社2009年版，第150页。

第三，网络虚拟财产具有竞争性特征，权利人不可能通过授权许可的方式，允许多人同时使用该财产，而这与知识产权的可复制性特征无疑是相互矛盾的。

2. 网络虚拟财产的权利客体并非是特殊物

从外观上看，权利人对于网络虚拟财产的占有、使用和让与方式，与普通动产较为相似，但从法律规范层面分析，仍有必要将二者区别对待，不应将网络虚拟财产纳入物权客体的范畴。主要理由如下：

（1）对现行物权及财产权法律体系造成较大冲击

我国有学者认为，虽然网络虚拟财产的无形性使其不能被实际占有，但鉴于其在"法律上"具有独立性和可支配性特征，[①] 因此仍可将其视为是一种特殊的物，纳入物权法的规制范畴。[②] 但是，此种观点的立论基础，在于对传统物权客体界定标准的改变，即通过用法律属性取代物理属性，颠覆"物必有体"的物权客体判断标准，从而使网络虚拟财产得以在物权客体中占据一席之地。不容否认，随着近代无形财产类型的不断增多，物权客体也有从实体本位向价值本位的转变的实际需要。[③] 但笔者认为，在我国现行财产法律体系中，仍有必要坚持"物必有体"的物权客体界定标准。因为一旦突破此种限制，把网络虚拟财产纳入物权客体范畴，将可能使票据、债券、股票等其他无形财产也随之进入物权法的调整范围，最终使之升格为一部"大财产法"。[④] 这不仅破坏了我国现行物权法律制度的逻辑基础，[⑤] 而且也可能使既有以有体物为基础设置的相关法律规范，在调整无形财产法律关系时出现水土不服的症状，而要从根本上解决这一问题，唯有对现行财产法律制度进行

[①] 林旭霞：《虚拟财产权性质论》，《中国法学》2009 年第 1 期。
[②] 杨立新、王中合：《论网络虚拟财产的物权属性及其基本规则》，《国家检察官学院学报》2004 年第 6 期。
[③] 高富平：《从实体本位到价值本位——对物权客体的历史考察和法理分析》，《华东政法学院学报》2003 年第 5 期。
[④] 张素华：《论我国物权法的调整对象与范围——兼论物权法草案第 2 条》，《法学评论》2006 年第 3 期。
[⑤] 尹田：《物权法理论评析与思考》，中国人民大学出版社 2004 年版，第 15 页。

整体调整,① 恐需付出巨大的制度成本。

（2）网络虚拟财产不具有独立性

虽然我国学界普遍承认，所谓独立物，既包括在物理上具有独立性的物，也包括在交易观念上能够与其他物区别而独立存在的物。② 但此种界定标准主要是针对有体物的，对于网络虚拟财产这类无体物来说，仅具有交易观念上的独立性，尚不足以证明其独立物属性。这是因为，从技术角度看，虚拟财产是无法脱离网络服务提供者的技术支持而独立存在的，③ 而此种技术上的依赖性，将一步转化为对网络服务提供者与网络用户之间基础法律关系的依附性。任何一方终止或解除此种基础法律关系，网络虚拟财产都将不复存在。此种有因性特征，显然与物权客体的独立性特征是有所出入的。

（3）难以实现网络服务提供者与网络用户之间利益关系的动态平衡

如上所述，网络虚拟财产对于网络服务提供者与网络用户之间的基础法律关系具有依附性，因而其权利内容的设定，必然会对双方当事人的利益关系产生直接影响。但在我国《物权法》物权法定原则的大背景下，物权内容大多由法律直接规定，当事人不能对其进行任意更改。④ 一旦将网络虚拟财产纳入物权客体的范畴，此种较为僵化的权利内容设置方法，是否能够使所有网络虚拟财产类型中双方主体的利益关系，均在不断发展变化的技术条件下维持平衡状态，显然是存在很大疑问的。

在此需要说明的是，近年来出现的以比特币为代表的加密币，与长期作为学界讨论对象的各类典型网络虚拟财产，在技术实现层面上确实存在较大差异，而此种差异将使加密币作为权利客体的法律属性，完全区别于其他网络虚拟财产。根据笔者拙见，将其纳入物权客体范畴似乎更为恰当，然而鉴于篇幅有限，且加密币在实践中并无禁止让与之虞，故本文暂且不将其纳入讨论范围之内。

---

① 在我国现行财产法律制度中，《物权法》基本继承了《德国民法典》中关于物权的规定，主要调整基于有体物形成的财产法律关系，而对于无形财产，则主要通过制定特别法的方式进行调整。参见王利明《物权法研究》（上卷），中国人民大学出版社2013年版，第81页。
② 崔建远：《我国〈物权法〉应选取的结构原》，《法制与社会发展》1995年第3期。
③ 林旭霞、张冬梅：《论网络游戏中虚拟财产权利的法律属性》，《中国法学》2005年第2期。
④ 参见《物权法》第5条。

3. 网络虚拟财产的权利客体是专属性服务

（1）网络虚拟财产权利客体的界定

笔者认为，应将网络虚拟财产的权利客体，界定为网络服务提供者根据合同约定向网络用户提供的专属性服务。换言之，无论是网络游戏中的武器装备还是网上店铺，抑或是论坛中的经验等级，在本质上都属于网络服务提供者对特定权利人的服务行为。具体包括如下几层含义：

第一，网络虚拟财产在本质是一系列发生于网络服务提供者和权利人之间的网络服务行为，其无法脱离双方主体间的法律关系而独立存在，任何一方的退出都将导致网络虚拟财产权利客体的消失。需要说明的是，某些债权说观点将此种服务行为界定为网络用户对网络服务提供者所有之网络虚拟财产的使用权的让与，[①] 笔者认为此种观点值得商榷。因为，该观点预设了网络服务提供者对网络虚拟财产享有所有权这一前提条件，而这无异于认同了"网络虚拟财产是一种特殊物"的物权说观点，在逻辑上存在一定缺陷。因此在本文中，网络服务提供者提供的网络服务行为，就是网络虚拟财产的全部内容，不再涉及对其他任何既有权利的让与。

第二，作为网络虚拟财产权利客体的服务行为具有专属性。诚然，从外观上看，网络服务提供者与网络用户订立的是统一的格式合同，但此种统一性主要体现在基础性服务和服务总量方面，在实际履行过程中，每个权利人实际享有之服务内容均是具有一定特殊性的，而此种特殊性正是来源于其自己的行为。例如，在网络游戏服务中，虽然游戏中的所有角色属性、武器装备、人物场景都是在游戏软件中预先设定好，并整体提供给玩家的，但只有当玩家达到某种预设条件（如完成某项任务、达到一定级别）后，才可能将此种预设的可能性转化为现实性，从而实际使用该服务。质言之，作为网络虚拟财产权利客体的服务行为，必须与特定权利人具有一一对应关系，那些向不特定多数人提供的标准化服务，如网上新闻、搜索引擎等，不属于网络虚拟财产的权利客体

[①] 陈旭琴、戈壁泉：《论网络虚拟财产的法律属性》，《浙江学刊》2004年第5期。刘慧荣《虚拟财产法律保护体系的构建》，法律出版社2008年版，第161—163页。

范畴。

(2) 网络虚拟财产权利客体界定的合理性基础

将网络虚拟财产的权利客体界定为专属性服务，其合理性基础主要在于以下几个方面：

第一，准确反映网络服务提供者与权利人之间的持续性法律关系。如上所述，网络虚拟财产无论是在技术上还是在法律关系上，都离不开网络服务提供者与权利人之间基础性法律关系的持续存在，而此种具有持续性的法律关系，正是服务合同区别于买卖或授权许可合同的重要特征之一。[①] 因此，将此种基础法律关系的法律属性定位于服务合同，进而将其合同标的定位于服务行为，无疑是较为妥当的。此外，此种界定方法还有助于在网络虚拟财产具体内容的确定过程中，为双方主体的利益博弈提供必要的空间，以促使双方主体利益关系保持动态平衡状态，避免僵化法律规定所引发的矛盾。

第二，适应网络虚拟财产类型多元化的发展趋势。在新型网络技术不断涌现、产品生命周期不断缩短的发展趋势下，试图以列举方式一劳永逸地穷尽所有虚拟财产类型，恐怕是个难以实现的目标。[②] 而将网络虚拟财产的权利客体界定为服务行为，可使其概念外延获得较好的伸缩性和包容性。无论是较为典型的网络游戏装备、QQ 号码，还是不甚典型的电子邮件、博客空间，均可以被还原成为特定的网络服务，从而被纳入网络虚拟财产的规制领域中来。从某种程度上说，网络技术的发展速度越快，网络虚拟财产的具体类型越多样，从服务行为的角度界定网络虚拟财产的优势就越明显。

第三，彻底解决网络虚拟财产的归属纠纷。在我国学界，网络虚拟财产的归属始终是一个争议性问题。然无论是哪种观点，似乎都无法完全说服对方，权利归属长期处于悬而未决状态，将会对网络虚拟财产的稳定性和交易安全构成不利影响。将网络虚拟财产权利客体定位于专属性服务，可使上述问题迎刃而解。一方面，在网络服务提供者与权利人

---

① 周江洪：《服务合同在我国民法典中的定位及其制度构建》，《法学》2008 年第 1 期。
② 梅夏英、许可：《虚拟财产继承的理论与立法问题》，《法学家》2013 年第 6 期。

的服务法律关系中，前者是不可能对其自己的行为主张所有权的，因而网络虚拟财产只可能归属于网络服务的接受者，即网络用户所有。另一方面，从技术角度分析，网络虚拟财产在被提供给权利人使用前，是根本不具有特定性的，只是作为一种可能性被网络服务提供者所掌握，自然也就无归属一说。

第四，可依托权利内容的公示性解决网络虚拟财产的对世性效力。在反对将网络虚拟财产视为服务行为的观点中，债权的相对性不利于保护权利人是一个十分重要的理由。但是，网络虚拟财产权利内容具有的公示性特征，可以使该问题得到妥善解决。具体来说，虽然网络虚拟财产的权利内容主要取决于网络服务提供者与权利人之间的合同约定，但由于该约定内容大多具有较为明显的外在表现形式（如网络游戏中的装备、账号密码等），第三人可以直接据此对权利的归属和内容进行判断。在此种情况下，网络虚拟财产在外部法律关系中就将不再表现为纯粹的经济利益，即使赋予其对世性效力，也不会对其他民事主体的行为自由造成过多限制。这与房地产买卖中的预告登记制度有异曲同工之处。

总而言之，无论技术如何发展变化，人始终是将电脑程序转化为各类网络虚拟财产，并使其产生社会经济价值的连接点，[1] 因此，只有把网络虚拟财产从代码层面还原到人的行为层面中来，才能透过外在形态洞悉其本质属性，即一方民事主体向另一方民事主体提供的服务。

（二）让与网络虚拟财产本质上是对合同权利义务的让与

鉴于本文将网络虚拟财产的权利客体界定为服务行为，而该服务又是以网络服务提供者与权利人之间的服务合同为基础的，因此，将权利人让与网络虚拟财产行为的法律属性，界定为对合同权利义务的让与，也就顺理成章了。所谓合同权利义务的让与，又称合同让与，是指在不

---

[1] 寿步主编：《网络游戏法律政策研究2009——网络虚拟物研究》，上海交通大学出版社2009年版，第220页。

改变合同关系内容的前提下，合同关系的一方当事人依法将其合同权利和义务，全部或部分地让与给第三人的行为。[1] 在实践中，根据权利人让与网络虚拟财产的不同类型，让与行为的性质可分为如下两类：

1. 合同权利让与

所谓合同权利让与，是指在不改变权利内容情况下，权利人将其合同权利移转给第三人的行为。在网络虚拟财产让与中，合同权利的让与主要表现为，权利人将其对特定网络服务享有之权利让与给第三人，其中最为典型的，便是对网络游戏中武器装备和游戏货币的让与。具体来说，此类让与行为具有如下特点：

第一，作为让与标的的网络服务必须是可分的。所谓可分的网络服务，一方面是指网络服务内容的部分让与，不会对服务其他部分的使用功能产生实质性影响，其中最为典型的，便是各类虚拟货币，如 Q 币、网络游戏中的货币等；另一方面则是指，网络服务内容的部分让与在技术上是可行性的。如果某项网络服务不符合上述要求，那么其就只能通过合同权利义务概括让与的方式进行让与。

第二，让与标的只可能是部分合同权利，不存在权利人让与全部合同权利，而只保留合同义务的情况。这是因为，在作为网络虚拟财产权利客体的网络服务中，始终存在着部分与合同关系并存，且不可单独让与的合同权利。也就是说，只要网络用户没有彻底脱离与网络服务提供者的服务合同，其就将始终对某些基础性服务享有合同权利，而这些服务只可能随合同权利义务的概括转移而向第三人让与。例如，即使权利人将其在网络游戏中的全部人物角色和装备物品都让与给了第三人，但只要还保留着登录账号，其就将始终享有登入游戏并创建新人物角色的权利。

第三，在合同权利让与后，让与人并不会因此退出原合同关系，而受让人则只能在其与网络服务提供者之间的合同关系中，主张受让的合同权利。换言之，受让人要想实际使用受让的合同权利，就必须与特定网络服务提供者形成服务合同关系，否则就只能在法律上对其主张权

---

[1] 崔建远：《合同法总论》（中卷），中国人民大学出版社 2012 年版，第 382 页。

利，而不能发挥其实际效用。

2. 合同权利义务的概括转移

所谓合同权利义务的概括转移，是指合同当事人一方的权利义务一并转移给第三人，由该第三人取而代之成为合同当事人的行为，[①] 概括移转发生后，受让人与原合同相对人将形成一个与原合同内容完全相同的新合同法律关系。在网络虚拟财产让与中，最为典型的合同权利义务概括转移，便是对账号和密码的让与。一方面，账号和密码之于网络虚拟财产，如同钥匙之于房屋一样，具有概括性表征网络虚拟财产法律关系全部内容的效果。一旦权利人将账号密码让与给他人，受让人就将概括性地承继网络虚拟财产的全部内容，其中既包括对特定网络服务享有的权利，也包括需要为此而承担的义务。同时，出让人也将彻底脱离与网络服务提供者之间的原服务合同法律关系。另一方面，账号和密码在权利归属方面也具有较强的公示效力，在我国司法实践中，是否掌握账号密码，往往是判断网络虚拟财产归谁所有的最主要依据。因此，权利人向第三人让与账号和密码，在法律属性上应属于合同权利义务的概括转移行为。

需要说明的是，根据我国学界通说，概括移转的合同只能是双务合同，[②] 而双务合同又必是有偿的。[③] 这是否意味着，让与免费网络服务的账号密码只可能属于债权让与呢？笔者认为答案是否定的。这是因为，双务合同作为有偿合同的下位概念，[④] 其核心要义在于双方当事人之间存在给付与对待给付关系，[⑤] 而该给付之标的并非以金钱为限，只要双方互为因果即可。[⑥] 在实践中，虽然有些网络服务无须用户支付金钱，但在用户使用该服务时，却需要以其他方式向网络服务提供者支付对

[①] 韩世远：《合同法总论》，法律出版社 2004 年版，第 583 页。
[②] 马俊驹、余延满：《民法原论》（第二版），法律出版社 2005 年版，第 611 页。
[③] 王利明：《合同法研究》（第一卷），中国人民大学出版社 2011 年版，第 24 页。
[④] 郑玉波：《民法债编总论》，台湾三民书局 1996 年版，第 30 页。
[⑤] 王泽鉴：《债法原理》（第一册），中国政法大学出版社 2001 年版，第 146 页。
[⑥] 孙森焱：《民法债编总论》（上册），台湾三民书局 2010 年版，第 41 页。

价，如让与个人信息、许可使用著作权等。① 此外，在现代网络商业模式中，网络服务的过度供给已经使得用户的注意力成为稀缺品，用户数量成为估算网络服务价值的主要指标，这使得用户选择并使用服务的行为本身，就已经构成了一种对价的给付。② 因此在某种程度上，所有以网络虚拟财产为标的的网络服务合同，均属于双务合同的范畴。

综上所述，鉴于网络虚拟财产在本质上是一系列合同权利义务的组合，因此，对于网络服务协议中的禁止让与特约，应根据我国《合同法》关于合同让与的法律规范，对其生效要件和法律效果进行规制。

二 网络虚拟财产禁止让与特约的生效要件

毋庸置疑，合同自由原则在现代合同法律规范中起着不可动摇的基础性作用，但抽象平等并不能取代实质公平，合同只有在自由和平等这两个基础之上方能真正建立。因此，在判断禁止让与特约是否生效时，应始终强调合同自由与公平之间的平衡关系，既不能完全忽略其存在的合理和合法性基础，也不能贸然将其适用范围扩大，而应以十分谨慎的态度为其设置一系列生效门槛，使各方利益得到兼顾。

（一）禁止让与特约并非绝对无效

不容否认，在实践中确实存在着大量网络服务提供者滥用订约优势，限制用户权利，免除自己责任的不公平情况。但是否如某些学者所言，禁止让与特约因不合理地限制了权利人对其网络虚拟财产的处分权，而应被直接认定为无效条款呢？③ 笔者认为并不尽然，禁止让与特

---

① 例如，在《淘宝服务协议》第5条第4款中规定："对于您提供的资料及数据信息，您授予支付宝、淘宝及其关联公司独家的、全球通用的、永久的、免费的许可使用权利（并有权在多个层面对该权利进行再授权）。此外，支付宝、淘宝及其关联公司有权（全部或部分地）使用、复制、修订、改写、发布、翻译、分发、执行和展示您的全部资料数据（包括但不限于注册资料、交易行为数据及全部展示于淘宝平台的各类信息）或制作其派生作品，并以现在已知或日后开发的任何形式、媒体或技术，将上述信息纳入其他作品内。"
② ［美］克里斯·安德森：《免费：商业的未来》，蒋旭峰、冯斌译，中信出版社2009年版，序言。
③ 林旭霞：《论网络运营商与用户之间协议的法律规制》，《法律科学》2012年第5期。

约在某些情况下仍具有其合理和合法性基础。

1. 禁止让与特约的合法性基础

（1）一般规定

根据我国《合同法》第79条第（二）项之规定，合同当事人可以通过约定，禁止债权人将其合同权利全部或者部分让与给第三人。第84条亦规定，合同权利义务的概括转移，应得到债权人即合同相对方的同意。由此可见，在我国《合同法》中，无论是合同权利的单独让与，还是合同权利义务的概括移转，都需要以合同相对方明示或默示的同意为前提条件，法律并不禁止当事人以约定方式限制合同权利义务的让与。在比较法上，除法国法对禁止债权让与特约采取较为坚决的否定态度外，大多数国家也均将禁止合同权利让与特约纳入当事人意思自治的范畴，而并未对其效力进行强制性规定。[①]

诚然，本着鼓励自由交易、促进权利流通以及保障交易安全的目的，当今世界各国合同法逐渐开始对禁止让与特约采取限制态度，但此种限制大多集中在禁止让与特约的对抗效力方面，即债务人不得以禁止让与特约对抗受让合同权利的善意第三人。至于禁止让与特约自身的法律效力，则未予以明确否定，只要不违背法律强制性规定或有损公益，仍然承认其法律效力。[②]

（2）格式合同中的禁止让与特约

在实践中，绝大多数网络服务协议均是采用格式合同方式订立的，因此，禁止让与特约是否生效，还应根据我国《合同法》和《消费者权益保护法》中对于格式条款的特别规定进行判断。毫无疑问，此类特殊规定提高了禁止让与特约的生效门槛，但其尚不足以使所有禁止让与特约一律无效，具体理由如下：

第一，订约程序上的不公平，可通过要求网络服务提供者承担更多的说明义务予以缓和。不容否认，格式合同的单方决定性，使得网络服务提供者在订约过程中始终占据主动，作为消费者的网络用户无法对其

---

① 参见《德国民法典》第399条，《日本民法典》第466条第2款，我国台湾地区"民法"第294条第2款等。

② 杨明刚：《合同让与论》，中国人民大学出版社2006年版，第114—115页。

内容进行协商，因而在订约程序上确实存在着一定的不公平。但根据我国《关于适用〈中华人民共和国合同法〉若干问题的解释（二）》第6条及新《消费者权益保护法》第26条之规定，只要网络服务提供者在订立合同时，采用足以引起用户注意的文字、符号、字体等特殊标识，以显著的方式对禁止让与特约进行提示，并按照消费者的要求予以说明，就可认定其履行了必要的说明义务，从而使网络用户有条件对其作出有意义的选择。而一旦订约程序上的公平性不存在瑕疵，那么无论网络用户是否真的了解禁止让与特约的内容，将都不会对其法律效力产生影响。

第二，从实质公平角度看，禁止让与特约也不必然属于无效条款。主要原因有二：一方面，合同权利义务的让与只会导致合同当事方主体身份的改变，而不会实质性改变合同内容，因此，禁止网络虚拟财产转让既不会使网络服务提供者免除自身的合同责任，也不会加重网络用户的合同责任；另一方面，在网络服务合同法律关系中，网络用户享有的主要权利是请求网络服务提供者给付合格的网络服务，至于对网络虚拟财产的自由处分是否属于其不可剥夺的权利，则有待商榷。事实上，某些网络虚拟财产的自由让与，可能会对网络服务提供者的利益产生直接影响，这使得网络用户完全有理由对禁止让与特约作出合理预期，在此种情况下，若完全否定其法定效力，似显不公。

2. 禁止让与特约的合理性基础

虽然在大多数情况下，作为网络虚拟财产权利客体的网络服务具有客观化属性，与合同相对方的个人特质相比，合同订立的基础更倾向于具有同质性的经济方面，因此，权利主体的变更，并不会对网络服务提供者的经营造成实际影响。但是，对于某些网络服务提供者而言，网络用户主体身份的随意变动，却可能对其正常经营秩序产生负面影响。此时，约定禁止让与特约就具有了一定的合理性基础。

以淘宝网为例，其网店平台的正常运转是以良好的网店信誉体系为前提条件的，而网店的信誉又大多是与店主的真实身份直接相关，换言之，淘宝网店平台的信誉体系是建立在店主实名制，以及网店与店主身份绑定的基础之上的。店主让与网店的行为，虽然不会使淘宝网承担额外的服务给付义务，但却可能从根本上破坏其信誉体系，进而在经营秩序层面给淘宝网带来严重影响。在此种情况下，淘宝网在服务协议中加入禁止让与特约，显然是有一定的商业合理性础的。① 事实上，在上述情况中，由于网络服务与网络用户的个人因素已经产生了紧密的联系，合同主体的改变将实质性地增加网络服务提供者的经营负担和风险，因而在某种程度上，此类网络服务的合同性质本身，就具有了一定的不可让与性。② 此时，网络服务提供者通过合同约定方式限制对此类网络虚拟财产的让与，无疑是合理的。

综上所述，无论是从法律规范还是商业判断角度出发，只要网络服务提供者在服务协议中订立禁止让与特约是出于善意，③ 那么该特约就不属于绝对无效的合同条款。当然，其最终是否能够产生法律效力，还要结合案件具体情况，以平衡双方当事人权利义务关系为目标，综合考量各类因素进行判断。

（二）禁止让与特约生效与否的判断标准

诚如上文所言，禁止让与特约固然存在一定的合法和合理性基础。但为了防止网络服务提供者滥用订约优势，不合理地限制权利人的行为自由，妨碍网络虚拟财产在市场中的自由交易，法律有必要从实质公平的角度，为禁止让与特约设置一系列限制要素，以实现网络服务提供者与网络用户之间利益关系的平衡。详言之，禁止让与特约是否产生法律效力，须根据如下标准进行判断：

1. 商业合理性标准

在当今市场环境中，随着合同权利的日益非人格化，"合同是特定人之间的法锁"的观念早已落伍，并被合同权利的自由流转所取代。④ 在美国法上，是否具有合理的理由，更是已经成为法院认定禁止让与特

---

① 需要说明的是，与现实社会中商誉让与所造成的风险是由整个社会共同分担不同，淘宝店铺让与带来的信誉风险，将对淘宝网经营者的利益构成直接影响，这使其有理由对此种行为进行限制。
② 杨明刚：《合同让与论》，中国人民大学出版社2006年版，第91页。
③ 秦伟：《善意：格式条款可执行性之前提——以美国法为视角》，《比较法研究》2008年第5期。
④ 申卫星：《试论合同权利让与的条件》，《法律科学》1999年第5期。

约是否有效的主要判断标准。① 因此，网络服务提供者若想设置禁止让与特约，首先要经过商业合理性标准的检验。具体来说，商业合理性判断标准包括以下两部分内容：

（1）限制让与的理由应足够充分

从某种程度上讲，所有禁止让与特约都是网络服务提供者基于一定商业考量作出的，但只有当其设立理由足够充分，且符合比例原则的要求时，该特约才可能具有法律效力，否则将使网络用户遭受不公平待遇。

第一，所谓足够充分的理由，并不需要网络服务达到依合同性质不可让与的地步，而只要当网络虚拟财产的自由让与，可能会影响网络服务提供者的正常经营秩序和预设商业模式时，即可认为禁止让与特约具备了充分的合理性基础。例如，对于网络游戏运营商来说，游戏中虚拟物品的过度交易，特别是"职业打金者"群体的出现，将很可能对游戏自身的公平性、趣味性造成负面影响，从而直接或间接损害运营商的盈利能力。在此种情况下，运营商对虚拟物品交易采取限制措施，无疑是具有充分理由的。上文所举淘宝网限制网店交易一例，亦同此理。反之，如果虚拟财产的自由让与，并不会对网络服务提供者的商业模式或经营秩序造成直接影响，那么其就不应仅为了降低经营成本，或规避因让与行为可能引起的法律纠纷，而利用订约优势对网络用户的财产处分自由进行限制。

第二，所谓符合比例原则要求，是指限制网络虚拟财产自由让与所造成的损害，应与其所欲维护的利益基本相称。② 也就是说，网络虚拟财产自由让与对网络服务提供者正常经营秩序造成的威胁越大，设定禁止让与特约的理由就越充分，限制让与的力度也就可以越强。上文所举淘宝网一例，即属此类，为了维护网店信用体系的正常运转，淘宝网完全有理由对网店让与行为进行较为严格的控制。反之，如果网络虚拟财产的自由让与，只会使网络服务提供者额外付出较小的成本，那么其就

---

① E. Allan Farnsworth, *Contracts*, Aspen Publishers (2004), p. 798.
② 黄忠：《比例原则下的无效合同判定之展开》，《法制与社会发展》2012年第4期。

不能对让与行为进行过于严格的限制，而应积极采取措施，通过规范让与行为的方式，来降低或避免该行为对经营秩序的影响。例如，对于婚恋介绍网站而言，真实的用户身份是其开展经营的基本条件，通过限制随意让与账号来保证用户信息的准确度，无疑是网络服务提供者较为合理的选择。① 但是，由于让与账号对网站既有经营秩序造成的影响，可以通过对用户真实身份的定期验证予以化解，且此种验证与该网站的既有经营策略也并不冲突，因而在此种情况下，绝对禁止账号让与的约定，就有悖于比例原则的要求。

（2）网络服务提供者应对合理理由承担说明义务

相较于网络用户，网络服务提供者对网络服务的内容和其自身的商业模式均更为了解，且在服务协议的制定过程中处于主动地位，因此，为平衡双方当事人的利益关系，保护网络用户作为消费者的知情权，应要求网络服务提供者对禁止让与特约的合理性基础承担说明义务。具体来说，一方面，网络服务提供者应在订约前，以明显的方式提示网络用户禁止让与特约的存在，并说明其商业合理性基础，以使网络用户能够对其作出有意义的选择，并自觉遵守该特约；另一方面，在因禁止让与特约发生法律纠纷时，网络服务提供者应承担证明该特约符合商业合理性标准的举证责任，如果其无法证明，禁止让与特约将不能对网络用户产生法律约束力。

2. 合法性标准

从某种程度上说，禁止让与特约反映的是网络服务提供者所欲主张的一种利益，而此种利益只有在符合法律规定的情况下，才能够获得法律承认。因此，如果禁止让与特约存在《合同法》第 52 条规定之情况，或与网络用户的法定利益相冲突，即使其具有充分的合理理由，也应被宣告无效。在实践中，禁止让与特约所面临的最主要合法性问题，便是其与财产法定让与规范之间的矛盾，例如，因离婚析产、遗产继承而让与网络虚拟财产即属此类。笔者认为，禁止让与特约作为民事主体间的

---

① 参见《百合网服务条款》第 2 条第 3 款："除非有法律规定或司法裁定，且征得百合的同意，否则，用户不得以任何方式让与、赠与或继承账户（与账户相关的财产权益除外）。"

合意，效力自然不能与法律规定相冲突，特别是在因离婚或继承等原因需要让与财产时，其本身就包含了一种社会公共道德的内在要求。因此，当网络虚拟财产因法定原因而需要改变归属时，网络服务提供者不仅不能以禁止让与特约为由予以拒绝，而且还应承担必要的辅助义务，确保网络虚拟财产能够顺利移转。①

但是，在依法让与网络虚拟财产时，也应兼顾网络服务提供者的正当权益，具体来说：

第一，禁止让与特约不因存在法定让与情形而无效。在实践中，依法律规定让与财产的情况毕竟属于少数，以特殊情况下的允许让与为由，全面否定以合意为基础的禁止让与特约的法律效力，显然有所不妥。当然，为使法定让与与意定禁止让与的情况相区分，网络服务提供者有必要为法定让与设置特殊规则，从而保障禁止让与特约的有效性不会因此而受到实质影响。例如，淘宝网就已经设置了专门程序，处理因离婚和继承而需要让与网店归属的情况，并取得了较好的效果。②

第二，受让人实际获取网络虚拟财产，应以同意网络服务协议，并与网络服务提供者形成新的服务合同关系为前提。如果受让人不愿接受网络服务协议的约束，则不能直接受让网络虚拟财产，但仍有权要求网络服务提供者将原权利人存储于网络虚拟财产中的其他财产或信息取回。例如，在美国 John Ellsworth 诉雅虎公司案中，法院虽然没有允许原告直接继承其儿子邮箱的使用权，但却判决雅虎公司将原告儿子邮箱中的全部信件和内容通过刻录光盘交还给原告。③ 此种做法较好地兼顾了网络服务提供者与继承人之间的利益，并合理界分了网络虚拟财产与网络化财产这两种不同法律属性的财产，值得我国借鉴。

3. 实效性标准

除了商业合理性和合法性外，网络服务提供者若想使禁止让与特约产生法律效力，还必须通专门的技术或制度手段，对网络虚拟财产的让

---

① 马一德：《网络虚拟财产继承问题探析》，《法商研究》2013 年第 5 期。
② 参见 http://bbs.taobao.com/catalog/thread/16029511 - 263354275.htm? spm = 0.0.0.0.V0X4qf.
③ Darrow Jonathan J. & Ferrera Gerald, Who Owns a Decedent's E-Mails: Inheritable Probate Assets or Property of the Network [J], 10 NYU *Journal of Legislation & Public Policy*, 2006, pp. 281 - 282.

与行为进行实质性限制。也就是说,在缺乏对交易行为的客观制约的情况下,禁止让与特约是不能单独产生法律效力的。① 例如,网络游戏运营商若想禁止某件武器装备的交易,就应通过软件程序设计,将其与游戏人物角色相绑定,从而使其丧失可分性,不能单独让与;再如,网店平台经营者若想稳定网店归属,就应定期对店主的真实身份进行验证,并对擅自让与的网店采取必要措施。这是因为,在实践中,许多网络服务提供者一方面希望通过设置禁止让与特约,逃避交易行为可能引发的法律风险,另一方面却又放任网络用户之间的财产让与行为,以期从中直接或间接获利,这显然是有违公平和诚信原则的。因此,笔者认为,有必要将实效性作为禁止让与特约生效要件一,从而防止网络服务提供者滥用订约优势,草率地设置禁止让与特约。总而言之,网络服务提供者固然可以通过约定对权利人的处分权进行限制,但其所占据的订约优势和技术优势,要求其必须为此种约定付出一定的代价,而实效性标准是此种代价。

综上所述,网络服务协议在订约程序上的不公平性,以及市场对于网络虚拟财产自由让与的客观需求,都要求法律在承认禁止让与特约法律效力时,必须保持审慎态度,而以上述三个标准对其法律效力进行判断,一方面可以保证禁止让与特约不会对网络服务协议的实质公平产生影响,从而有效保护网络服务消费者的合法权益;另一方面,则为确有需要的网络服务提供者设置禁止让与特约预留了一定的制度空间,并给予其明确的规则指引。

三 网络虚拟财产禁止让与特约的法律效力

鉴于网络虚拟财产让与在本质上是对合同权利义务的让与,因此,禁止让与特约的法律效力必然会同时涉及三方主体,即网络服务提供者、权利人和受让人,而在不同主体法律关系之中,禁止让与特约的法

---

① See Olivia Y. Truong, Virtual Inheritance: Assigning More Virtual Property Rights, *Syracuse Science and Technology Law Reporter*, Vol. 21, No. 3, 2009, pp. 57 – 86.

律效力也将有所区别，故有必要进行分别讨论。

（一）禁止让与特约的内部效力

所谓禁止让与特约的内部效力，主要是指其在网络服务提供者和权利人之间所产生的法律效力。具体来说，主要表现在以下两个方面：

1. 限制权利人自由处分其网络虚拟财产

根据《合同法》第79条和第89条之规定，禁止让与特约将对权利人处分其网络虚拟财产的权利产生限制，权利人不得在未经网络服务提供者同意或无法定理由的情况下，向第三人让与网络虚拟财产，否则其行为将构成违约，并属于无权处分行为范畴。

2. 权利人擅自让与网络虚拟财产应承担违约责任

当权利人违反禁止让与特约，擅自将网络虚拟财产让与给第三人时，其应对网络服务提供者承担违约责任，自不待言。惟需注意的是，在实践中，网络服务提供者经常在服务协议中约定，如果网络用户违反禁止让与特约，网络服务提供者将有权对其采取包括终止网络服务在内的一系列反制措施。[①] 此种"上不封顶"式的违约责任约定，显然赋予网络服务提供者一方过大的权力，使多方主体利益面临失衡局面。一方面，网络虚拟财产所蕴含的社会、经济乃至人格价值，对于权利人来说都是客观存在且十分重要的，此时如果仅以权利人违反禁止让与特约为由，就赋予网络服务提供者解除合同，从而在实质上剥夺权利人财产之权利，显然是有失公平的。另一方面，如果赋予了网络服务提供者以合同解除权，那么网络虚拟财产善意受让人的合法权益，以及相关市场交易的秩序也将无从得到保障。[②]

比较合理的做法是，根据禁止让与特约所产生的外部效力，确定权利人所应承担的违约责任，以及网络服务提供者所能采取的措施。如果让与合同有效且对网络服务提供者具有对抗效力，则网络服务提供者不

---

① 例如，暴雪公司《战网使用条款》规定："如您违反本'所有权'条款（该条款包括禁止让与特约内容）约定，运营方有权根据独立判断，采取必要的措施以维护自身权益，包括但不限于暂时或永久冻结账号。"

② 申建平：《禁止让与条款效力之比较研究》，《环球法律评论》2008年第6期。

得以禁止让与特约对抗善意受让人,而只能接受合同主体变更的法律效果,但有权就因此遭受的损失,向权利人(让与人)主张损害赔偿;如果让与合同无效,则网络服务提供者有权在权利人重新取回网络虚拟财产,即重新成为合同相对方之前,暂停提供网络服务,因此遭受损失的,还可以要求权利人承担赔偿责任。而一旦权利人返回网络服务合同关系之中,则网络服务提供者仍应依约向其提供服务。

(二)禁止让与特约的外部效力

禁止让与特约的外部效力,主要反映在其对权利人与受让人订立的网络虚拟财产让与合同法律效力的影响方面。具体来说,主要包括以下几个方面内容。①

1. 对让与合同生效要件的影响

(1)受让人对禁止让与特约的主观状态是让与合同的最主要生效要件

对于有效禁止让与特约来说,其对网络虚拟财产让与合同具有何种法律效力,主要取决于受让人的主观心理状态。② 这是因为,权利人对其虚拟财产没有处分权并不会妨碍让与合同的生效。根据我国学界传统观点,无权处分情形下缔结的合同应处于效力待定状态,其生效与否取决于真正权利人是否愿意追认。然而,此种观点无疑赋予了网络服务提供者过大的确认合同效力的权利,既不利于对善意受让人履行利益的保护,也不利于交易秩序的稳定。③ 特别是在以合同权利自由让与为原则的现代市场环境中,仅因合同当事人内部订立的禁止让与特约,就否定整个让与合同的法律效力,显然不妥。因此,在网络虚拟财产让与过程中,不应将权利人有无处分权作为判断让与合同生效与否的主要依据。这与《最高人民法院关于审理买卖合同纠纷案件适用法律问题的解释》

---

① 受篇幅所限,本文仅将研究对象限定为买卖——这一最为普遍的让与行为类型。
② 李永峰:《债权让与中的若干争议问题——债务人与债权受让人之间的利益冲突与整合》,《政治与法律》2006年第2期。
③ 孙鹏:《论无权处分行为》,《现代法学》2000年第4期。

第3条第1款所持之立场，也是相契合的。然而，若就此倒向无权处分行为的完全有效说，也有失偏颇。这是因为，与典型无权处分行为的标的是物权不同，网络虚拟财产让与合同的标的是合同权利，而由于债权让与合同生效与债权变动法律效果是同步发生的，并无区分处分行为与负担行为之余地，因此，一旦承认以无权处分为基础的让与合同有效，将直接导致网络虚拟财产权利发生实际移转。此时，为了保护网络服务提供者的合法权益，不让恶意受让人有可乘之机，就只能退而选择使恶意受让人获得之合同权利，对网络服务提供者不具有对抗效力。此种做法无异于在让与通知之外，为合同权利让与的对抗效力额外增设了一个法律要件，这与我国《合同法》第80条之规定存在出入，唯有通过修法方能解决，制度成本恐得不偿失。

因此笔者认为，与其将受让人的主观状态作为让与合同的对抗效力要件，还不如直接将其纳入让与合同的生效要件之中。此种做法不仅可以有效避免与现行法律规定之间的矛盾，而且其法律效果也与完全有效说并无实质差异，同样可以有效平衡交易安全与网络服务提供者合法权益之间的关系。具体来说，当受益人为善意时，应从保护受让人利益的角度出发，认定让与合同有效；①而当受让人为恶意时，网络服务提供者则可基于对其恶意的抗辩，根据《合同法》第51条之规定主张让与合同无效。②事实上，将受让人的主观状态作为让与合同的关键生效要件，不仅在比较法上有先例可循，例如，《日本民法典》第466条第2款就规定："债权可以让与。……前款规定，不适用于当事人有反对意思表示情形。但是不得以其意思表示对抗善意第三人。"此外，我国台湾地区"民法典"第294条、《意大利民法典》第1260条、《瑞士债法典》第164条也都有类似规定；而且也已被我国学界广泛接纳。③值得说明的是，在某些国际商事公约如《联合国国际贸易应收款转让公约》、

---

① 王利明：《论无权处分》，《中国法学》2001年第3期。
② 崔建远：《合同法总论》（中卷），中国人民大学出版社2012年版，第436页。
③ 王利明：《合同法研究》（第二卷），中国人民大学出版社2011年版，第213页；韩世远：《合同法总论》，法律出版社2004年版，第552页。

《国际保理公约》中，明确规定了无论合同权利受让人主观状态为何，禁止让与特约均不影响让与合同的效力。[1] 笔者认为，由于此种规定大多只存在于商事规范之中，而商事规范与一般民法无论是在立法目的还是在适用范围上，均存在较大区别，因此并不能将此视为国际立法对于禁止让与特约外部效力规定的主流趋势。

此外，根据《合同法》第88条之规定，在以概括让与方式让与网络虚拟财产时，网络服务提供者作为合同相对方的同意，理应属于让与合同的生效要件之一。然而，由于网络服务的对象及其自身内容大多具有抽象性和标准化特征，合同主体的变更通常不会对网络服务提供者的利益产生严重影响，再加之对于某些网络虚拟财产（如电子邮箱、云存储空间）而言，服务内容的不可分性使得概括让与成为其唯一让与方式，因此，仅因网络服务类型不同就对其让与合同适用不同的生效要件，似有不妥。故笔者认为，不妨推定网络服务提供者对于权利人概括让与合同权利义务持默示同意态度，只有通过设定禁止让与特约，方可表达其否定态度。如此一来，也可使以不同类型网络虚拟财产为标的的让与合同，适用相同的生效要件和法律效力规则。

（2）受让人主观状态的判断方法

在权利人违反禁止让与特约擅自让与网络虚拟财产的情况下，受让人在主观上是善意还是恶意，主要取决于其在订约时是否知道或应该知道禁止让与特约存在。一般情况下，禁止让与特约作为合同条款的组成部分，具有相对性特征，因此应推定受让人不知道且没有理由知道其存在。但在网络环境中，包含禁止让与特约的网络服务协议大多处于公开状态，可供任何人查阅，这是否意味着禁止让与特约已经具备公示性，以至于可以推定网络虚拟财产受让人在订约前就知道其存在呢？笔者认为答案是否定的。这是因为，在网络服务协议内容日趋复杂的情况下，此种推定将使受让人承担过重的信息审查义务，不仅大幅增加了网络虚拟财产的交易成本，阻碍了市场资源的优化配置，而且也在相当程度上

---

[1] 例如，《国际保理公约》第6条第1款规定："尽管供应商和债务人之间订有禁止转让应收账款的任何协议，供应商向保理商进行的应收账款转让仍然有效。"

纵容了网络服务提供者利用订约优势，在冗长的服务协议之中加入限制用户权利条款的行为。

事实上，只有当网络服务提供者采取一定措施，使禁止让与特约具有明显的公示性，以至于具有通常认知能力的受让人在订立网络虚拟财产让与合同之前或之时，都有理由知道该特约存在的情况下，其才可能对受让人的主观状态产生影响。至于具体标准，则有待法官根据不同类型网络服务的特点予以特别认定。例如，在网络游戏中，若运营商想要限制玩家让与某项装备，就应通过技术手段将该装备与玩家的游戏账号或游戏人物进行绑定，并在装备介绍中标明此种绑定关系；再如，如果网络服务提供者想要限制权利人直接让与账号密码，就应该将身份实名认证融入登录机制当中去，从而使得受让人在交易过程中能够及时了解该账号密码具有人身依附特性。一旦禁止让与特约具备了充分的公示性，则不论受让人是因故意还是过失不知道禁止让与特约存在，而与权利人订立了网络虚拟财产让与合同，其主观上都应属于恶意，让与合同不能生效。[①] 当然，为了合理抵消网络服务提供者的订约优势，当双方就受让人主观状态发生纠纷时，应由网络服务提供者一方举证证明，其采取之措施足以使受让人在订约时知道禁止让与特约存在。

2. 对生效让与合同法律效力的影响

（1）网络服务提供者不得以禁止让与特约对抗生效让与合同

在让与合同具备全部生效要件的情况下，受让人应自合同成立生效时起成为网络虚拟财产的新权利人，继受取得原权利人享有之合同权利，或直接取代其合同当事人地位。为了保护善意受让人的合法利益，维护正常的交易秩序，即使禁止让与特约对权利人具有约束力，网络服务提供者也不得以此为由，拒绝承认让与合同的法律效力，而只能通过追究权利人的违约责任来获得救济。反之，在让与合同无效时，网络虚拟财产将不发生权利让与的法律效果，即使恶意受让人可能在一定时间

[①] 韩世远：《合同法总论》，法律出版社2004年版，第553页。

内实际使用受让的网络虚拟财产，但其并无保有该财产的权利基础，网络服务提供者有权随时中止向其提供服务，并要求其与权利人共同承担违约责任。

（2）让与合同的对抗效力自通知网络服务提供者时产生

根据我国《合同法》第81条第1款之规定，在让与通知送达前，让与合同只在权利人和受让人之间产生效力，尚不能对抗网络服务提供者。因此，虽然在实践中，一旦让与合同符合所有生效要件，网络服务提供者就将难以阻止其对自己产生对抗效力，但从程序上说，网络虚拟财产的让与通知仍然是必要的，只有当网络服务提供者知道让与合同存在后，受让人方可向其主张合同权利，否则网络服务提供者仍应向原权利人履行合同义务或主张合同权利。值得说明的是，与一般合同权利让与中，让与通知主要应由让与人发出，且让与通知的形式大多以口头或书面为主，但在网络虚拟财产让与过程中，让与通知的发送义务主要转由受让人承担，通知形式也将主要表现为受让人对受让网络虚拟财产的实际使用。

之所以产生此种变化，主要原因在于网络技术对于主体交往模式的改变。具体来说，由于网络用户数量众多且主体身份普遍具有抽象性特征，因此为了提高效率，网络服务提供者与用户之间的信息沟通，大多依托于预设的计算机程序进行。而对此种计算机程序的使用权限，往往与网络虚拟财产的权利归属存在直接关联。在很多情况下，一旦权利人在向他人实际交付了网络虚拟财产，其就很难再通过使用特定计算机程序与网络服务提供者进行沟通，更不用说发出权利让与通知了。例如，在权利人将电子邮箱的账号密码让与他人后，其就无法再登录该邮箱，亦不能对其注册信息进行更改，而只能通过发送邮件等方式向网络服务提供者进行单独通知，此种通知方式无论是对让与人还是网络服务提供者来说，效率都是极低的。相反，受让人在实际控制网络虚拟财产之后，就获得了以特定技术手段与网络服务提供者进行信息沟通的能力，同时，网络虚拟财产的公示性特征也使得受让人对其的实际控制力（如知晓账号密码、实际占有某项游戏装备等），在性质上无异于取得了权利让与凭证或债权让与证书，因而在此种情况下，让受让人承担通知义务是必然且合理的选择。同时，鉴于在实践中，以计算机程序进行的信息沟通行为主要表现为网络用户对网络服务的实际使用，[①] 因此，受让人可以实际使用网络虚拟财产的方式，完成对网络服务提供者的权利让与通知。不容否认，此种通知方式的形式意义大于实质意义，但鉴于网络服务提供者已无法再以禁止让与特约为由对抗已生效的让与合同，因而采用此种通知方式，也并不会对其利益造成实际影响。

四　结论

随着近年来网络虚拟财产的社会、经济价值逐步得到承认和重视，人们对于其的让与需求也不断增强。然而，由于网络虚拟财产在本质上是一种基于合同关系产生的服务行为，因此在对其相关法律制度的建构过程中，需要始终把网络服务提供者与权利人双方的利益考量在内，以实现二者的平衡。从某种程度上说，网络服务协议中的禁止让与特约，就是这样一种利益平衡机制，只不过在当下被网络服务提供者过度滥用，以至于人们普遍倾向于将其认定为霸王条款，从而完全否定其法律效力。然诚如上文所言，禁止让与特约具有其合法性和合理性基础，一概否定其法律效力将可能使某些网络服务提供者的正当利益受到影响，从长远角度看，不利于网络产业和网络财产交易市场的健康发展。因此笔者主张，应在鼓励网络虚拟财产自由交易，维护交易安全的大前提之下，为禁止让与特约设定相对严格的生效要件，并否定其对善意受让人的对抗效力，以此一方面维护网络用户的合法权益，防止网络服务提供者滥用其订约优势，另一方面则也给网络服务提供者通过禁止让与特约维护其合理利益，留下一定的制度空间。事实上，若以上述标准对我国

[①] 例如，《搜狐服务协议》第4条约定："……如果您不同意本协议或搜狐的修改，可以主动取消搜狐提供的服务；如果您继续使用搜狐服务，则视为您已经接受本协议全部内容，包括搜狐对本协议所做的任何修改。"

现今各大网站的服务协议进行考察就可以发现，真正能够产生法律效力的禁止让与特约寥寥无几，而这也恰恰符合了本文以谨慎的态度有条件承认禁止让与特约法律效力的初衷。

（责任编辑：刘金瑞）

论私人基于公法的干预义务

——兼议网络群组管理责任之正当性[*]

张 亮

(上海社会科学院法学研究所助理研究员,博士)

内容提要 作为现代国家治理的一种重要方式,私人干预义务本质上是一种干预行政的公私协力模式,首先应当以效率为正当性基础,同时符合行政任务可转移与公权力国家独占的宪法要求,并保留国家的履行责任。其次,由于私人干预义务是一种强制协力,只有对秩序危害具有相当控制力的第三人,才能被立法拟制为对他人行为负责的义务人。最后,基于公共利益而要求私人承担的义务应当是有限的,要经受形式合法性与实质合法性的检验。网络时代,私人干预义务的适用呈现日益泛化的趋势,网络群组管理责任即属典型。公私协力是网络行政法的基本特征,既要积极引入私人参与网络治理,又要明晰治理主体责任构成的规范要件,审慎对待私人干预义务的创制,避免私人义务过重与国家行政责任逃逸。

关键词 私人干预义务 公私协力 网络治理 行政法义务 群主责任

---

[*] 本文系国家社科基金项目(17BFX004)、司法部国家法治与法学理论研究项目(17SFB3012)、江苏省社会科学基金课题(17FXC002)的阶段性成果。

引 言

  现代国家不可能为所有与公共利益相关的议题负责。[①] 但与此同时，又不得不面临更多风险规制、福利给付、发展促进等新任务，不免因专业能力欠缺或行政资源窘迫而尽显疲态。因此吸引私人参与，重新分配国家、社会之间的治理责任不失为一条可行路径。全球范围内，旨在精简组织、提高行政效率、激发社会活力的公私协力改革正在蓬勃发展，作为非国家组织的私主体已经在诸多领域承担越来越多的公共任务。法律控制越是复杂，立法者越是需要使用侵权法、第三方义务制度与政府规制来共同实现法律实施与遵从目标、实现最佳威慑效果。[②] 事实上私人参与的内容不仅限于给付相关的服务或投资，[③] 还包括对秩序危害的干预活动。[④] 而公私协力法律关系既通过契约，也可以由立法创制。本文关注的即是后者，称为私人基于公法的干预义务（以下简称"私人干预义务"）。[⑤] 如住宿业者对入住者的身份登记审查，企业主为职工代扣代缴税款，禁烟场所经营者对吸烟者进行劝阻等皆属此类。[⑥] 但是，由于信息不对称或私人执行力不足，这类制度在以往并不发达。唯有倚赖网络信息技术的发展，干预行政的公私协力才得以成为一种有效的社会治理方式。可以说，网络空间的技术架构使治理逻辑更加清晰，公众除

[①] Lewis, Norman, Regulation Non-governmental Bodies, in: Jowell and D. Oliver (EDS.), *The Changing Constitution* 2ndedn, Oxford, 1989.

[②] 高秦伟：《论行政法上的第三方义务》，《华东政法大学学报》2014年第1期。

[③] 参见胡敏洁《以私法形式完成行政任务——以福利民营化为考察对象》，《政法论坛》2005年第6期；胡敏洁：《履行给付行政任务的私人之法律地位——以养老保障行政为例》，《华东政法大学学报》2011年第2期；吴振宇：《私主体参与社会救助之公法原理》，《学术交流》2012年第7期等。

[④] 参见高秦伟《私人主体的行政法义务？》，《中国法学》2011年第1期；章志远：《私人参与警察任务执行的法理基础》，《法学研究》2011年第6期；马驰骋：《私主体参与干预行政信息搜集活动研究——资讯社会中公私协力的一个切面分析》，《政治与法律》2013年第8期等。

[⑤] 高秦伟教授称之为第三方义务，但是第三方义务包括第三方给付义务与第三方干预义务，因此本文在高文的理论基础上，进一步精炼为第三方干预义务。参见高秦伟《私人主体的行政法义务？》，《中国法学》2011年第1期。

[⑥] 参见张亮《私人干预义务的理论与实践》，《上海法治报》2017年12月6日B05版。

了"确认"与"返回",并无其他协商余地。居于信息、技术、经营等优势地位的网络运营者,其私人干预的效果甚至优于国家的直接干预。2017年实施的《网络安全法》明确将网络运营者作为网络治理的重要主体,正是有此意义。但与此同时,私人干预义务背后也隐含一定风险,可能导致公权力懈怠与法定职责转嫁,或引发私人干预过程中的权利滥用。国家网信办2017年10月8日颁布实施的《互联网群组信息服务管理规定》(以下简称《规定》),也印证了这种担忧。《规定》明确网络群组建立者、管理者应当履行群组管理责任(以下简称"群主责任"),依据法律法规、用户协议和平台公约,规范群组网络行为和信息发布。这种"群主责任"一时引起舆论热议,毕竟组建、参与群聊与我们的日常生活息息相关,是否一不留神,那柄达摩克利斯之剑就会误伤自己?

循此问题意识,笔者将基于既有学理与规范体系,试图阐释私人干预义务的理论基础,主要在于:(1)为何让私人承担干预义务?(2)可以选择谁来承担干预义务?(3)私人承担干预义务的限度是什么?并在此理论框架中审视群主责任的正当性。

一 私人干预义务的基本理论

私人干预义务法理的特殊之处,在于其兼具任务、义务、干预等复合面向。首先,私人干预义务属于一种"行政任务私人化"(Privatisierung von Verwaltungsafgaben),但不同于传统的民营化类型,这是指与实质民营化有关的国家以强制方式所诱引之社会自我规制,其理论渊源可追溯至易普森(Ipsen)教授所提出的"法定私人纳用"(Indienstnahme)概念。[1]而除了公私责任划分的传统议题外,私人干预义务与规制理论也有所交涉,着眼于"通过私人实现公共目标"的手段及其效能,[2]型塑国家构

---

[1] 陈信安:《论德国行政法上之纳用私人》,《月旦法学杂志》2015年第2期。
[2] [美]约翰·D.多纳休、理查德·J.泽克豪泽:《合作:激变时代的合作治理》,徐维译,中国政法大学出版社2015年版,第3、23页。

成与市场运作的合作规制体系（Co-regulation）。[1] 因此，有学者将有效威慑作为这种第三方义务（Third-party Liability System）实施与遵从的核心。[2] 其次，从"公民义务"（die Inplichtnahme Privater）角度而言，法律将原属国家行政任务的特定事项创制为公民的行为义务，私人只有义务，而没有公权力。[3] 这种涉及与职业、财产或事业有关而由私人承担的市民义务，目的在于依序完成行政任务并防范可能发生的危害，因此义务人的归属指向对秩序危害发生负有责任的特殊主体，应当在行政法义务的理论上得到支持。最后，私人干预义务中的干预有双重含义：其一，国家所转移的特定事项是对秩序危害进行预防或阻却的干预任务，但是这种干预区别于公权力干预，系市场主体或社会组织基于自治能力之上的公共权力，以非授权性的基本权利行使为限度。其二，国家强制私人承担干预任务的义务创制同样属于一种公权力干预，这类国家干预理应受到法治原则的统制，检验标准包括立法权限、规范合法性、基本权保障与限制的合比例性等。[4]

传统的行政法研究围绕于"行政组织"与"行政行为"两大内核，私人作为行政活动的被动接受对象，受行政组织所支配。因此长期以来，干预行政中的公私协力受限于行政授权、委托等公权力转移思维，既有范式尚无法充分解释国家与社会之间多元的合作与间接规制形态。私人干预义务与授权、委托有明显差异：首先，行为性质的区别。私人干预义务只是因履行法定义务所产生的私法行为，充其量是完成与行政任务外观相同的公共任务，私人与行政组织并不发生关联，因此欠缺授权、委托行为所具有国家强制力。其次，法律后果的区别。私人未履行或未妥善履行干预义务时要面临主管部门的行政制裁（如行政处罚），而授权、委托主体则不会承担这种外部行政法律责任（可能工作人员会有内部行政处分）。最后，私人干预活动仍属私法行为，因此行为时无

---

[1] See Hans J. Kleinsteuber. The Internet between Regulation and Governance, by Christian Möller and Arnaud Amouroux, *The Media Freedom Internet Cookbook*, 2004, p. 63.
[2] 高秦伟《私人主体的行政法义务？》，《中国法学》2011年第1期。
[3] ［德］哈特穆特·毛雷尔：《行政法学总论》，高家伟译，法律出版社2000年版，第584页；陈敏：《行政法总论》（第八版），2013年版，第1004页。
[4] 参见袁文峰《负法定转移义务的私人及其规范的合法性》，《当代法学》2016年第6期。

须承担行政程序义务，而授权、委托主体则要以行政组织外形，在公共行政时必须承担一系列法定程序义务。

二 私人干预义务的本质是公私协力

效率乃行政权的生命，是政府履职的基本前提，[1]为了有效维护公共秩序，立法者或行政机关要求第三方私人来承担干预任务，由于双方的作用共同指向秩序目的，就形成了公私协力（Public Private Partnership）的治理状态。[2]

公私协力指为实现公共任务，国家机关与私主体所达成的各种合作状态，也称合作行政、公私合作等。公私协力实践始于20世纪70年代的欧美政府革新运动，早期研究集中于政治、经济、公共管理等领域，后于20世纪90年代逐渐为各国公法理论所关注。缘于我国政策文本表达的特点，国内普遍将PPP理解为政府与社会资本合作，即一种公共基础设施项目融资的公私协力模式，其实大大缩限了公私协力的理论范畴。作为现代行政的改革方向，公私协力的理论与实践都已相当丰富，但因其泛指国家与私人之间透过契约或契约以外之方式而建立的共同合作关系，其具体内容与形式有各种不同的可能，无法一概而论。[3]其实这种概念差异是由不同的观察角度或目的取向所造成，有学者直言公私

---

[1] 章剑生：《现代行政法基本原则之重构》，《中国法学》2003年第3期。
[2] 公私协力中的"效率"内涵是丰富的，功利主义而言，合作可以提高生产率，因为政府负担公开、正当程序、公平对待的义务，通常是以牺牲效率最大化为代价的，私主体往往比公共机构更高效。合作也可以补充资源，如政府缺少必要信息来完成一项公共任务，且私人拥有信息时，合作就势在必行了。而从自由主义而言，合作又能满足民主原则及其他正当性的强化。See John D. Donahue, *The Warping of Government work*, Harvard University Press, 2008, Chap. 5.
[3] 目前公私协力理论存在诸多分歧，如经典说特别强调公私协力主体间的平等特质，与民营化相比，公私协力强调双方主体的对等性，因此只有部分民营化才具有公私协力的效果。若国家机关将全部公共任务转移至私主体，并由其取而代之，则不属于此范畴。参见施硕骏《论私人参与国家机关之资讯搜集活动——以线民之遴选运用及电信业者之协力义务为中心》，《高大法学论丛》2012年第2期；陈军志：《公私协力法制下之社会自主管制》，硕士学位论文，台湾政治大学法律学研究所，2011年；[日]磯部力、小早川光郎、芝池義一等编：『行政法の新構想 I 行政法の基礎理論』，有斐閣2011年版，第223—234页；詹镇荣：《论民营化类型中之"公私协力"》，《月旦法学杂志》第102期，第8页。

协力不适合作为一个法释义学上操作的概念，毋宁就个案具体采行之形态后，而为法律上评价。① 因此本文将公私协力理解为一个集合概念，可以泛指所有公、私部门合作履行行政任务的现象。

（一）行政任务可转移与公权力国家独占

公私协力成立的基础，在于行政任务可转移。德国公法上，国家任务是指由国家或公权力机关所履行的公共任务，这绝非先验的抽象概念，而是保持开放的宪法框架，其外延是随着国家发展不断变化的。在当代，除了国防、外交、司法等传统国家职能外，其他国家任务的界限难免越来越模糊。而行政任务是由行政机关完成的国家任务。基于权力分工与制衡的原则，行政机关在执行行政任务时，享有规范创制的行政保留空间、法律适用的判断余地以及手段选择的裁量自由，而且享有组织权威以及国家强制力的保障，因此传统上行政任务公私协力的空间最小。最后，公共任务是指满足团体的需求，而直接有助于公共福祉的任务。② 可以说，只要与公众相关的所有公共利益的实现活动都可以囊括进来。广义上公共任务的承担或执行者，并不限于国家或公权力部门，私人都可以参与。为社会共同体的福祉，私人完全可以以基本权利行使来促成公益实现，而不必等待国家介入，换言之，国家的作用仅仅在于形成与保障。确切地说，国家任务、行政任务是公共任务的下位概念，并非所有的公共任务都允许公民参与。

历史上，公私协力的发展趋势对应公民可得参与之公共任务范围逐渐扩大的过程。这个问题在给付行政领域并无太大争议，③ 从德国近年来的实践看，争议焦点逐渐从"能否"协力变成了"何种程度"的协力。相对而言，基于公权力国家独占的宪法原则，干预行政中公私协力

---

① Burgi, Funkionale Aufgabenprivatisierungund Verwaltungshilfe, Tübingen 1999, S. 99. 转引自许登科《德国担保国家理论为基础之公私协力法制——对"促参法"之启示》，博士学位论文，台湾大学法律学研究所，2008年。
② 参见［德］施密特·阿斯曼《秩序理念下的行政法体系建构》，林明锵等译，北京大学出版社2012年版，第146页。
③ 如我国政府向社会力量购买服务的原则是"适合采取市场化方式提供、社会力量能够承担的公共服务"，参见《关于政府向社会力量购买服务的指导意见》。

论私人基于公法的干预义务

的探讨空间依旧狭隘。虽然，作为传统国家任务的内国安全与司法权在逐渐松手，警察法的公私协力领域可以仅保留最终的裁罚权限，而司法权也出现法院事务的私人参与。① 但是，各国对私人干预能否运用高权手段仍持否定态度，如监狱私有化领域，监狱的安全以及运行上的整体责任仍停留在国家手中，只有不涉及强制权限的事务才交由私人承包。② 在公权力国家独占原则的限制下，③ 私人干预义务中的行政任务转移如何解释呢？

我国《宪法》第2条第1、2款规定，国家权力属于抽象的人民，而具体的人民只能通过全国人大和地方各级人大来行使权力，人大又通过"一府两院"实现职权分工，这里体现的正是公权力国家独占原则。但该条第3款又规定，人民可以通过各种途径和形式，管理国家事务，管理经济和文化事业，管理社会事务。这是公民参与公共任务的宪法依据，也就是公私协力的正当性基础。在公权力国家独占的限制下，只能通过行政授权或委托制度来解释行政权力转移的问题。但若从实现行政任务的角度切入，只利用私人的市场优势地位，而不授予公权力，干预任务转移与公权力国家独占又可以兼容，也就是说，义务人对第三人实施的干预活动虽然与国家干预目的一致，但私人干预的实现并不倚赖于国家强制或权威。诚如"法不强人所难"的经典法谚，私人干预义务的内容不得突破基本权利行使的限度。当然这种限度，因不同市场或社会主体而存在很大差异。如《上海市公共场所控制吸烟条例》中，要求禁烟场所经营者对吸烟者进行劝阻，或在劝阻失败后向主管部门举报，但

---

① Vgl. Entwurf eines Gesetzes zur Reform des Gerichtsvollzieherwesns, BT-Drucksache 150/07; U. Nesemann, Gerichtsvollzieher in Vergangenheit und Zukunft, ZZP 2006, S. 87 – 108; E. Heister-Neumann, Die Reform des Gerichtsvollzieherwesens-eine Bestandsaufnahme, ZRP 2007, S. 140 – 143; S. Pilz, Verfassungsrechtliche Grenzen der Privatisierung des Gerichtsvollzieherwesens, DÖV 2009, S. 102 – 109. 转引自陈军志《公私协力法制下之社会自主管制》，硕士学位论文，台湾政治大学法律学研究所，2011年。
② 如建筑物管理、行政事务、供应服务事务、照顾服务事务，或者限于纯粹与安全设施硬件相关的监督与管理事务，如机械设备与屏幕监督设施的功能管控。参见卢映洁《德国监狱私有化之发展介绍》，《人大法律评论》2016年第2辑。
③ 公权力国家独占原则，参见王天华《行政委托与公权力行使——我国行政委托理论与实践的反思》，《行政法学研究》2008年第4期。

立法不会要求其强行制止吸烟行为。在纳税代扣代缴义务中，虽然企业代国家对职工工资收入的直接扣缴实质构成财产权的侵害，但同样是基于企业的市场主体权利，而非公权力征收。民法上通常会对交易行为中显失公平的优势一方进行规制，行政法上却未必如此。为获得多方主体对秩序任务的参与或协助，国家会利用、诱导、甚至课予干预义务而吸收优势主体成为治理体系的一员，并在立法中将这种优势"正当化"。往往私人承担的干预义务越重，这种正当优势就越大。在此意义上，私人干预义务虽然在性质上与国家行政已无关联，也属于一种法定义务框架内的自我规制，但这种自我规制与基于市场动机的经典自我规制，还是有所区别的。[①] 对第三人而言，私人干预具备一种事实上的公共权力。

（二）公私主体间的治理责任分配

公私协力要解决的另一个问题在于国家与社会（私人）之间的责任分配。公法上的国家责任光谱是丰富的，这个框架责任亦是彰显国家为达公共福祉，对于私人之间利益平衡所承担的基本责任。[②] 在一般的公私协力领域，国家对合作结果负有责任，在私人提供给付时，国家负有担保责任，以及在经济及基础建设方面负有规制与整合的责任。[③] 私人干预义务中，国家责任更为特殊，尽管私人基于法定义务参与其中，但是国家不仅要承担所涉公共任务实现的监督责任，同时不能放弃自身的履行责任，公私双方共同进行干预活动，表现为平行、合作的微妙关系。主管机关不能因私人已经作为，或已对义务人作出行政制裁为由，就从履行责任中脱身。在执法资源不足的情况下，主管机关可以通过这种公法义务来督促、引导市场主体积极进行自我规制，间接达到执法目

[①] 经典自我规制一般指个人或团体本于基本权主体之地位，在行使自由权、追求私益之同时，亦志愿性地肩负起实现公共目的之责任。参见詹镇荣《德国法中"社会自我规制"机制初探》，《政大法律评论》第78期。
[②] 参见［德］施密特·阿斯曼《秩序理念下的行政法体系建构》，林明锵等译，北京大学出版社2012年版，第161页。
[③] In: Hoffmann-Riem/Schmidt-Aßmann, Öffentliches Rechtund Privaterecht, S. 167（199 ff.）. 转引自［德］施密特·阿斯曼《秩序理念下的行政法体系建构》，林明锵等译，北京大学出版社2012年版，第163页。

的，如"阿里巴巴白皮书"事件中，国家工商总局没有根据淘宝店铺售假问题直接处罚阿里巴巴，而是通过会谈协调，促使阿里巴巴加大资金、技术等方面的投入，进一步强化平台治理责任。这里需要警惕的是，虽然私人干预义务的初衷在于让适当的社会主体合理分担行政任务，以协力实现更优治理。但是实践中，由于身兼执法者、监督者，甚至行政立法者，这种专断身份也可能导致主管机关产生不当加重私人负担、间接转嫁法定职责的倾向。

三 私人承担干预义务的责任性

行政法上的义务是指特定的法律主体通过或根据法律规范被要求从事特定的作为、容忍和不作为。[①] 私法上的权利义务对等原则，在公法上未必适用，宪法中就存在诸多公民应无条件遵从的基本义务，如维护国家统一、依法纳税、服兵役等。不同于私法自发性的社会内部性规则，公法主要是社会外部性规则，具有建构性特点，因而它更多地体现了人的意志属性，即人基于为实现某一目的而创制的法规范，[②]《宪法》第51条尤其规定了秩序义务的概括性条款，据此不断完善抽象的国家秩序框架。在私人干预义务的行为结构中，义务人并非秩序危害人，却被要求为危害行为人负责。对行政机关而言，义务人既能行使私人干预，也具备了受行政干预的责任性。但是，为何选择某些主体承担这种干预义务呢？

（一）秩序行政中的"责任"含义

汉语词源上，"责任"有两种含义："分内应做的事"与"没有做好分内应做的事，应而应当承担的过失"。[③] 相对应的，法学理论中的"责任"大致分为三个层面：（1）相当于狭义的义务，应当对特定事项

---

① [德] 汉斯·J. 沃尔夫、奥托·巴霍夫、罗尔夫·施托贝尔：《行政法》（第一卷），高家伟译，商务印书馆2007年版，第473页。
② 章剑生：《现代行政法基本理论》（上卷），法律出版社2014年第二版，第139页。
③ 《现代汉语词典》，商务印书馆1996年版，第1574页。

进行积极的作为；（2）相当于广义的义务，即义务本身；（3）狭义的责任，指违反义务所导致的不利后果。① 但是，实定法中的"责任"却显得混乱，可以指法律上的不利后果、行政上的任务或权限、政治问责、社会道德、义务、义务人的归属等等，在此不予一一阐释。② 本文中私人承担干预义务的责任性，是指行政法上构成义务的原因，以解释义务人的归属。

秩序行政上的"责任"一词由德语"Verantwortlichkeit"翻译而来，其语意及制度渊源，本指警察机关或秩序机关为排除危险而须对人民采取干预性措施，原则上应以对该危害发生负有责任的人为对象，其主要目的在于"课予排除危险之义务"，而不是法律上的不利后果，因此明显区别于行政处罚、民事责任或者刑罚责任（Schuld）。德语语境下两者差异明显，但汉语"责任"一词在理论与实践中的含义非常丰富，容易混淆。李建良教授认为，秩序行政中的"责任"一词有其独特旨趣，乃行政法上归责之规定，所要探讨的问题是主管机关"基于何种理由"可以课予人民一定的（行为或不行为）义务，而非主管机关确定特定人为义务人之后，应如何使之尽其义务的问题。换言之，行政法上的"责任"，是指构成行政法上义务之所由原因及正当性基础（人民何以负有义务），与行政处罚须行为人"主观上"具备故意或过失之"责任"有所不同。③ 是为了进一步追问，如何确定作为义务负担者的责任人的课题，也就是谁要为何事负起责任，④ 与义务违反后的法律不利后果无关。

---

① 参见沈宗灵主编《法理学》，北京大学出版社 2014 年第四版，第 335 页；马长山主编：《法理学》，中国人民大学出版社 2009 年版，第 133 页；孙国华、朱景文：《法理学》，中国人民大学出版社 2015 年第四版，第 161—162 页；公丕祥主编：《法理学》，复旦大学出版社 2016 年第三版，第 304 页；付子堂主编：《法理学初阶》，法律出版社 2013 年第四版，第 183 页。
② 参见《公务员法》第 54 条、《节约能源法》第 6 条、《全国人民代表大会常务委员会关于香港特别行政区行政长官普选问题和 2016 年立法会产生办法的决定》、《反家庭暴力法》第 3 条、《固体废物污染环境防治法》第 35 条、《水土保持法》第 19 条等；王瑞雪：《论行政法上的治理责任》，《现代法学》2017 年第 4 期。
③ 参见李建良《论行政法上"责任"概念及责任人的选择问题》，载黄舒芃主编：《2007 行政管制与行政争讼》，"中央"研究院法律所筹备处 2008 年版。
④ 参见黄启祯《干涉行政法上责任人之探讨》，载《当代公法新论（中）翁岳生教授七秩诞辰祝寿论文集》，元照出版社 2002 年版，第 292 页。

为确保公共安全与社会稳定，秩序行政将义务指向预防性的可能危及社会秩序的群体。在大多数法规范中，这类规范对象可以明确辨别，但仍有概括性规范需要解释与适用才能判断谁是规范对象，如《德国警察法》第8条规定："公安机关的人民警察对严重危害社会治安秩序或者威胁公共安全的人员，可以强行带离现场、依法予以拘留或者采取法律规定的其他措施。"这里规定的警察可以采取一系列法定干预措施的对象仍是不确定的。① 可见，秩序行政上的责任人，可以基于法律规定明确，也可以由行政机关基于概括的授权依据而确定。②

（二）行政法义务中的"责任人"

无论是学理上还是实践上，行政法上的责任人认定，以及作为义务设定前提的责任内涵的明晰，对于依法行政的贯彻都是具有积极意义的。负有行政法上危害排除义务的人，取决于是否对该危害的发生负有责任，包括因行为而来的责任或因物的管领支配而来的责任，这种分类在干预行政领域具有重要意义。排除危害的任务固然可以由公权力直接实施，但原则上应当先要求对危害发生负有责任的人履行排除义务。

行为责任人，是指导致社会秩序与公共安全危害的行为人，着眼于人对自己行为后果的承担可能性与必要性，③ 如车辆相撞发生道路拥堵，引来路人围观，这里导致交通秩序危害的不仅是肇事车主，也

---

① 该条款其实并不完整，采取强制措施或强制执行的前提应当是，警察已对危害社会治安秩序或者公共安全的人员课予其恢复秩序的作为（或不作为）义务，但责任人拒不履行。所有秩序危害的首要后果都是由责任人承担秩序恢复义务，只有情节严重、且不可恢复才宜直接进行处罚。实践中那种处罚过后放任违法状态持续的执法问题，实际上是忽视了客观秩序恢复的首先原则。相关研究，笔者会另行撰文分析，也推荐阅读夏雨《责令改正之行为性质研究》，《行政法学研究》2013年第3期。
② 如台湾地区"警察法"第28条第2项规定："警察依前项规定，行使职权或采取措施，以其他机关就该危害无法或不能即时制止或排除者为限。"该条款一方面被理解为"补充性原则"（或备位性原则），另一方面还可以推导出，若特定领域的专门法律没有规定，或规定不够完善，行政主管机关仍可以准用这条规范行使相关职权。
③ 蔡宗珍：《建筑法上义务人之类型与具体义务人之判定——行政法上行为责任与状态责任问题系统的一个切面分析》，《台大法学论丛》第40卷第3期。

包括路人，那么交警就可以依职权对两者课予及时疏散的义务，并做进一步制裁。"谁造成危害，谁就必须为排除危害负起责任；谁必须为排除危害负起责任，谁就成为警察危害防止措施行使的对象"，以导出"责任人作为警察危害防止措施行使对象"的正当性公式，已成共识。[①]

与之相对的状态责任人，是指因物的状态导致危害的物权人或实际管理人，着眼于特定人对支配物的状态的控制可能性与必要性。因对物有支配力，因此有能力就物的危害状态进行介入或排除。这种权利限制与权利人的行为没有必然关联，其原理在于财产权的社会义务，责任人在享受物的财产上利益的同时，也应承担物的使用造成的风险，以及随之产生的公法义务。因状态责任而产生的行政法上义务，基本上是一种危险责任。[②] 这种义务的课予并无特定的"行为"要素，也不问是否因特定行为而导致状态责任义务的产生。更不是一种"不作为义务"。换言之，此类义务并未被预设须以特定行为来履行，只要支配之物出现了不符合法律要求的状态，也就是出现法律要排除的危害状态，就构成义务的违反，并非要有导致违法状态的行为存在。

私人干预义务中，义务人必须对特定对象进行干预活动，所以状态责任在此没有适用空间。行为责任人一般适用"自己责任主义"，即责任人必须自己参与或实施危害行为，才可能负担义务。但是，当特定主体与违法行为存在公共利益上的特别关联时，立法者亦可以判断这种防止他人违法的责任成立，[③] 私人干预义务就属典型的"为不作为负责"，理解这种关联必须置于行政法上的秩序角度。行政法上行为责任的成立，不以违法为前提，也不论行为人有无故意或过失，只要求行为与危害后果之间存在因果关系，这里的因果关系一般是指行为与危害之间有

[①] 参见李振山《警察行政法论——自由与秩序之折衡》，元照出版公司2009年版，第207页；施硕骏：《论警察危害防治措施之行使对象》，《"国立"中正大学法学集刊》第32期。
[②] 参见陈清秀《行政罚法》，法律出版社2016年版，第88页。
[③] 黄启祯：《干涉行政法上责任人之探讨》，载《当代公法新论（中）翁岳生教授七秩诞辰祝寿论文集》，元照出版社2002年版。

"紧密的效果与责任的关联性",应以社会适当性作为判断的考量。① 也就是说,对私人干预义务人的立法判断,必须剥离行为人的主观方面,一旦发生秩序危害,只遵循危害排除"就近原则",即最有可能阻却危害的主体无论是否为实际行为人,国家都可以要求其承担合理的作为义务。因此,对他人的违法行为有无切实的控制力,控制行为与阻却违法之间是否有密切相关性,成为选择义务人的关键。

四 强制私人承担干预任务的限度

私人干预义务中的"干预"有两层含义,上文已述的第一层面,是指国家所转移的特定事项为对秩序危害进行阻却的干预活动,这种干预实质是市场主体或社会组织基于自治能力之上的公共权力,以基本权利为限度。另一层面,虽然私人可能因市场竞争或社会责任而主动采取监管措施,却没有持续的制度性动力,因此这种公私协力其实需要国家强制私人参与。这同样属于一种对人民所实施的限制、制裁或强制的干预活动,如何在协力和义务之间找寻一个干预的平衡点,就需要经过形式与实质两方面的合法性检验。

(一) 形式合法性控制

私人干预义务的规范性分析要从两点展开:其一,设立义务不得与法律或上位法相抵触;其二,这种干预必须有法律上的依据。

前者称为法律优越原则,指任何行政行为均须合于法律规范之意旨,不得有违反法律之行为,包括不得偏离法律义务与积极适用法律义务两个方面,其运用的核心在于行政法法源的位阶排序问题,② 且无限制和无条件地适用于一切行政领域。③ 在我国,法律优越原则通过《宪

---

① 林昱梅:《土壤污染行为人整治责任概括继受之法律问题——以德国法之比较为中心》,《东吴法律学报》第26卷第3期。
② 参见李建良《行政法基本十讲》,元照出版有限公司2016年第六版,第241页。
③ [德]哈特穆特·毛雷尔:《行政法学总论》,高家伟译,法律出版社2000年版,第103页。

法》、《立法法》以及相关司法解释中的"规范冲突规则"条款予以明确。① 私人干预义务中，基本权利保护规范以及平等原则的拘束，无论公法组织或私法组织都是相同的，因此法律优越原则当然有存在空间，如规范性文件不得随意增设义务或限制权利，或者为满足行政目的而提出不相关请求。

后者指法律保留原则，行政应受立法的控制，才能贯彻民主与法治原则，因此行政机关仅在法律授权下才得以行使职权。虽然我国《立法法》中无法推导出禁止授权原则，而且考察行政实践，诸多规制领域即使没有明确的法律、法规、规章依据，行政机关的各类政策执行活动也未见中断。只能以实用主义思维来理解我国的"依法授权原则"，明确基本权利保障为核心的重要性理论，即私人干预义务明确不得涉及人身自由与人格，干预经营自由与财产性权利，原则上也应由法律规定。此外，"法明确性原则"是法律目的实现与干预义务课予之间的必要纽带，授权依据的审查中应当明确义务课与的规范密度与授权范围。

（二）实质合法性控制

除了上述形式合法性要求，实质合法性的内容同样要重视，其核心为比例原则，即行政机关实施行政行为应兼顾行政目标的实现和适当性手段的选择、保障公共利益和相对人权益的均衡。② 目前，比例原则不仅广泛适用于诸多部门法领域，内容上也不限于法律适用上的"手段—目的"，已经扩展至立法层面的正当性审查。

合法性的前提乃合宪性，也就是说，立法者行使立法权亦要受宪法基本原则的拘束。阿列克西（Robert Alexy）认为，宪法规定的原则作

---

① 参见《宪法》第 5 条第 3 款，第 67 条第（7）项，《立法法》第 96 条、第 97 条第（2）项，《最高人民法院关于审理行政案件适用法律规范问题的座谈会纪要》。
② 姜明安主编：《行政法与行政诉讼法》，北京大学出版社/高等教育出版社 2015 年第六版，第 73 页。

为立法者的最佳化命令框架,[①] 其中立法权的自主空间指宪法没有命令与禁止的立法者自主决定的事项,包括结构性余地、认识性余地两种不同的类型。[②] 对此,我国《立法法》第3条明确规定立法要遵循宪法的基本原则,所以宪法基本原则背后的国家目的就成为讨论的重点。首先,基本权利保障作为国家存在的基础,是最高国家目的,进而才衍生出基本秩序维护的次级目的,即《宪法》第51条"权利限制条款"作为国家干预的宪法基础,"个人自由和权利"与"国家的、社会的、集体的利益和其他公民的合法的自由和权利"构成了利益衡量的基本结构。接下来,根据结构性余地与认识余地判断是否启动立法上的干预设计,最终落实于立法目的与国家目的的一致性,实践操作上,这种审查思维可归为目的正当性审查的范畴。在干预义务课予时,通常要审查这类法律、法规所追求的目的是否正当。

在此基础上,适当性原则要求义务人具备实现干预的能力,私人干预一般应当较国家干预更易达到目的。而创制义务时的必要性考量不同于行政手段选择时的利益衡量,以最小成本阻却违法的功利主义路径看似立场中立,却无法联结工具理性与权利限制正当性之间的逻辑断裂,具有很大的正当性危机。毕竟对公民而言,并非"能力越大,责任越大"。在欠缺意思自治的情况下,只有充分的民主授权或干预紧迫性才宜课予干预义务,而主管部门自身无力完成的任务,自然也不能转嫁于私人,如行政机关进行许可时无法通过人工完成的实

---

① "最佳化命令框架"要求事务在法律上及事实上之可能性中,尽量达到最大程度之规范。"原则"概念之范围不仅涉及"个人权利",亦包括"集体利益"。参见吴元曜《重力公式之理论与应用》,元照出版公司2013年版,第27页。

② 结构性余地包括:宪法放任立法者自行决定以何种目的或理由来限制基本权的目的设定余地;自由选择实现或限制基本权手段的手段选择余地;两者之间如何均衡与连接的衡量余地。认识余地包括,对立法事实的认定、预测与评估的预测余地(或评估余地);对相冲突原则的重要性或限制程度评断的规范上的认识余地。参见王鹏翔《基本权利作为最佳性命令与框架秩序》,《东吴法律学报》2007年第3期;张志伟:《比例原则与立法形成余地》,《中正大学法学集刊》2008年第24期。

质审查工作。① 最后，狭义比例原则要求审慎控制这种措施的损益与可得社会效果的平衡。这里会衍生出衡平原则与平等原则等子原则。前者系通过对财产性侵害进行补偿来平衡修复公权力干预的正当性。② 后者置于市场机制而言，义务人必须是具有同一性的市场主体，否则选择性负担可能造成反向的不正当竞争。当然，由于私人干预义务的内容复杂，因此其正当性边界并不清晰。与形式合法性不同，实质合法性有时并非合法与否的规范判断，而更接近一种个案行政正确的把握。③ 最终，合乎实质合法性的私人干预义务体系可以贯彻公法上的辅助性原则，④ 通过制度框架诱导社会先行自我规制，进一步明确危害发生之可能时，公权力再及时介入，以实现高效、谦抑的行政法治。

五 群主责任的规范分析与正当性反思

综上所述，本文将私人干预义务阐释为一种干预行政的公私协力模式。运用这个理论框架，同样有助于厘清我国网络治理中的主体责任，避免受限于功利主义的技术角度去看待权利义务配置，从根本上解释我国网络秩序建构的正当性，发展我国网络法规范体系的教义学研究。

（一）作为网络行政法特征的公私协力

与美国、欧洲在网络发展初期所确立的企业不对他人发布的信息负责的原则相比，我国网络企业自发展起步时就承担了更多的协助监管义

---

① 如《网络餐饮服务监督管理办法（征求意见稿）》曾在第5条要求网络餐饮服务平台提供者保证网上公示的店名、地址、门面、大堂、厨房、菜品信息、主辅料都与实体一致，这种私人审查强度就远远高于工商登记。所幸正式颁布的《网络餐饮服务食品安全监督管理条例》对此作了修正。参见张亮《行政法视阈中网络平台第三方义务的解释与适用》，《黑龙江社会科学》2017年第6期。
② 参见［德］乌茨·施利斯基《经济公法》，喻文光译，法律出版社2006年版，第149页。
③ 黄舒芃教授提出，一种有效的民主正当性，亦即足够的正当性水准。参见黄舒芃《行政权力管理医疗体制的民主正当性基础》，台湾大学法律学院1998年硕士学位论文。
④ 所谓"辅助性原则"，是指低层、私力能适当、自主完成的公共任务，高层、公权力就不应当过早介入。参见詹镇荣《辅助性原则》，《月旦法学教室》2003年第12期。

务。或者也可以认为，我国网络行政监管一直体现出鲜明的强力权威特征。[①] 如今，我国已经形成了独特的以私人干预义务为主导的网络行政法体系。另一方面，相对于我国其他市场领域，网络产业发展从未经历计划经济时代的国家全面管控，至今国家对网络秩序的介入和建构都是有限的，可以说，网络运营者的自我规制仍是网络治理的传统。

当下，技术与理念壁垒已经改变网络空间中的行政结构与执法方式，国家无力垄断网络治理权，亟须私人规制的协力，因此网络治理本质上完全符合习近平总书记所强调的"共建共治共享"思维，公私协力是我国网络行政法的基本特征。在此基础上，可以发现主管部门直接监管群组与为监管群组而课予群主义务之间的本质差异。前者是基于行政机关与行政相对人的双方法律关系，这种传统行政模式在网络中的难点在于如何明确执法对象，对此需要网络实名制来发挥作用。反观群主责任，则意味着群主要为他人行为负责，同时减轻主管部门、网络服务提供者等其他治理主体的负担。这里的群主责任与平台责任等其他第三方义务一样，其实存在公法与私法上的不同属性。私法上，由利益相关第三人来负担合理注意义务，并在违反时推定为共同侵权而导致的替代责任，以调整网络环境中权利人无法从直接侵权行为人处实现矫正正义的失灵现象，[②] 是为了充分实现权利救济，该义务指向的目的与责任范围是具体、明确的。但是公法上由违法行为相关人来履行干预义务，并为此承担行政法律责任，则是为了更优维护与恢复公共秩序。只要能有效实现预防与消除危害的目的，行为责任人并非唯一的干预对象，因此这个秩序目的与责任范围是动态、模糊的。如果欠缺明确的规范要件，无疑会为主管部门滥用职权、转嫁自身法定职责创造空间。因此，基于公私协力的原则，必须将课予私人干预义务作为一种例外，严格限制为实现秩序目的而创制的私人干预义务。

---

① 王融：《中国互联网监管的历史发展、特征和重点趋势》，《信息安全与通信保密》2017年第1期。
② 徐伟：《网络服务提供者侵权责任理论基础研究》，博士学位论文，吉林大学，2013年。

（二）网络治理的责任人范围

网络治理主体在各个部门法中有不同的意义，私法上平台运营者替代责任的正当性基础，在于"第三人对直接侵权人有管理或控制的责任"或"第三人从侵权行为中获得直接的经济利益",[①] 进而推定成立一种共同侵权。[②] 而刑法上，网络运营者拒不履行安全管理义务罪的构成则依托于传统共犯理论及其衍生理论。[③] 唯独行政法上，对同一公共秩序危害中的行为责任人与干预义务人各自作为独立的评价主体，如前所述，对私人干预义务人的立法判断，必须剥离其主观方面，对他人违法行为有无切实的控制力，控制行为与阻却违法之间是否有密切相关性，是选择义务人的关键。实定法上考察，目前网络治理领域第三方义务人与违法行为关联的判断，可以基于立法直接成立，也可以由主管部门通过对概括授权条款的解释与适用来判断，《网络安全法》第 47 条所明确的平台义务属于前者，其中的"网络运营者"就是明确的危害信息排除责任人（义务承担者）。《规定》中的群主责任则属于后者。这里要注意的是，虽然网络运营者以及群主都在特定领域处于违法信息的控制地位，是与违法信息传输相关的特殊主体，但各自的控制力程度仍有很大差异。

[①] 根据这两者权重的衡量，分别产生了制止理论与矫正正义理论。See Shapiro, Bernstein & Co. v. H. L. Green Co., 316F. 2d304, 307（2dCir. 1963）; Demetriadesv. Kaufmann. 690F. Supp. 289, 293（S. D. N. Y. 1988）; 万柯：《网络等领域垄断看门人的替代责任》,《环球法律评论》2011 年第 1 期。

[②] 共同侵权系目前的理论通说，也有少数学者认为这是数人加害行为的按份责任，或者因安全保障义务导致的补充责任。参见韩洪今《网络交易平台提供商的法律定位》,《当代法学》2009 年第 2 期; 吴汉东:《论网络服务提供者的著作权侵权责任》,《中国法学》2011 年第 2 期; 徐伟:《网络服务提供者连带责任之质疑》,《法学》2012 年第 5 期; 刘文杰:《网络服务提供者的安全保障义务》,《中外法学》2012 年第 2 期。

[③] 通说为中立帮助行为理论，也有少数学者主张直接控制理论，但是这类刑罚必须具备直接故意以及违法性认识，并无太大分歧。参见陈洪兵《网络中立行为的可罚性探究——以 P2P 服务提供商的行为评价为中心》,《东北大学学报》（社会科学版）2009 年第 3 期; 车浩:《谁应为互联网时代的中立行为买单?》,《中国法律评论》2015 年第 3 期; 涂龙科:《网络内容管理义务与网络服务提供者的刑事责任》,《法学评论》2016 年第 3 期; 谢望原:《论拒不履行信息网络安全管理义务罪》,《中国法学》2017 年第 2 期。

（三）群组管理责任的正当性反思

群主以私主体协力的角度承担义务，应当是有限度的。首先，增设群主义务的规定应当于法有据，在上位法的授权框架或规范密度下进行解释。《规定》以《网络安全法》为制定依据，但是《网络安全法》中规定的责任主体是"网络运营者"，群主是否属于"网络运营者"中特定的"网络管理者"，抑或其他，尚需进一步解释。另一方面，《刑法》第287条之一及相关司法解释中虽然规定有群组设立者的犯罪情形，但这种"非法利用信息网络罪"的群主责任，严格要求具备主观要件。而《规定》中，群主责任的构成只需考虑客观上有无造成秩序危害，以此推定是否尽到注意义务，这种过错推定在行政执法过程中容易导致责任泛化。如果上位法框架无法吸收群主主体，通过下位的行政立法来课予义务，形式上就存在瑕疵，应当尽快通过立法修正或有权解释进行完善。其次，如果群主符合"网络运营者"的要件，而《网络安全法》第47条规定的网络运营者的事中监管义务包括仅限于防止违法信息扩散、及时报告等事后补救措施，那么私人干预义务的创制一般也不得随意扩张，如要求群主承担"合理注意"之外的主动监管义务。

随着网络技术的快速发展，群组的信息传播迅捷、搭建便利，在极大降低社会交往成本的同时，也同时降低了违法成本，当下利用网络群组传播违法信息日益猖獗，已经严重扰乱社会秩序，破坏社会稳定。而且网络的匿名性、跨域性、分散性等特征加大了国家干预的难度与成本，使得传统规制效果大打折扣，亟须创新相应的网络治理方式。因此，国家课予私人干预义务来加强监管有其必要性，群主具备治理群内违法信息的便利与优势，吸收其参与网络治理无可厚非。但是，这种共治的需求性与必要性，是否达到义务的程度则要另当别论。首先，对国家和网络服务提供者而言，群组信息的隐私保护相当有限，不影响规制措施的实施。网络服务提供者的监控权限与群主具有高度重合，但相比之下，群主的监控技术与网络服务提供者相去甚远，要求群主承担同等义务既无可能也不合理。另一方面，《规定》第9条明确，群主责任的内容源于法律法规、用户协议和平台公约。用户协议与平台公约看似是市场机制调节与用户自由选择的结果，实则在网络运营者巨型化、寡头化的趋势下，绝大多数网民对微信、微博、帖吧等 APP 的依赖程度已不亚于公共基础设施，面对平台单方变更规则的做法，用户毫无参与、协商的权利。因此，若无条件认可用户协议与平台公约中的用户义务内容，忽视平台方已掌握事实上的公共权力，可能主体责任的不当转移责任，权利风险之严峻不言而喻。

当下，我国网络产业之发展正欲实现弯道超车，相关网络秩序的建构必须尊重本土的制度脉络与行政现实，各项创新措施的试错空间自然也有必要。但是，无论如何，网络治理应当在法治框架下循序渐进，对涉及广大人民群众利益的制度试验，要慎之又慎。如果强制将繁重的监管责任转移给群主，不但强人所难，无法得到公众的理解与支持，也无法真正打击违法群体。网络已经深刻改变大众生活，群组更像是社会功能丰富的虚拟社区，建群活动隐含公众结社、言论、通讯等多面向的基本权利。如果不当扩大群主的管理责任，必然会抑制公民的建群权利。因此，不妨将主动监管型的群主责任理解为平台协议的合意，即一种自我规制的指导性规范，通过平台与用户之间的信用评价、服务功能限制、黑名单惩戒等来确保实效，但不得扩大解释，甚至对群主适用行政法律责任。

随着现代公共行政的变迁，现代行政法不再以合法性为唯一目标，而逐渐重视以实现公共利益为宗旨的任务取向研究。网络时代尤其是，随着私人参与公共任务的方式不断更新，私人干预义务的适用逐渐扩大，这种实践有益于建构行政规制与平台、用户自我规制的多层次合作治理体系。国家要求私人在行政过程中发挥积极作用，背后同样隐含了社会自治的脉络与机理，而不仅仅是资本权力与市场机制的作用。当然，在私人干预义务的框架内，如何防止私人滥用这种事实上的干预权力，则是笔者下一步探讨的未竟课题。

（责任编辑：张新宇）

Platform Governance and Platform Responsibility
平台治理与平台责任

网络平台规制的双重逻辑及其反思

许 可

(中国人民大学未来法治研究院研究员)

内容提要 随着平台经济的兴起,世界各国一改"平台中立"的立场,对网络平台的规制日益强化。这一趋势有着深层动因:在平台和国家的维度上,网络平台已是去中心化的互联网中的"新中心",自然成为国家监管的关键节点;在平台和用户的维度上,网络平台的技术架构优势以及营造生态和发展市场的商业需求,使其对用户施加了"准立法权、准执法权和准司法权"。然而,由此衍生出的"政府管平台,平台管其他主体"的"国家—平台—用户"线性结构,却可能有违"法律保留""功能保留""比例原则""公法责任向私人关系逃逸"等一系列法治原则,因此这种由上而下的规制路径应适时调整,转而借鉴多利益攸关方治理模式,最终形成国家、平台、其他主体网络化共治的新格局。

关键词 平台经济 网络平台 中心化 私权力

导 论

2017 年 5 月,Facebook 首席执行官马克·扎克伯格(Mark Zuckerberg)宣布在全球范围招聘 3000 名员工,他们将加入 Facebook 现有的 4500 人内容审核团队,以监测与暴力和犯罪行为有关的视频、帖子,以阻止悲剧的发生。扎克伯格指出:"如果我们要打造一个安全社区,就必须做出更迅速的反应。我们将努力使报告视频问题更便利，以便我们能更快地采取恰当措施——无论是在有人需要帮助还是删帖时。"① 2017年6月，Facebook进一步宣布研发人工智能技术，来帮助识别恐怖分子发布的帖子，同时把反恐专家队伍的人数扩大至150人以上。② Facebook的这些举措回应了外界的指控，即它未能采取足够行动阻止极端分子的宣传在网上传播。

Facebook之所以一改对"中立内容平台"的坚持，转而致力于使自己的网站成为"对恐怖分子来说非常敌对的环境"，并非无因，而是与日益严峻的国家监管密切相关。在德国，司法部长Heiko Maas威胁说，如果Facebook不给予用户对仇恨言论或虚假新闻的举报权或拒绝删除非法信息，则它将面临5000万欧元的罚款。③ 在英国，出于对虚假新闻影响大选结果的忧虑，下议院文化、媒体和体育委员会主席Damian Collins敦促Facebook在反虚假新闻上更有作为，他指出："他们应当有能力审查报道是否真实，如果是虚构的，就该屏蔽或警告人们其存在争议。"④ 越来越多的例证表明，随着平台经济的兴起，网络平台已经不能再通过声称自己系信息渠道而非出版者来豁免责任。面对世界范围内对平台进行规制的呼声，本文试图阐释其背后的动因、理解其逻辑，并反思其可能的后果。

一　平台与国家：去中心化背景下的中心化

（一）传统治理在网络社会的困境

作为公共权威为实现公共利益而进行的管理活动和管理过程，"国家治理"一词刻画了国家与民众、上级与下级的权力关系。⑤ 从第一个

---

① "Facebook hires 3,000 to review content", http://www.bbc.com/news/technology-39793175。
② 《Facebook利用人工智能对恐怖分子删帖》，http://www.ftchinese.com/story/001073037。
③ "Germany Threatens $53 Million Fine in Facebook Hate-Speech Bill", https://www.bloomberg.com/politics/articles/2017-03-14/germany-threatens-53-million-fine-in-facebook-hate-speech-bill。
④ "The UK is worried fake news will impact General Election result", https://www.engadget.com/2017/04/26/uk-mp-facebook-fake-news-general-election/。
⑤ 周雪光：《中国国家治理及其模式：一个整体性视角》，《学术月刊》2014年第10期。

维度观察，我国的传统治理遵循着"一元治理"的逻辑，[①] 即所有权力集中于唯一机构，它不仅管理着国家的政治和行政事务，也管理着全部社会事务和经济事务。治理主体的一元化在相当大的程度上决定了治理目标、治理手段的一元化。从第二个维度观察，我国的传统治理遵循着"卡理斯玛权威下的官僚体制"，即立足于领导组织及其教义的神圣性，通过"自上而下的授权"和"向上负责"的设计架构来分配和行使权力[②]。与一元治理类似，其核心任务是高效率地完成自上而下的任务，由此带来的结果是，为此构建的组织形式和过程难以发挥自下而上传达民意的职能，同时将官员对官僚体制的依附转化为在对直接上级的依附，导致了各个部门、区域的高度封闭性。

可以想象，中心化的传统治理在网络社会中必然凿枘不投。网络社会的计算机主宰性、数据虚拟性、多变性和跨国界性，使得网络社会形成了一张没有控制中心、由计算机技术相互沟通的扁平网络场景，最终将传统权力结构和中心权威形式不断分散。首先，在网络社会，信息处于不断流转并趋于对称，每个人都有自由从网络上获取信息的权利和可能。其分布式体系和异步传输结构，一方面打破了信息的垄断，扩大了社群的分化；另一方面挑战了新闻审查制度，创造出信息多元和言论自由的局面，极大地改变了社会主体获取信息的渠道，削弱了自上而下的控制能力。[③] 其次，传统的国家权力在网络社会中既面临计算机技术对其运作的制约，又遭遇到其他国家的主权冲突。因此，现实社会的国家权威在实际上不可能单独、完全地控制网络社会，从而成为网络社会的的唯一统治者。在与计算机技术和其他国家争夺网络社会管理权和控制权的过程中，国家权力不可避免地弱化了，网络社会亦呈现出从国家主权、意识形态、价值观念、语言文化、社会习俗中区隔出来的"非中心化"。[④] 最后，互联网的"端对端"（End to End）为个性化张扬和自由

[①] 俞可平：《中国治理变迁 30 年（1978—2008）》，《吉林大学社会科学学报》2008 年第 5 期。
[②] 周雪光：《国家治理逻辑与中国官僚体制：一个韦伯理论视角》，《开放时代》2013 年第 3 期。
[③] 齐爱民：《论网络空间的特征及其对法律的影响》，《贵州大学学报》（社会科学版）2004 年第 2 期。
[④] Tim Wu, Network Neutrality, Broadband Discrimination, *Journal of Telecommunications and High Technology Law*, Vol. 2, 2003.

主义的盛兴提供了条件,并促使权力制衡观念进一步发展。为防止遭到攻击而陷于瘫痪,互联网在设计之初就建立了分散管理体制,即没有哪一台是其他计算机的中心枢纽。互联、平等而非单向、控制的架构使得没有任何组织或政府能够完全控制互联网。正是在这一技术基础上,不同阶层、不同信仰、不同利益的用户可以在网络这一公共空间中开展对话,现实生活微不足道的个人也能在网络社会中喊出自己的声音,并向世俗权威中心发起挑战,从而个人提供了摆脱传统"卡理斯玛权威"的单向度认同、重构自我价值的重要契机。

传统治理在网络空间的困境,使得很长一段时间内,国家在互联网治理中无所作为,正因如此,有学者将我国互联网的演进称为"非法兴起",以描述互联网企业在监管真空中发展壮大的过程:① 从门户网站、网络广告、搜索引擎、网络购物到网络游戏、网络音乐、网络视频、社交网络和O2O,互联网新经济中任何一个领域的发展都有赖于国家在一定程度上的缺席。然而,随着网络平台的兴起,互联网不再是国家难以涉足的"法外之地",网贷平台、网约车、共享单车的强监管便是例证,而要理解国家治理的这一变化,就必须深入到网络社会的结构变迁之中。

(二) 网络社会的中心化

2017年6月27日,欧盟委员会宣布,谷歌(Google)滥用其在搜索领域的主导地位,其比价购物服务战略在搜索结果中抬高自己的比价购物服务,降低竞争对手产品的排名,违反欧盟反垄断规则,基于此对其做出24.2亿欧元的罚款,这是该监管机构迄今做出的最大笔罚款。对谷歌的反垄断执法并非孤立。在我国,唐山人人诉北京百度案②、奇虎360诉腾讯案③等有关平台垄断的案件早已开始出现。

平台的垄断地位打破了互联网去中心化的幻想,一种趋向中心化的互联网形态开始复现,而在这一演进的背后有着深刻的经济和技术动

---

① 胡凌:《谁拥有互联网信息? 从百度文库说起》,《北大法律评论》2013年第1期。
② 参见北京市高级人民法院《民事判决书》([2010]高民终字第489号)。
③ 参见最高人民法院《民事判决书》([2013]民三终字第4号)。

因。作为一个建立在海量端点和通用介质基础上的交互空间，平台通过一定的规则和机制促进海量端点之间、在共通的基础上实现协作与交互。① 这里的"海量端点"，意味着平台汇聚了庞大而离散的生产和需求，以及巨量的信息生产者、信息消费者、产消者（prosumer）角色和关系。这里的"通用介质"，意味着平台是一种把海量端点联接起来的网络要素，它表现为一个物理传输网络，或者是一种通用接口，一套标准或者是一组数据，但无论如何，它的作用都在于连接端点，形成半中心化或中心化的网络拓扑结构。网络平台的上述特征在商业活动进一步具体化为"同质竞争"和"规模扩张"。

1. 平台的同质竞争

首先，网络平台以相同的用户群体为竞争对象。由于互联网访问的便利性和无边界性，平台在本质上是开放的。Hermalin & Katz 的模型表明，在不存在网络外部性的情形下，平台服务对于异质客户具有横向差异，并且存在可变的使用费，没有注册费，那么同一用户和多个平台交互多归属（reciprocal muliti-homing）是可能的均衡结果。② 显然，这种多重归属在给用户更多选择的同时，也加剧了网络平台的竞争。其次，网络平台以同一种资源——注意力为竞争要素。在信息供过于求的时代，注意力已经成为比金钱更有价值的货币。对于企业来说，问题是如何吸引并保持消费者、股东和员工的注意力，对于用户来说，问题是面对汹涌而至的大量信息，如何分配自己的注意力。③ 注意力难以衡量，但在网络上，我们可以用浏览的时间作粗略的估计。因此容易想象，由于人的生理限制，注意力是排他的，在同一时间它不能被分配给两个平台。正因如此，网络平台不得不通过排他性协议（exclusive agreement）来锁定自己的用户，从而实现对注意力的"独家占有"。事实上，由于消费者黏性的匮乏，这种独占一般发生在面向供给侧的企业市场（2B）

---

① 谷虹：《信息平台论：三网融合背景下信息平台的构建、运营、竞争与规制研究》，清华大学出版社 2012 年版，第 65 页。
② 李雪静：《双边市场的平台竞争研究》，上海大学出版社 2014 年版，第 42 页。
③ ［美］托马斯·达文波特、［美］约翰·贝克：《注意力经济》，谢波峰译，中信出版社 2004 年版，第二章。

上，即只能与特定网络平台进行交易而不能与其竞争对手进行交易，以期基于独一无二且不可替代资源的积累，在消费者市场（2C）中获得竞争优势。

最后，网络平台以同一个完整市场为竞争场域。一方面，与传统的分区市场不同，平台竞争是在整个互联网上展开的。在 America On-line, Inc. v. Great Deals. Net 一案中，法院认为：关于竞争产生的相关地域市场，法院发现无法界定出互联网的外部边界。因为它不是一个地点或位置，它是一个"巨大的网络，在这个网络里，相互连接的计算机网络中有很多小的集团有无数的相互联系"。它是无限的。[①] 在奇虎360诉腾讯案中，广东省高级人民法院就依据腾讯QQ即时通讯服务是一种虚拟的互联网产品，认为其经营者及用户并不局限于中国，并且无论是经营者还是用户，在全球范围内提供和获得即时通讯服务时，并无额外的运输成本、价格成本或其他成本，因而判定竞争市场为全球市场。另一方面，迥异于传统上的产品区隔市场，网络平台提供的产品往往以"注意力"为基础，呈现出强替代性。如果说传统企业的盈利模式是"羊毛出在羊身上"，即利润直接源于顾客，那么在"免费服务/产品"席卷互联网的时代，网络平台的盈利模式大多是"羊毛出在猪身上"，即由第三方付费。这里的"第三方"主要指供应商或广告主。例如，Facebook 收入中的 90% 来自于广告，中国阿里巴巴的数字广告业务亦占半壁江山。而正如 Person v. Google 一案所揭示的，不论在线广告的形式是搜索广告、横幅广告还是弹出式广告，在功能上都是相同的和可替代的，即为了引起和维持公众对于被宣传商品的注意力。在这一意义上，注意力产品成为网络平台之间的最大公约数。

2. 平台的规模扩张

竞争的同质性使得用户数量成为各大平台的竞争焦点。在奇虎360诉腾讯案中，双方争夺的并非特定产品市场中的市场份额，而是各自平台所有产品组合整体的用户端基础。双方矛盾冲突的爆发是因为腾讯通

[①] America Online, Inc. v. Greatdeals. Net, 49F. Supp. 2d 851（E. D. Va. 1999）.

过免费提供QQ软件在客户电脑上建立平台基础,利用"QQ电脑管家"增加平台综合吸聚能力,收纳更多用户端点,侵蚀了奇虎的用户端基础,使其面临客户端大量流失的危险,奇虎所丧失的将不仅仅是杀毒软件市场的份额,而是整个平台的彻底倾覆。①

平台竞争之所以主要围绕用户或网络规模展开,均源于"网络效应"(network effective)。② 简言之,作为一种信息通讯载体,平台的价值取决于其所连接的端点数量。著名的梅特卡夫法则告诉我们,如一个平台中有N个用户,那么它对于每一个人的价值与平台中其他人的数量成正比,如平台的总价值就与用户数量的平方成正比。更重要的是,凭借着供应侧和需求侧两端的正反馈,平台的发展经历了漫长的引入期(平台建立和培育)、持续增长期(用户不断增多)和突然的爆发期(用户数达到临界容量)。正如《三体》这本科幻小说所描述的,为了防范竞争对手爆发导致的"赢者通吃"局面,各方均不得不把拥有最多用户作为立命之本。

3. 平台的垄断地位

平台的"同质竞争"和"规模扩张"导致了少数网络平台的垄断地位。美国学者伯纳多·胡伯曼的研究表明,前0.1%的网站,获得了32.26%的用户量,前1%的网站获得了超过一半的用户量。③ 通过资本集中、资源、用户和基础服务的整合,各大平台在不同领域分别取得垄断地位。2010年,互联网实验室的实证调查表明,在互联网行业的部分领域,已经从垄断竞争阶段,逐步跨入寡头垄断阶段。从市场集中度来看,在搜索引擎、即时通讯、电子商务(细分为B2B,C2C)和第三方网上支付等四大领域呈现市场快速集中趋势,其中,即时通讯和搜索领域最为明显,分别出现以腾讯和百度为首的、稳定

---

① 张江莉:《互联网平台竞争与反垄断规制——以3Q反垄断诉讼为视角》,《中外法学》2015年第1期。
② [美]卡尔·夏皮罗、[美]哈尔·瓦里安:《信息规则》,张帆译,中国人民大学出版社2000年版,第154—164页。
③ 伯纳多·A. 胡伯曼:《万维网的定律——透视网络信息生态中的模式与机制》,李晓明译,北京大学出版社2009年版,第95页。

的寡头垄断市场。① 除非国家强制干预，这种平台集中的趋势将难以避免，这是因为它与网络的幂律分布定律相符。基于网络行为的观察，人们发现网络节点具有高度集聚的性质，这意味着少数节点（如个别网站）和大多数节点（如网络用户）有着高度紧凑的联系，而大多数网站只和少数用户有联系，这就是少数平台处于支配地位的社会内在规律。

（三）国家向网络平台的"行政外包"

传统国家在网络空间的去中心化和平台在网络中的中心化互为表里，共同推动国家将规制权力向网络平台让渡，一种"行政外包"的平台治理模式出现了。之所以用"行政外包"——这一通常用以政府部门之间的概念来描述国家和网络平台的关系，恰恰是因为网络平台凭借着信息优势和技术能力，比政府部门更有能力发现网络空间的潜在违法行为，并能采取更为合理的措施控制实施违法主体，从而间接实现了公共目标。为此，政府部门通过法律、法规、规章等规范性文件将规制权下放给网络平台，令网络平台在事实上行使着"准行政权力"的"准行政机关"，从而充分发挥政府和企业的比较优势，实现两方在网络规制中的有效合作。② 按照周黎安教授的观点，这种"行政外包"呈现如下特点：③

首先，在权力的分配上。委托人（发包方）拥有正式权威，如监察权、指导权、审批权、处罚权，以及不受约束的否决权和干预权等剩余控制权。这与纯粹外包制下发包人和承包人平等的契约关系迥然不同。其次，具体的执行权和决策权交给了承包方，发包方只负责宏观政策和事后控制。最后，与强调程序和规则的科层制相比，行政发包制的控制是一种结果导向的责任分担。中国长期沿用的"谁主管，谁负责"的行政惯例与"守土有责"的政治要求相结合，意味着辖内发生的所有事情不管是否与辖区内部管理有关，都属于负责人的责任。发包方下达的任

---

① 互联网实验室：《中国互联网行业垄断状况调查及对策研究报告》。
② 高秦伟：《论行政法上的第三方义务》，《华东政法大学学报》2014年第1期。
③ 周黎安：《行政发包制》，《社会》2014年第6期。

务指标往往以结果论英雄，而不管承包方是否有能力和有条件完成，或者执行过程是否严格合乎程序和规则。这部分是由于，承包方在具体执行发包人交办的事务时，拥有显著的信息优势和自由裁量权，发包方只能依赖最终的结果进行考核和控制。

"行政外包"在网络平台的运用，确立了"谁办网，谁负责"的原则。详言之，国家以强化规制为目的，将本应由其行使的权力和履行的职责让渡给网络平台，其由此享有准行政权力的属性。例如，实名登记和审查许可证等原本由政府公共机构才能行使的权力，现在却悄然转移给了平台，《食品安全法》第62条第2款就是一个鲜明的例证。该款规定："网络食品交易第三方平台提供者发现入网食品经营者有违反本法规定行为的，应当及时制止并立即报告所在地县级人民政府食品药品监督管理部门；发现严重违法行为的，应当立即停止提供网络交易平台服务。"据此，网络平台有权采取对其他民事主体予以"制止"。而根据《行政强制法》的规定，制止违法行为系行政强制措施。对现行法律的统计结果表明，涉及"制止"的法律共103部、189处，其中行政机关作为"制止"实施者的有135处，私人主体作为"制止"实施者的有54处。[①] "制止"显然具有强烈的行政职权色彩。就此而言，平台具有两种身份：一种作为行政相对人，接受政府职能部门的监管，此时是被监管者；另一种是居于用户与平台其他经营者之间对二者进行管理，此时，平台是作为管理者而存在，拥有"准监管权力"。[②]

二 平台与用户：私人关系背景下的公法化

（一）私权力的产生

长期以来，由于公法与私法两分，学界对于私人主体在行政治理中的作用关注较少。与行政机关不同，私人主体很少基于公共利益成立与

---

① 杨乐、柳雁军、彭宏杰、田小军：《互联网平台行政义务的实证研究》。
② 肖平辉：《"互联网+"时代网络食品交易第三方平台责任研究》，互联网mate微信公众号，2016年9月30日。

开展行动，立法、行政、司法对它们的监管也相对宽松。基本上私人主体的活动更多的是受到私法的调整，公法、私法二元区分并各自固守属于自己的领域，从而实现现代政治国家与市民社会的共治。然而，这种公私对立的神话早已被美国法学家邓肯·肯尼迪（Duncan Kennedy）打破。他对一系列案件的梳理表明：从疑难案件中公/私中间类型的发现到一般案件中公/私核心含义的争议，再到对公/私内在一致性的理解，公法和私法最终变成不可分割、相互缠绕的整体。[①] 罗伯特·L. 黑尔（Robert L. Hale）进一步指出，财产权利或合同权利的行使过程中存在着与国家权力类似的"权力"形式，此即个体或组织控制或管理他人行为的能力。在某种意义上，私法上的强制往往衍生于市场经济和私人生活中的权力关系，该等权力的弥散化使得国家不再是唯一的"治理主体"，非国家的个体或组织在事实上成为"私人治理主体"。[②] 因此，国家规制与私人控制之间并无不可逾越的鸿沟，两者完全能够以"权力"为纽带携手并进。

网络空间的兴起进一步打破了物理上的划分界限，使得公领域和私领域在客观上已相互交错，部分私主体已经具备了影响他人行为的能力，甚至可以使之处于失去自主权、选择权的状态。一种区别于公权力的"私权力"开始浮现。就网络平台而言，其私权力来源于其由资源优势所转化的支配力和影响力。对此，我们可以从如下三个层面把握：[③]

首先是技术资源。网络空间是以信息技术为基础的人为空间，网络空间中的任何活动都必须借助一定的技术工具来实现。但是，网络用户既没有意愿、也没有能力，更没有必要了解和掌握背后的技术规则。相反，网络平台作为网络空间的营造者，有能力且有义务控制网络服务和应用的代码。正如美国法学家莱斯（Lessig）所洞见的——"代码就是事实上法律"。这是因为代码决定了网络空间的底层架构。

[①] Duncan Kennedy, The Stages of the Decline of the Public/Private Distinction, 130 *University of Pennsylvania Law Review* 1349, 1982.

[②] See Robert L. Hale, Law Making by Unofficial Minorities, *Columbia Law Review*, 20, 1920.

[③] 周辉：《变革与选择——私权力视角下的网络治理》，北京大学出版社2016年版，第55—65页。

"哥尼斯堡七桥"问题在理论上证明了，不同的逻辑结构可以对内在规则的适用性产生支配性影响。换言之，网络平台可以通过技术架构间接设定一定网络空间的游戏规则。① 其次是节点资源。如前所述，基于幂次法则，网络平台并非普通节点，而是与其他普通节点有着不平等关系的"枢纽节点"。在这一意义上，网络平台非常类似于"市集"。现实空间中，一个运作良好的市集往往提供了完善的交易规则与互动环境，并将其开放给商店、摊贩、街头艺人、游客等不同群体，令其相互吸引，且在一方壮大的同时，牵引其他方一起成长。与此类似，在网络空间中，用户和平台内经营者均依托于平台提供者所提供的技术手段进行无纸化和数字化的交易。因为技术的依存性，使得网络平台设定的交易规范可以直接内化于交易之中，具有无法反驳的实施效力。最后是信息资源。一直以来，信息就是权力的重要渊源。"知识就是权力"的名言便是它最好的佐证。在网络空间中，用户的身份记录、搜索记录、网页浏览记录、通信记录、交易记录均被一一存储，凭借着大数据、云计算、人工智能的应用，这些信息被挖掘、处理和分析。用户的精确画像使得网络平台比用户更了解他自己。网络平台和用户之间的信息鸿沟使得强势的一方具备了影响弱势一方的能力。这种影响可表现为"欺诈"，例如利用用户的信息不足，使得其作出违背内心真意的意思表示，也可表现为"诱导"，用户的选择看似自由，其实质却是在网络平台的设计下作出决定。这是因为，根据诺贝尔经济学奖得主丹尼尔·卡内曼的"框架效应"（Framing effect），一个人的偏好绝非既定，而是受情境或框架的潜在影响，以至于在同一个问题上，两种逻辑结构相似但表达迥异的说法，可能导致不同的决策判断。腾讯公司的一项研究表明，当用户在某一网站付费观看视频内容后，他就在这个网站上花更多的时间，即使他以后可能不再续费。因此，就像塞勒及其合作者桑斯坦（Cass Sunstein）在《助推》一书中指出的，网站上的"默认选项"有着强大的助推功

---

① ［美］艾伯特-拉斯洛·巴拉巴西：《链接：商业、科技与生活的新思维》，浙江人民出版社2011年版，第21页。

能,它能够吸引更多的眼球,并成为人们有意无意的最终选择结果。①

总之,基于技术资源、节点资源和信息资源,网络平台提供者能够压缩他人的权利范围,限制其选择权利,制定行为规范,由此成为不同于传统私法主体和公法主体的新主体。

(二) 私权力的表现形式

网络平台的私权力体现为可见和不可见的两种形式,前者即网络平台规则("网规"),后者即网络平台的"架构"(architecture)。就如"刑不可知,则威不可测"这一古语所洞见的,不可见的架构正是私权力的基础。在莱斯的《代码2.0》一书中,"架构"涵盖了从微观程序设计到宏观网络传输协议的多个层面。如今,从平台及其物理/技术构成到支付、物流的基础服务,从算法到场景和商业模式设计,从信用与评分机制到账户和数据,网络平台的"架构"内涵已大大拓展,但其核心始终不变,那就是对架构内行为主体的"规制能力"。② 考虑到架构所内在的高效率和强制性,隐形的"架构"是网络平台规制的优先选择。换言之,只有通过"架构"难以达成规制目的之时,网络平台才会制定和实施显性的网规。以国家法律规范的立法、执法和司法为参照,以网规为基础的私权力可以在如下层面展开:③

1. 准立法权

网络平台凭借网络架构的优势地位,通过自治管理契约行使"准立法权"。以淘宝网为例,其制定了数百项富有约束性的平台规则,从内容上看,包括准入规则、营销规则、交易规则、处罚规则,从形式上看,包括规范、规则、解读、通知、标准。如今,淘宝已经形成门类齐全、层次丰富的网规体系。

---

① [美]理查德·H. 泰勒、[美]卡斯·H. 桑斯坦:《助推》,刘宁译,中信出版社2009年版,第37页。
② 胡凌:《论架构》,《东方法学》2018年,未刊稿。
③ 参见解志勇、修青华《互联网治理视域中的平台责任研究》,《国家行政学院学报》2017年第5期。

表2　　　　　　　　　　淘宝的网规体系

规则类型	规则名称
基础规则	《大淘宝宣言》《淘宝平台服务协议》《淘宝规则》《淘宝网评价规则》《淘宝争议处理规则》《淘宝交互信息规则》等
管理规范	《淘宝禁售商品管理规范》《淘宝网生活服务市场管理规范》《淘宝通讯市场管理规范》《淘宝游戏市场管理规范》等
企业标准	《淘宝网商品材质标准》《淘宝网食品行业标准》《淘宝网运动户外类行业标准》《淘宝网保健食品行业标准》等
实施细则	《淘宝网违背承诺实施细则》《〈淘宝规则〉商品如实描述的规则与实施细则》《〈淘宝游戏市场管理规范〉实施细则》等
公告通知	《关于淘宝网生鲜类商品品质抽检标准的公告》《淘宝网描述不符规则调整试行公告》《淘宝规则违背承诺条款试行公告》等

2. 准执法权

网络平台的准执法权表现为平台对用户进行内部管理的权力，这一权力是规则制定权在权力运行层面的具体化。在广义上，内部管理权与自治权趋近，自治即内部的自我管理；在狭义上，内部管理权主要指对网络用户及网络行为的秩序组织权和违规处罚权。以网络平台制定的违规处罚措施为例：

表3　　　　　　　　　网络平台的违规处罚措施[①]

网络平台	违规处罚措施
淘宝	扣分、信息删除、公示警告、商品下架、商品搜索降权、支付违约金、店铺屏蔽、限制发送站内信、限制社区功能、限制发布商品、关闭店铺、查封账号等
微信	删除被举报内容；对违规账号处以警告、删除关注用户、限制使用部分功能、账号封禁、注销；取消账号认证身份、临时或永久封禁相关账号认证资质

[①] 参见解志勇、修青华《互联网治理视域中的平台责任研究》，《国家行政学院学报》2017年第5期。

续表

网络平台	违规处罚措施
滴滴	扣除订单减免金额、扣除当日全部奖励、不再派发订单、封禁账号、重新培训、解除合同、永久封号
视频直播	针对用户：清空用户内容、冻结账号；针对主播：警告、中断直播、删除录播视频、扣除保证金或佣金、1—5 级账号处罚、移出频道、限制直播功能

3. 准司法权

网络平台除了制定规则和执行规则，还需要对网络用户之间的纠纷争议进行裁决处理，这种纠纷裁决权力是网络平台的"准司法权"。在宽泛的意义上，准司法权包括了事前的网上争议预防机制、事后的网上争议解决机制和有强制力的网上执行机制。就在线平台型交易争议而言，上述三者通常表现为在线多边声誉机制、第三方争议解决服务和第三方支付平台。[①] 首先，就在线多边声誉机制而言，网络平台将原本弥散在社会中的伦理观念，通过集中化的记录和管理系统变为可执行的约束机制，从而形成比传统社会的关系网络更为严苛的责任形式，由此成为一项行之有效的争议预防机制。其次，网上争议解决机制以 eBay 最为典型。根据 SquareTrade 公司设计的程序，一旦发生争议，用户首先可以直接进行协商。如无法解决，则可申请调解员介入，调解员将通过在线通讯工具与双方进行联系，直至双方当事人达成解决争议的协议。最后，第三方支付平台保证了资金在责任判定之后的支付，发挥了法院财产保全的功能。

三　双重规制逻辑的反思

基于上述双重逻辑，当下的网络平台治理呈现出"政府管平台，平台管其他主体"的格局。以有害信息的监管为例，自 2000 年以来，从《互联网信息服务管理办法》《维护互联网安全的决定》，到《互联网新

[①] 高薇：《互联网争议解决的制度分析》，《中外法学》2014 年第 4 期。

闻信息服务管理规定》《关于加强网络信息保护的决定》，再到《互联网用户账号名称管理规定》《反恐怖主义法》《网络安全法》的法律更新，充分说明了网络平台的角色变迁。其间，平台监管的对象不断拓展：从用户在公共领域发布的信息到在私人通讯中发送的电子信息；平台监管的边界日趋多样：从最初的"九不准"发展到违反法律、行政法规的信息，再到有害信息、不良信息以及细分领域的新闻信息、涉恐信息；平台监管的义务标准不断上升：从"发现明显违法"演变到"发现"，并附加"应知"的要求；平台监管的义务日益严格：从"发现、停止传输、保存及报告"发展到"发现、停止传输、删除、保存及报告"。

正如双重逻辑所展现的那样，"政府管平台，平台管其他主体"本身就是互联网演进的一部分。从必要性观察，相比于线下活动，网络活动更加难以定位其参与人，这使得针对直接违法者的执法效率低下，相反，网络活动一般需要通过平台实施，违法者很难以合理的成本转移至其他地方。因而，借助平台的力量，就能更容易地追踪违法行为人，提高执法的效率。从可能性观察，信息技术的进步使得平台可以成本低廉的方式过滤掉大量违法内容，同时，平台经济的发展使得平台企业拥有足够的资源来承担这一责任。[①] 但是，凡事过犹不及，"政府管平台，平台管其他主体"的规制逻辑一旦超过必要的界线，就会带来预料不到的后果。

其一，政府向平台的行政外包可能违反了"法律保留""功能保留"与"比例原则"。"法治国原则并不禁止责任分配之本身，但应以法治国所要求之'形式'为之，并遵守一定界限。"[②] 该形式要求即"法律保留"和"功能保留"，前者意味着平台承担规制职责有待法律的明确授权，考虑到网络平台规制群体的广泛性，这里"法律"的范围应当限于狭义的法律、法规和规章，不包括规范性文件；后者意味着行政权的经常性行使，原则上应由受到公法约束、具备专业能力、由所属

[①] 赵鹏：《私人审查的界限：论网络交易平台对用户内容的行政责任》，《清华法学》2016年第6期。

[②] 詹镇荣：《民营化法与管制革新》，元照出版有限公司2005年版，第27页。

行政机关担保的公职人员来承担,① 这正是行政组织法"责权法定"的必然要求。据此,政府机构只能将适宜由社会力量承担的公共服务和事实调查工作转移给平台,而不应授予行政强制措施、行政许可、行政处罚的权力。②

如果说法律保留和功能保留是行政外包的合法性要求,那么比例原则就是其合理性要求。一般而言,比例原则由妥当性、必要性和法益相称性三个子原则构成。妥当性要求所采取的手段能够达到所追求的目的,必要性是指所采取的手段在各种可选择的手段中是侵害性最小的,而法益相称性则追求各种利益之间的考量和平衡。回到平台行政职责的设定上,首先要回答的是妥当性问题,即能否通过其他方式来达成?以有害信息管控为例,对于"侮辱、诽谤他人,侵害他们合法权益"的言论,完全可以以《侵权责任法》第36条的民事侵权规则来解决,而不必动用行政措施。其次,即便平台职责的设定具备适当性,依然也要考虑其必要性,即是否还有更优化的方案?以有害信息中的谣言为例,其固然有损扰乱社会秩序,破坏社会稳定,但"有人的地方,就有谣言"。在某种意义上,谣言是对国家信息权力向社会大众回归的呼吁。因此,与其让平台对谣言的查删承担责任,不如由政府及时公布真实信息、最大限度保障公民的知情权。最后,当政府以后果的严重程度而非平台本身的过错来问责时,就可能给平台造成过度负担,由此违反"法益相称性"原则,最终"得不偿失"。这具体表现为:(1)平台运营成本提升,压缩初创企业生存空间;(2)平台对经营后果的可预见性降低,运营的法律风险加剧;(3)平台对第三方限制增加,影响第三方创新;(4)平台与用户争议增加,影响平台商业环境。③

其二,"平台管其他主体"可能引发"公法责任向私人关系逃逸"的局面。由于现行的行政程序法仅仅拘束行政机关,而难以对网络平台

---

① Jan Ziekow:《从德国宪法与行政法的观点论公私协力——挑战与发展》,詹镇荣译,载台湾政治大学法学院公法中心编:《全球化下之管制行政法》,元照出版公司2011年版,第242页。
② 刘国乾:《基于行政任务属性判断的行政委托界限》,《人大法律评论》2015年第2辑。
③ 赵鹏:《私人审查的界限:论网络交易平台对用户内容的行政责任》,《清华法学》2016年第6期。

发挥作用。因此，在平台管理其他私主体时，传统权力行使所必须遵守的正当程序、公众参与、公开透明、理性平等等原则均告失效。不仅于此，当平台错误阻止、删除用户言论，以及采取其他措施错误限制用户权利之时，网络平台应如何承担责任以及承担什么性质的责任呢？如果追究其行政赔偿责任，则网络平台因不具有行政主体资格而不可能承担行政责任？如果追究其民事责任，则用户又面临着协议本身不公的实体障碍和举证责任的程序障碍。在此意义上，"平台管其他主体"不但没有矫正本已失衡的平台和用户关系，还用行政外包的方式巩固了其合法性，在缺乏有效制约的情形下，这必然进一步激励平台权力行使的任意性。

总之，网络平台规制的双重逻辑一方面为我们理解网络平台规制现状奠定了基础，另一方面为我们检讨其弊端、弥补其不足提供了契机。正如党的十八届三中全会提出的"国家治理体系和治理能力现代化"一样，网络平台亦应摆脱从上而下的规制路径，拥抱利益攸关方共同参与的治理模式。一方面，政府、网络平台、网络平台上各主体应合作共治，制定并执行各方激励相容的共同原则和规则，另一方面，政府、网络平台、网络平台上各主体又要根据各自的资源、能力和诉求，锚定自身的位置，恪守行为的边界，避免政府的政治逻辑、网络平台的商业逻辑、其他主体的社群逻辑相互逾越，以至于陷入治丝益棼的恶果。我们期待，未来的网络平台能在国家限权、平台竞争和其他主体赋权的崭新架构下，开启颠覆性的变革。

（责任编辑：胡凌）

互联网平台经济的合作治理模式

魏小雨

(中共河南省委党校法学教研部讲师，博士)

内容提要 互联网平台经济是一种具化的市场形态，具有网状结点结构，利益冲突明显，规制具有复杂性。在该背景下，基于"多中心治理"理论的合作治理模式与互联网平台经济具有较高程度的契合，以期通过协商、沟通、协议等方式，发挥互联网平台经济中各参与者的力量，达成公共利益、行业利益与个人利益的平衡。具体而言，互联网平台经济的合作治理模式构造包括多中心的制度供给机制、合作式的制度实施机制及多元化的监督评估机制三部分。在互联网平台经济的治理体系中，合作治理模式与其他模式和谐共处、相互配合，达成有机统一的治理结构。

关键词 互联网 平台经济 合作治理 政府规制 多中心理论

治理模式是由规制对象、规制目标、规制结构、规制手段等多种要素组成的有机统一体。针对互联网平台经济这种新兴的经济形态，我国政府习惯于采取的传统"命令—控制"型规制模式，不符合互联网平台经济的发展规律，已陷入了"合法性"与"最佳性"的危机。2017 年 9 月 13 日，波士顿咨询公司与阿里研究院、百度发展研究中心、滴滴政策研究院在《中国互联网经济白皮书：解读中国互联网特色》中指出，我国的互联网经济具有"大而独特""快速发展"和"活跃多变"三大特点。基于庞大的网民数量，中国互联网企业在规模、数量、发展速度上位居世界前列，但同时独特的市场结构也使互联网经济缺乏稳定性、变化节奏较快。[1] 可以看出，我国的互联网（平台）经济已然发展为具有中国特色的新型经济形态，它不仅仅是互联网企业或互联网思维下的商业模式创新与传统产业的转型，也意味着必须配套以新的理论与治理模式去解决新经济形态下的种种问题。随着公众的生存方式不可阻挡地向着"数字化"发展，不匹配的治理模式已经影响了公众对政府以及服从规制的心理信任，进而削弱了规制的正当性，增加了市场失灵的风险，使互联网平台经济的治理陷入恶性循环。因此，为完善我国对互联网平台经济的治理体系、提高治理能力，必须认真探索互联网平台经济的特点与发展规律，"走中国特色社会主义社会治理之路"[2]，以使治理科学有效。

一 互联网平台经济的特征与治理模式转型

（一）规制对象：抽象市场 vs. 具化平台

美国管理和预算办公室（Office of Management and Budget）在"命令—控制"型规制理念的背景下提出，管制指的是"政府行政机构根据法律制定并执行的规章和行为，其目的是解决市场失灵，即维持市场经济秩序、促进市场竞争以及扩大公共福利"。[3] "命令—控制"型规制的对象正是在抽象的市场中发生的经济活动及进行活动的微观经济主体。所谓抽象的市场指的是市场由买卖双方自发形成，其仅仅作为一个交易的场所，并没有具体化的实体形态。市场本身没有利益诉求，因而其对

---

[1] 波士顿咨询：《解读中国互联网特色》，中国电子商务研究中心，http：//b2b. toocle. com/detail -- 6415525. html，最后访问时间：2017 年 9 月 20 日。
[2] 《习近平：坚持走中国特色社会主义社会治理之路，确保人民安居乐业社会安定有序》，新华网，http：//news. xinhuanet. com/politics/2017 -09/19/c_ 1121690682. htm，最后访问时间：2017 年 9 月 20 日。
[3] OME and OIRA, The Regulatory Plan and the Unified Agenda of Federal Regulations, Government Printing Office (2001).

经济活动的产生、发展乃至失灵不产生实质性的影响。然而随着经济的发展，市场逐渐显性化，表现为以实体存在的一定的场所、手段或空间，这种场所、手段或空间也可能在虚拟世界中存在，即本文意义上的互联网平台。虚拟显性的市场与传统市场最重要的区别是平台本身也成为微观经济主体获取利益的重要来源，且平台对平台连接的经济主体具有较大的控制力，能对平台之上发生的经济活动产生影响。① 这使得政府在运用"命令—控制"型规制模式对市场失灵进行规制时，无法将互联网平台简单视为微观经济主体中供求的任意一方，规制的对象不得不转化为原有中立的、自身不获取利益的市场本身。这种转化为"命令—控制"型规制模式的应用带来许多困难。

  例如，针对互联网平台经济中的垄断现象，政府惯用的手段是通过反垄断法的相关规定，对经济主体进行数量、产量限制以反对、干预垄断活动。2008年，唐山市人人信息服务有限公司指控百度公司干预搜索结果、滥用市场支配地位时，便首先向国家工商总局递交反垄断调查申请书，后通过司法机关进行起诉。北京市第一中级人民法院运用《反垄断法》相关条文对该案进行了判决②，认为作为互联网信息查询服务的搜索引擎服务与其他互联网服务并不具有紧密替代关系，其本身可以构成一个独立的相关市场。③ 然而传统反垄断法中的市场界定是否可以同样适用于互联网平台却在学界引起较大的争议。根据《反垄断法》第12条第2款，相关市场的界定应对商品范围和地域范围进行判断，这显然适用于传统意义上的抽象市场，然而搜索引擎平台中的市场具有明显的"双边"属性，即"同时向双边用户销售具有相互依赖性和互补性的产品或服务，并且将双边用户——买方和卖方吸引到市场中来，促使双方达成交易"④。百度作为搜索引擎平台，同时面向"利用搜索引擎

---

① 参见徐晋《平台经济学》，上海交通大学出版社2007年版，第65—69页。
② 杨清惠：《我院公开宣判北京首起反垄断诉讼案》，北京市第一中级人民法院网，http://bj1zy.chinacourt.org/article/detail/2009/12/id/1445499.shtml，最后访问时间：2016年10月20日。
③ 佟姝：《百度被诉垄断案背后的思考——唐山市人人信息服务有限公司诉北京百度网讯科技有限公司垄断纠纷案评析》，《中国专利与商标》2010年第1期。
④ 吴汉洪、孟剑：《双边市场理论与应用述评》，《中国人民大学学报》2014年第2期。

进行信息搜索的网络用户"和"参与竞价排名的企业用户",其主要的盈利点在于吸引双边用户使用平台使信息搜索的效用提高,是一个典型的双边市场形态。在对双边市场形态的平台企业进行相关市场认定时,首先涉及究竟是从信息搜索的用户角度出发判断产品替代性,还是从参与排名的企业角度出发去判断搜索引擎的性质。其次,由于双边市场中的互联网平台面临着多重的复杂竞争关系,应考虑更多的竞争约束因素,如本案中百度面临的竞争即可能包括来自其他搜索引擎的竞争,也可能包括来自广告公司、信息咨询公司等企业的竞争。① 此处需要改变的并非"相关市场"的内涵,而是具体的界定方法和思维的惯性。②

(二) 规制目标:秩序维持 vs. 利益协调

"每种法律秩序都有一种压制的可能性"③,在"命令—控制"规制中这种压制表现为行政权力向经济活动及其主体的强制管理与控制,以维持市场的运行秩序。在《网络预约出租汽车经营服务管理暂行办法》与 2016 年通过的《网络安全法》中,均有对于秩序维持的相关论述。④ 为达到秩序维持的规制目标,法律通常与政治紧密结合,例如,在奇虎诉腾讯不正当竞争纠纷案之前,工业和信息化部便分别约谈两大公司,并以行政命令的方式要求两公司向社会公众公开道歉,以维护用户对两公司产品的合理使用与互联网市场的有序竞争;同时法律的运用往往带有柔顺性,容易导致行政机关的自由裁量权蔓延,其中典型的表现是,政府在规制中具有绝对支配地位,缺乏与相关利害关系人的沟通、论证与协商。这是由传统市场经济形态与规制组织的特点所决定的。其一,

---

① 李剑:《双边市场下的反垄断法相关市场界定——"百度案"中的法与经济学》,《法商研究》2010 年第 5 期。
② Julian Wright, One-sided Logic in Two-sided Markets, *Review of Network Economics*, 3, 2004, pp. 42 - 63.
③ [美] 诺内特、塞尔兹尼克:《转变中的法律与社会:迈向回应型法》,张志铭译,中国政法大学出版社 1994 年版,第 29 页。
④ 《网络预约出租汽车经营服务管理暂行办法》第 3 条:"坚持优先发展城市公共交通、适度发展出租汽车,按照高品质服务、差异化经营的原则,有序发展网约车。"《网络安全法》第 12 条:"国家保护公民、法人和其他组织依法使用网络的权利,促进网络接入普及,提升网络服务水平,为社会提供安全、便利的网络服务,保障网络信息依法有序自由流动。"

在互联网平台经济产生之初，政府对该经济形态所掌握的资源与信息都是极少的，只能在观察中放任其发展，在出现问题时，也只能借助于强制型的管理手段与自身的权威地位来约束、限制种种市场失灵现象，维持基本的社会与经济秩序。其二，社会组织往往滞后于其对应的经济形态发展，常常在问题产生后或政府有意地扶持下才能或主动或自发的形成，并根据经济形态的特点制定自律式的规制规则，在自律规则缺位时，政府的强制型规制更容易建立并为公众所接受，而"命令—控制"型规制更侧重于一种事后性的、较高强度的干预。

在互联网平台经济中，市场"秩序"的失调往往来自于"利益"的失调，尽管秩序维持与利益协调本身并非一对相互对立的概念，在很多情形下两者存在着相互促进或相互转化的关系。但是在互联网平台经济中，治理的重点应更多地向协调利益的目标所转化。首先，忽视利益协调容易导致规制功能的失调。规制功能将过度依赖强制而忽视激励，使得守法成本与违法收益同步升高，增大规制难度。同时强调事后规制等同于强调规制的救济与打击功能，这不可避免地忽视了预防的事先性，不利于规制效果的整体性。[1] 其次，互联网平台经济是一个双边市场，其运行由多方的资源所支撑，因此其市场失灵往往来源于多方资源使用不协调造成的复杂利益冲突。例如，互联网平台经济中的企业往往具备以下特征：大多数企业数量多规模小，起步快发展时间较短；技术人员在企业内的作用较大，企业发展主要依赖于技术开发和模式创新；平台经济业务的发展倾向于综合性的趋势，诸如电子商务平台大多与第三方支付平台相连接、即时通讯平台大多附属有网络社交平台，等等，这对单一业务的企业带来挑战与压力；而产品形式更新换代迅速，使得大部分创新结果游荡于法律的"灰色地带"，随时可能受到政府的调控且无法预测具体的监管措施，导致发展的风险较高。以上因素决定了互联网平台企业必须在行业内寻求与其他主体合作，以增强创新能力、发展综合业务、降低生产风险；或与用户合作，匹配消费需求、调整业务

---

[1] 邓宏图：《组织与制度：基于历史主义经济学的逻辑解释》，经济科学出版社2011年版，第137页。

方向、加强外界监督，等等。张五常在 1970 年发表的《契约结构与可耗竭资源》中指出，"只要资源稀缺就必定有竞争、有歧视、有产权以及相应的外部效应"。由此可见，只要有资源依赖就会产生利益冲突，而有利益冲突必然呼唤着利益协调。其三，互联网平台经济发展离不开解决私人利益与公共利益的平衡、个体利益与整体利益的平衡这一难题。各个互联网平台服务提供企业的发展与技术创新是推动互联网平台经济的关键，然而互联网平台又具有明显的网络外部性，即平台的生存状况取决于"相异但又相容、处于市场另一方的客户群体的消费状况"①。为保护客户群体的合法权益，平台企业必须承担相当程度的社会责任、维护最广大用户的公共利益，而这种公共利益的维护将增加企业的生产成本和负担，制约企业创新的步伐，如何消弭二者之间的冲突是每个平台企业必须面对的课题。尽管平台的类型多变，其在经济活动中的功能却无法脱离与现实生活的联系，这导致了互联网平台之间几乎一定存在着功能重叠或功能互补的情况。因此市场中的微观经济主体大多会采取"多属行为策略"，与多个平台发生关联。为在市场中取得优势地位，不同平台的发展阶段、规模、核心技术必然有所区别，在经济活动中获取的利益各有侧重，这就造成个体平台利益与相关联平台整体利益的冲突。为有效维护用户对平台服务的使用，治理的重点应引导各个平台之间的共生发展，协调可能出现的利益冲突。

（三）规制结构：层级结构 vs. 网络结点

"组织结构是权力关系的投射。"② 在"命令—控制"型规制模式中，行政相对人与行政主体之间常处于权利义务关系不对等的状态，行政主体因具有行政权而形成管理权威，行政相对人仅能相应地对行政主体的活动予以服从、接受和协助。因此"命令—控制"型中的权力传导结构呈现出一种层级式的金字塔形态：行政主体内的公务人员具有行政的专业性，独占行政决策的过程；公务人员按层级组织，不同层级之间

---

① 徐晋：《平台经济学》，上海交通大学出版社 2007 年版，第 44 页。
② 朱新力、吴欢：《"互联网+"时代法治政府建设畅想》，《国家行政学院学报》2016 年第 2 期。

的人员权力与义务具有显著的不平等性，同级之间的争议不能通过协商与妥协来解决而必须交给共同的上级处理，公务人员行使自由裁量权由法律进行严格限制；行政决策具有后果导向型或规范类型化的技术标准。①

事实上，规制效果往往受到治理单元的能力与资源的诸多限制，其与治理涉及的对象数量成反比。现代社会逐步细化的社会分工已使层级结构的理想状态越来越难以实现。尤其是在互联网平台经济中，由平台连接的双边市场（主体）处于一个由多种社会关系联结的复杂社会性网络中。在该网络中各主体在行为、资源、成本、收益等方面产生相互的影响力，其收益来源于该组织中资源的整合②，因此各主体更倾向于建立一种不分层级、可以自由联通与直接对话的扁平式网络结构。在这种结构中，任何主体包括政府本身都是网络中的一个结点，组织形式本身就是沟通能力的一种描述方式，权力与治理效果的传导来源于网络间各主体的有效沟通，从而使不同形式的资源在网络中流动以使治理链条极大地缩短。③ 网络结点式的结构最大的优势在于实现各主体的无缝对接，资源的传导不仅将产生于具有直接关联关系的主体之间，还可能产生于并无直接联系的组织或个体。④

（四）规制手段：类型化规制手段 vs. 复杂化行政任务

奥托·麦耶认为，法治国的作用均由法律的形式所决定，因此传统行政法致力于归纳、总结行政行为的典型特征，构造其理论框架形成固定的行政类别。⑤ 规制工具类型化的意义在于，其可以使得规制手段或工具的选择、架构等处于宪法、行政法等规范的控制之内。这

---

① ［美］米尔伊安·R. 达玛什卡：《司法和国家权力的多种面孔》，郑戈译，中国政法大学出版社2015年版，第24—31页。
② 孙国强：《关系、互动与协同：网络组织的治理逻辑》，《中国工业经济》2003年第11期。
③ 参见汪锦军、张长东《纵向横向网络中的社会组织与政府互动机制——基于行业协会行为策略的多案例比较研究》，《公共行政评论》2014年第5期。
④ 姚小涛、席酉民：《社会网络理论及其在企业研究中的应用》，《西安交通大学学报》（社会科学版）2003年第3期。
⑤ 胡晓军：《论行政命令的型式化控制——以类型理论为基础》，《政治与法律》2014年第3期。

不仅使得政府在规制时的公开性和透明性更高，更易为其他主体所监督，更使政府规制时所使用的新政策、新工具能快速地得到社会与市场的回馈，并进一步根据实际需求对规制进行调整。然而，随着互联网平台经济的发展，原有的类型化的规制手段在面对新问题时愈发显得无能为力，行政及行政法在通过合法性评估的方式完成秩序维持的规制目标之外，还面对着日益复杂化的行政任务及治理目标。类型化规制手段在面对复杂化行政任务时，暴露的弊端有二：一是行政机关在选择规制手段时采取的思路是规则导向式的，即行政机关仅能在类型化、抽象化的法技术概念构建的行为规范下羁束性地选择行为形式。① 然而互联网技术的发展使行政行为的选择情形变得模糊和不确定，行政机关在采取规制手段时无法借助原有的规范框架，只能类比传统经济形态中相似的部分去解决问题。这种类比往往无法与特定的问题产生场景相匹配，可能表面上达成了部分治理目标，实际上却损害着关联群体的利益，而这种损害将因为表面上的"合法"无法施以有效的法律控制，最终无助于社会整体福利的提升。二是在面对互联网平台经济时，行政机关的态度也趋于谨慎，倾向于采取非正式的行政行为，例如与行政相对人之间的对话、协议、调查等。层出不穷的多样化行政行为形式越来越难以归于已存在的规制手段类型中，导致行政行为的合法性与合理性难以有效评估。

以行政许可为例，《行政许可法》规定，行政机关有权对一些行业设置市场准入机制，只有取得行政部门的许可才可以从事相关的生产经营活动。然而互联网平台经济的发展对行政许可这一政府规制的主要工具提出了挑战。一方面，大量前所未有的平台经济形式使行政机关无法比照原有行业给予行政许可。例如，网约车的性质如何认定至今尚未有定论。根据《国务院对确需保留的行政审批项目设定行政许可的决定》（国务院第412号令），从事出租车营运业务，相关企业及人员必须具备《出租汽车经营资格证》《驾驶员客运资格证》《车辆运营证》。但网约车企业并不拥有车辆与驾驶员，且运营车辆并不一定专职从事于营运工

---

① 朱新力、唐明良：《现代行政活动方式的开发性研究》，《中国法学》2007年第2期。

作，对其是否仍然有必要采取与传统出租车企业相同的行政许可标准，令人存疑。美国加利福尼亚州公共事业委员会（CPUC）曾认为，网约车企业应属于"交通网络公司"（TNC），不应采取和传统出租车企业相同的规制策略。[1] 在我国，2016年7月27日出台的《网络预约出租汽车经营服务管理暂行办法》中规定，网约车的性质是"预约出租客运"，与先前征求意见稿中要求的"车辆使用性质登记为出租客运"[2]，虽只有两字之差，却意味着我国政府认同网约车的规制应与传统巡游出租车的规制模式有所差别。另一方面，未经许可的业务大量泛滥，不仅考验着政府的行政能力，也不利于互联网平台经济的创新与发展。如《互联网视听节目服务管理规定》要求"从事互联网视听节目服务，应当依照本规定取得广播电影电视主管部门颁发的《信息网络传播视听节目许可证》"。然而随着互联网视听平台的发展，存在着大量未取得相关许可仍在从事有关业务的网站。[3] 国家新闻出版广电总局于2016年追发《关于加强网络视听节目直播服务管理有关问题的通知》，要求新兴的直播平台必须持有相关许可。可见，在互联网平台经济中，行政许可的运用常常遭遇尴尬局面。这主要是因为，互联网企业进入门槛低、数量多，微型企业为降低前期成本往往选择在夹缝中求生存，规避许可的申请。面对大量涌现的微型企业，行政部门想监管又力所不逮，且即便政府对未取得许可的企业进行处罚，这些企业很容易改换域名地址重新"开业"。假若是大型的互联网平台企业，则往往有向综合性业务发展的趋势，很多经营方向并没有明显的边界，这不仅给政府监管带来了新的困难，更为互联网平台经济中规制工具的开发提出新的命题。

二 合作治理模式在互联网平台经济中的引入

传统路径在应对互联网平台经济中的种种不足提示我们必须使用全

---

[1] 王军：《美国管理网约车：先给"名分"再监管》，《人民邮电》2015年10月26日第7版。
[2] 《网络预约出租汽车经营服务管理暂行办法（征求意见稿）》，新华网 http://news.xinhuanet.com/auto/2015-10/10/c_128304502.htm，最后访问时间：2016年10月20日。
[3] 马骏、殷秦、李海英等：《中国的互联网治理》，中国发展出版社2011年版，第21—22页。

新的思维与理论来回应治理中的复杂命题。例如，规制对象向具体平台的转化提示了应合理配置平台自身在平台双方完成交易的过程中所需承担的权利与义务，既要促进而不是抑制平台经济的发展，又要督促平台承担相应的责任与义务，切实保障平台连接的双方用户的具体权益。规制目标与规制结构的变化要求政府重新审视与市场主体的关系：重视网络平台作为具化的市场本身的利益诉求，开发企业乃至个人在治理中所应承担的具体功能。转变全能政府的思路，做到有所为有所不为，发挥市场本身的自我规制作用，以更加宏观的视野提升科学管理的水平。同时，应更注重运用法治思维进行行政管理活动以应对行政任务的复杂化趋势。这也是以上重构政府与市场关系、合理配置平台权利义务的必然结果。这首先意味着无论是对市场主体进行合理放权，使市场主体实质性地参与进治理过程中，还是对平台权利义务的规定，都必须依法设定、于法有据。此外，法治思维不仅仅从程序上要求法律的公正，更要求实体上的正义，具体表现为政府在行政理念、行政手段、规则制定与实施等方面的一种灵活性与妥当性，目的是在互联网平台经济治理的多重利益冲突中能够建立信任、凝聚共识。

在"公共池塘"实践经验的基础上，美国的政治经济学家奥斯特罗姆很早就意识到，经济活动的参与者可以既不通过政府也不通过市场来制定规则，而是由集体成员通过一系列的内部规则来维持自己所有的资源的可持续使用。[1] 这种多中心下的合作自主治理理论强调赋予社会组织充分的自主权，目的是摆脱集体选择的困境。2004 年，联合国秘书长根据信息社会世界首脑会议的授权设立互联网工作组，提出互联网治理指的是"政府、私营部门和民间社会根据各自的作用制定和实施旨在规范互联网发展和使用的共同原则、准则、规则、决策程序和方案"。这再次说明了，在面对互联网平台经济这种涉及复杂利益的领域时，必须突破原有对实体市场的监管思路。互联网平台经济呈现出的外部性、多属行为等特征，导致了将治理的权力完全交托于政府或市场都是极端理

---

[1] [美] 埃莉诺·奥斯特罗姆：《公共事物的治理之道》，余逊达、陈旭东译，上海译文出版社 2012 年版，第 1 页。

想化的,多元主体的协力合作才是解决问题的根本出路,即更多地依靠协商、沟通、协议等方式,张弛有度、收放结合,发挥互联网平台经济中各个参与者共同的力量。

对于合作治理,不同学者有不同的定义。尤金·巴达赫将其界定为"两个或两个以上的机构从事的任何共同活动,通过一起工作而非独立行事来增加公共价值。"① Taehyon Choi 指出,合作治理是指来自于不同部门却利益相关的主体为解决涉及多层面的公共难题而合作并制定相关政策的过程。② Daniel A. Mazmanian 则认为,合作治理是一种"建立、督导、促进和监控跨部门组织合作的制度安排"③,其目标是发挥单个部门组织的优势,解决公共政策难题。多纳休和泽克豪泽同样认为合作治理指的是公职人员和私营团体或个人共同完成公共任务的情形,同时他们提出合作治理最重要的特征是在合作中裁量权由各方共享,"任何一方都协力决定目标的实现方法"④。从法学的角度,朱迪·弗里曼提出合作治理应具有五个基本特征:(1)合作治理的根本目的是提出更好的解决问题的方案,而非限制行政机关的自由裁量权;(2)利害关系人有权参与治理的整体过程而非单一阶段;(3)合作治理是建立在连续性的监控与评估基础之上的,其提出的方案是灵活的、具有临时性的、随时可以根据具体情况变化的;(4)公私责任的混同;(5)行政机关的角色灵活多变,可以是最终的决定者,也可以是协商的召集者或信息的提供者等等。当行政机关作为最终的决定者时,规制的成功取决于其他参与者的贡献而非其自身的领导。⑤ 尽管合作治理理论已有相当的发展,其

---

① [美]尤金·巴达赫:《跨部门合作:管理"巧匠"的理论与实践》,周志忍、张弦译,北京大学出版社 2011 年版,第 6 页。
② Taehyon Choi, *Information Sharing, Deliberation, and Collective Decision Making: A Computational Model of Collaborative Governance*, Doctoral Dissertation of University of Southern California, 4, 2001.
③ Shui-Yan Tang, Daniel A. Mazmanian, Understanding Collaborative Governance from the Structural Choice-Politics, IAD, and Transaction Cost Perspectives, https://ssrn.com/abstract = 1516851 (last viewed November 21, 2016).
④ [美]约翰·D. 多纳休、理查德·J. 泽克豪泽:《合作:激变时代的合作治理》,徐维译,中国政法大学出版社 2015 年版,第 13 页。
⑤ [美]朱迪·弗里曼:《合作治理与新行政法》,毕洪海、陈标冲译,商务印书馆 2010 年版,第 34—49 页。

在互联网平台经济中从"应然"到"实然"的推导却并非水到渠成，本文将重点从法治化构造的视角入手，对政府支持与引导多元主体参与治理的法律制度与程序进行解析与建构，以期合作治理理论在互联网平台经济的治理实践中发挥其应有价值。

三 合作治理模式在互联网平台经济中的构造

奥斯特罗姆指出，多中心的合作治理模式之所以是有效的，因它解决了制度供给、可信承诺与相互监督三个相互关联的治理难题。与之对应，合作治理模式在互联网平台经济中的法治化构造也体现在制度供给、制度实施、监督评估三个方面。为保障多元主体的互动，共治网络中的制度供给应当是多中心的，以满足正式途径与非正式途径的供给需求；制度实施机制应当是合作式的，以增强主体间的交流、信任并明确各主体的权责分配；最后以多元化的监督评估机制以保障制度的顺利实施，并评估合作治理的实际效果以采取措施进行不断的自我修正与改进。

（一）多中心的制度供给机制

在互联网平台经济的合作治理模式中，首要涉及的问题是应当由谁来提供制度最为适宜？所谓适宜涉及成本与效率，又要考虑不同主体提供制度的动力、动机等等。互联网平台经济中的制度供给既包括立法机关制定的法律、行政机关制定的行政法规或规章、司法机关确立的司法解释与判例标准，也包括在"硬法"之外由行业主体或公众主体依据自身情况自行制定的行业标准、自律规范、自治规则等等。新制度经济学亦认为，制度提供的规则由国家有意识创造的正式约束、社会中无意识自发形成的非正式约束以及两者的实施机制三部分所组成。因此多中心的制度供给机制内涵应包括："法律多元主义"的法源体系、开放性的立法模式和协调的规则内容。

首先，目前我国的治理结构存在着法律、政策与关系规则的三元组合，三者之间具有互补、替代与转化的关系①，在实际对互联网平台经济的治理中，政府主体仍大量地依赖于权威性机构制定的成文法规范。不可否认，传统模式中通过不断设立与完善法律的"立法中心主义"有其合理性，能缓解互联网平台经济这一新领域的规范缺失并满足"命令—控制"型规制中政府的管制需求。②然而其弊端也是非常明显的：互联网平台的运行具有强烈的外部依赖，因而平台与平台连接的双方之间具有相应的牵制共生关系，为有效降低平台的运行风险、提升交易成功的概率，平台与其上的各方主体将自发地根据平台特点与复杂个体需求进行交易规则、风险防范措施与相关权责的设计。这些逻辑完善且契合平台经济需求的运行规则与自治规范在不违背基本法律原则与公序良俗的前提下，应当得到尊重，以保护平台经济活动的效率与安全。例如，网约车平台针对司机提供的服务质量便设有司机乘客互评系统，辅之以平台记录的行程数据，将对司机给予现实或虚拟货币形式的奖励或处罚，严重者将剥夺司机在平台上提供服务的资质。这些规则以电子化的方式实施，成本较低且相对公平公开，很少产生异议，在规范司机与乘客行为上起到了重要作用。这些优势都是传统的立法无法比拟的——尽管权威机构通过立法可迅速确立并完善相关领域的法律规范体系，使平台的运行"有法可依"，处于政府公权力的有力监管之下，但这种监管却极有可能脱离实际，无法准确把握市场动态，从而脱离具体问题本身，成为维护政府"监管利益"的保护伞。据此，应建构"法律多元主义"的法源体系，将平台中已成功施行、取得较好效果的规则规范与公众认可的民间习惯、自治规则等纳入规制平台经济的法体系。这种"非正式约束"在平台经济的实践中形成，本身即具备较高的民主性，在成文与实施环节都将极大地降低立法成本。同时其遵循的理念与技术均与成文立法有较大差别，将为成文法的形成提供重要参考。例如，相对于传统的经济形态，互联网平台经济的商业模式与技术依托更新速度明显

---

① 张建伟：《国家转型与治理的法律多元主义分析——中、俄转轨秩序的比较法律经济学》，《法学研究》2005 年第 5 期。
② 夏小雄：《从"立法中心主义"到"法律多元主义"——论中国商事法的法源建构逻辑》，《北方法学》2014 年第 6 期。

加快，使得规范的主体与行为对象亦处于不断的变化中，此时更适宜通过渐进式的实验在实践中根据客观需要逐步确立行为规则，再通过成文立法形成普适性条款。当然，非正式渠道形成的规范由于立法过程的自主性往往存在漏洞或模糊，此时可通过正式渠道的制度供给确立平台经济活动的强制型规范与默认型规范，在多元法律之间形成威慑力、信息、灵活性等多方面的良好互补。

其次，立法模式应从现有的国家机关主导的单向立法转向多主体参与的开放式模式。与"立法中心主义"类似，由于国家机关个体的信息有限性，单向立法无法保证立法内容与平台经济的实际需求相符合，且单向立法更趋于维护部门利益，从而忽视互联网平台经济中复杂的利益纠葛。行业主体对本行业的信息掌握与目前我国社会中公民逐渐增长的法治意识也呼唤着多元主体能够实际地参与进立法过程中。这种参与不仅包括在形成规章草案之后的"征求意见"，更重要的是应包含规章成文之前的"协商式参与"，即草案本身便是各主体共识的体现。且在草案形成并公布之后，参与协商的各主体仍会继续与政府主体一道对收集的意见进行分析、审核并对最终成本进行斟酌。[①] 目前，我国已有一些立法条款体现了不同主体协商式参与的实践。如 2013 年《消费者权益保护法》第二次修订，将第 25 条第 1 款修改为："经营者采用网络、电视、电话、邮购等方式销售商品，消费者有权自收到商品之日起七日内退货，且无须说明理由。"该条规定直接借鉴了电子商务平台淘宝网的交易规则，基于网络等远程购物方式的信息不对称性，专门赋予该类消费者以反悔权，体现了平台、公众的立法意志，较好地保护了电子商务平台消费者的权益。然而，这种协商仍然欠缺一种制度化的"面对面的磋商机制"，在我国未来立法模式的构建中应避免过于宽泛的参与条款规定，转向注重参与机制的明确化与聚焦化。

最后，协调的规则内容指在多中心的制度供给中，应使不同法源的规则内容尽可能协调。建立在"法律多元主义"之上的法源体系通常涉

---

① 蒋红珍：《治愈行政僵化：美国规制性协商机制及其启示》，《华东政法大学学报》2014 年第 3 期。

及多样的规范类型与复杂的体系结构,公益与私益的微观差异、政府主体与非政府主体的行为习惯与方式、公权力与私权力的运行目标等等都将造成规则内容的不协调。例如平台经济主体具有强烈的"强化自治、放松管制"倾向,便与政府主体"加强管制、规范平台经济运行"具有一定的冲突。千差万别的平台类型又需求着不同的法律安排,任何较高位阶的法律法规都很难做到对平台经济规制得绝对完美。再完善的理性化设计也无法准确地预测公共情势的发展,各种各样的因素影响着人们的选择,即使是参与治理的主体具有完全的知识与专业技能,从不同的角度出发、以不同的信息为分析基础、随不同的空间与时间变化等等,都会作出不一致的选择。Deborah A. Stone 便认为,政策分析就是创造矛盾,然后"刻意地"将这些矛盾推上特定的轨道并给予解读与解决。[1] 因此比较可行的做法是,一方面,通过法律确立平台经济的法律原则框架与基本的运行规则,赋予各地方政府与私主体自我治理的裁量空间。换句话说,即承认并确立治理中的"模糊性","官方政策往往是含糊的、互相矛盾的,或是对在政策意义与执行缺乏共同期待的情况下而被采纳执行的"。[2] 借助制度供给中的模糊,可以创造出更多达成妥协与共识的可能,"模糊能将每个人各自的意图与行动转化成集体的结果与目的。没有它,合作与妥协即便不是不可能获取,但难度会增加"。[3] 因此,应利用这种"模糊性"为合作中的主体讨论与协商留取空间,使复杂利益取向的团体或个人,可以基于不同的期待或理由,支持一个共同的政策。另一方面,重视司法判例与交易惯例的作用。近年来,最高人民法院通过发布指导性案例逐步形成了具有中国特色的司法判例体系,在法律解释与适用过程中发挥着重要的导向与调和作用。例如指导案例45 号《北京百度网讯科技有限公司诉青岛奥商网络技术有限公司等不正当竞争纠纷案》、指导案例78 号《北京奇虎科技有限公司诉腾讯科技

---

[1] Deborah A. Stone, *Policy Paradox and Political Reason*, Addison-Wesley Education Publisher, 1988, p. 4.

[2] Vicki Eaton Baier, James G. March & Harald Saetren, Implementation and Ambiguity, *Scandinavian Journal of Management Studies*, 2, 1986, pp. 197 – 212.

[3] Deborah A. Stone, *Policy Paradox and Political Reason*, Addison-Wesley Education Publisher, 1988, p. 4.

（深圳）有限公司、深圳市腾讯计算机系统有限公司滥用市场支配地位纠纷案》、指导案例 83 号《威海嘉易烤生活家电有限公司诉永康市金仕德工贸有限公司、浙江天猫网络有限公司侵害发明专利权纠纷案》等，通过各主体诉求的平衡考量进行法律解释，有效地达到了不同法源内容的协调，对于维护互联网平台经济市场秩序、判断平台经济中的垄断纠纷及认定平台主体的责任等方面具有重要价值。而交易惯例则形成于平台经济的具体运行中，其效力因已在实践中得到平台各主体的普遍承认而具有相当的约束力，此时吸纳这些被反复使用、认可的交易惯例进入法律体系，将减少不同法源之间的冲突，增强治理的民主正当性。

（二）合作式的制度实施机制

奥斯特罗姆的多中心理论认为，为使公共池塘资源的占有者组织起来取得长期利益，除制度供给外还需解决可信承诺问题，即在制度有效供给后，如何保证不同的主体避免"搭便车"、机会主义等诱惑，作出令人信服的承诺，遵守共同制定的规则。[1] 通常为解决承诺问题，外部强制被用作一种可行的方案，但外部强制又很难解决"谁来监督监督者"的问题。据此，奥斯特罗姆认为多中心的自主治理必须通过有效的激励措施使网络中的各个主体在遵守规则的过程中进行自我监管，据此建立合作式的制度实施机制应是一种较好的方案。

合作式的制度实施机制首先要求行政执法的方式向弹性化转变，"政府及其机构有能力根据环境的变化制定相应的政策"[2]，多采取灵活的、临时性的而非固定的执法方式，以快速而有效地应对可能出现的危机或对不断增加的服务需求做出反应。这具体包括公共执法、私人执法与公私合作执法方式的灵活转变。公共执法指政府等公共机构运用公权力手段促使他人遵守法律、制度的活动，属于外部强制的典型形式；私人执法指以行使私人权利为手段，以私人利益为目的使他人遵守法律制

---

[1] ［美］埃莉诺·奥斯特罗姆：《公共事物的治理之道》，余逊达、陈旭东译，上海译文出版社 2012 年版，第 51—53 页。
[2] ［美］B. 盖伊·彼得斯：《政府未来的治理模式》，吴爱明、夏宏图译，中国人民大学出版社 2014 年版，第 76 页。

度的行为，其与公共执法最大的区别在于以私人"权利"的行使代替公共"权力"，使用较少压力的自愿交谈、访问等形式使他人信服并遵守制度；而合作执法则由公主体与私主体发挥各自的优势与作用，在督促他人遵守法律制度的行动中共负成本风险、共享执法利益。[①] 在具体制度实施的过程中，不同执法方式的灵活转变与相互配合可以有效弥补单主体执法动力的不足与信息的劣势，减少权力寻租的空间。例如，在互联网平台经济的运行中，可以以合法合理的形式激励私人或社会自组织收集平台运行信息或非法运营证据，并以此作为行政执法的重要依据。由于私人是平台的实际使用者，更了解平台的规则与模式，在收集信息与证据中具有较大的优势。同时将私人的执法与公权力的强制或激励手段相配合，如对非法运营的平台给予行政处罚，对符合政策的平台进行行政指导与行政补贴等，有利于实现平台经济内部主体的自我治理、提升治理效率。其次在重视私主体参与执法的基础上，政府应积极进行私主体的制度实施的能力建设。包括通过新闻媒体与信息公开制度保障公众对信息的获取、公布具体项目的执法情况与需求、设立具体的私主体执法指南并给予奖励、降低社会自组织的设立门槛，通过不断合作的方式提升组织的执法能力等等。此处的社会自组织，既包括各类公众、行业协会，也包括互联网平台服务提供企业本身，只有真正重视企业在制度实施中的作用，才能促使企业自我守法，达成个体利益与公共利益的双赢。

  同时，合作式的制度实施机制离不开信息技术的支撑，应鼓励政府部门广泛开展电子政务，将理论与方法结合，对获取的数据与信息进行加工处理，产生具体领域内的有针对性的解决方案，以消解合作中的信息不对称现象、统一碎片化的信息资源，为合作式制度实施而服务。电子政务的实质是政府治理结构和行政管理运行方式的全面变革，[②] 在强调政府办公中应用物联网、云计算、移动互联、大数据等技术的同时，还需使用互联网思维对社会管理、经济运行、风险防范、公共服务等行

[①] 张效羽：《论公私协作执法》，《行政与法》2014 年第 5 期。
[②] 金江军、郭英楼编著：《互联网时代的国家治理》，中共党史出版社 2016 年版，第 231 页。

政的方方面面进行重造。① 这也是合作式制度实施机制的实质意义，即以公民需求为导向，通过信息的加工处理技术，全方位地形成对各主体遵守合意规则的激励与监督。在我国的电子政务建设过程中，应注重不同数据库的整合，提高数据共享效率，也要注意技术应用中的伦理问题，通过加强立法与严格执法来提高政府主体的伦理自主性，保护公民隐私。②

（三）多元化的监督评估机制

"没有监督，不可能有可信承诺；没有可信承诺，就没有提出新规则的理由"。③ 遵守合意产生的规制需要多元化的监督评估机制予以配合，此处的"多元"既指主体的多元，亦包括监督方式的多元。在主体层面，对合作治理的内部监督主体通常包括政府与起到相互监督作用的合作网络中的成员；外部监督主体指社会公众与专职的监督部门，如独立的第三方评估机构等等。在监督方式层面，常见的监督方式是法律法规与政策形成的信息公开、重大事项报告制度、行政听证、投诉、信访、审计、风险评估等正式途径，与媒体监督、民间观察与评论等非正式途径。

建立多元化的监督评估机制首先应明确各主体的监督职责。作为政府主体，体现于中央政府对各地方政府、上级政府对下级政府的行政内部监督，以及政府对其他主体进行的行政系统外的监督。前者的主要法律依托为《行政监察法》《公务员法》等，具体制度包括考核制度、报告制度、检查制度、案件备案审查制度等等。中央行政机关或上级行政机关应从技术、人力、财力等方面积极支持帮助地方或下级行政机关进行治理中的合作与其他主体的互动；在地方或下级行政机关发生"不作为"或"乱作为"时及时作出处理、追究责任。而政府对其他合作主体

---

① 参见韩正：《上海要在"互联网+"大背景下建设科创中心》，东方网 http://shzw.eastday.com/shzw/G/20150413/u1ai147567.html，最后访问 2016 年 11 月 3 日。
② 曾凡军：《基于整体性治理的政府组织协调机制研究》，武汉大学出版社 2013 年版，第 152—154 页。
③ ［美］埃莉诺·奥斯特罗姆：《公共事物的治理之道》，余逊达、陈旭东译，上海译文出版社 2012 年版，第 54 页。

的监督则通过行使监管权进行,在明确部门权限与职能的基础上,及时受理其他主体的举报、投诉,并通过行政命令、行政处罚、行政指导等方式,保障非政府主体进行平台经济活动时具备行为的规范性,明确其他主体的"负面清单"与"责任清单",做到"法无授权不可为"、"法无禁止皆可为"与"法定责任必须为"。[1] 作为行业主体,除也具有普通公众主体的监督、举报、投诉等权利外,应在政府的指导下开展行业、企业自律,自觉遵循互联网平台市场的交易原则、维护平台运行秩序。行业自律建立在完善的信用体系之上,因此行业协会应与政府、评估机构等配合,建立信用信息收集、评级、公告及奖惩系统。作为普通公众主体,可以通过举报、检举、控诉、信访等方式对行政机关进行社会监督,也可以在社交平台上发表意见以引起社会舆论的关注从而影响其他主体的行为;作为专家、评估机构等特殊公众主体,其更具有智识(Wisdom)作出科学性的判断,因此应利用这些判断对行业及政府主体的行为作出专业的调查和评估,同时引导普通公众作为更具理性的监督行为。

另一方面,明确监督的运行程序与责任制度。通过监督职责的明确与法律体系的完善确立不同主体的相互监督权力(权利)后,其权力(权利)的行使必然应依照法定的程序运行,并在行为不当或违法时承担相应的责任。对于政府主体而言,这要求《行政程序法》尽快出台,在进行行政监管时加大与其他主体的协商,积极履行职责、保障行政相对人的权利。在监管过程中,充分听取相对人的意见并认真调查核实,并为相对人提供充分有效的法律救济权利。在相对人因监管行为受到侵害时,应按责任制严格对于相关公务人员尤其是领导干部给予惩治和处罚。对于行业主体而言,行业协会通过自律公约规定完善的监督程序与责任机制,在未依法履行监督职责时,企业或公众有权对其举报并通过政府主管部门进行处罚,该过程与结果应向全社会进行公示,以形成行业内的威慑与示范效应。互联网平台企业则根据法律法规或自律公约的规定严格履行平台责任,此时的责任在性质上属于行政责任的一种,即

---

[1] 程琥:《论我国网络市场监管的行政法治转型》,《行政法学研究》2017年第1期。

以"以网管网"的原则对平台上发生的经济活动进行审核、监察、安全保障与管理等等。如对平台之上出现的侵权信息按照法定程序及时予以删除、修改、警告。对于普通公众主体,其监督大多通过举报、投诉等方式进行,其监督应符合真实、公正的原则,并为不实信息的提供负民事或刑事责任;专家、评估机构等特殊的公众主体通过出具专业性意见进行监督评估,该意见应依据真实有效的数据作出尽可能客观的判断。当出具的结论被证明明显不当或违法时,应剥夺作出主体的相应资质,处以行政处罚,情节严重的承担相应的刑事责任。

四 结语:共存而非取代——合作治理模式在互联网平台经济治理体系中的定位

本文将基于"多中心治理"理论的合作治理模式与互联网平台经济相结合,旨在探讨一种符合互联网平台经济自身特点的,在实践中具有可行性的科学治理模式,该模式的最终目标是通过不同主体所具有的不同信息与资源的整合与利用,达成公共利益、行业利益与个人利益的平衡,实现社会总体福利的提升。各主体通过自愿的合作平等地参与进互联网平台经济的治理中,并承担因权力行使而引发的责任。这种功能的发挥与相应责任的承担不是自发完成的,必须应用法治化的路径予以保障并规范,并最终通过良好的互动机制建立共治的关系网络,将多元主体在合作过程中连接成为有机联系的统一整体,使治理理论在现实中具备实践的可行性。

同时,本文认为,合作治理是一个过程而非结果,是一种治理模式而非治理目标。合作治理因互联网市场中的种种利益冲突而产生,其目的是对利益冲突以尽可能低的成本尽可能高的效率进行协调。对合作治理模式的推崇并不意味着在互联网平台经济的治理中,其成为唯一的治理模式,也不意味着在任何情况下其均为最佳的治理模式。在现实中还可能存在政党治理、军队治理、宗教治理、国际治理等多种治理类型。具体选择何种治理模式应分析所需解决问题的性质、所希望达成的目标、治理主体的能力、治理对象的特点、主体间的情感关系、治理的环境背景、治理的成本收益比、社会文化民俗传统等等诸多因素。在愈发复杂的风险社会中,也绝不可能存在任何一种治理模式可以作为包治百病的"万能药",甚至在某一具体问题的解决上,也可能存在多种治理模式并存的情况。因此,本文中的"合作"特指作为一种治理模式中各个主体的合作,而非各种治理模式或路径的有机结合。

在互联网平台经济的治理体系中,合作治理模式与其他模式和谐共处、相互配合,其体系结构是有机统一的。这其中包含三重含义:其一,正如合作治理中的多中心主体一样,互联网平台经济的治理亦是多中心主义的,应正确看待合作治理模式在整体治理模式群中的定位。绝不可将其看作"万能药",陷入另一种形式的僵化。同时在合作治理模式的具体使用中,其运作将不可避免地受到其他模式的影响,应以开放的目光去劣存精,积极吸收各种优势力量为己所用,而非死板地认为合作必然是一律的平等,不接受任何形式的变通。这也将帮助理论框架尚在形成中的合作治理模式不断与实践更完美的融合,提升其可适用的空间。其二,在广义上,各治理模式都归属于政府规制的体系中,因此无论是何种治理模式,均离不开政府的重要引导作用。在治理过程中各种治理模式有机统一、相互配合是结果的表象,真正的重点是政府转变治理观念,主动打破"话语霸权",积极创新,正视其他治理模式并灵活运用,使其相互配合各自发挥优势,在此消彼长的各种力量中维系微妙的平衡。在目前的社会背景下,该任务亦只有政府才能够实现。其三,互联网平台经济治理体系结构中的有机统一、相互配合意味着该结构是扁平化的、去中心化的。因此第二重含义中政府的引导作用并不意味着政府仍是绝对权威的领导主体,而是意味着其成为连接其他主体、其他模式的一个"端口",主要作用是帮助实现各种治理模式的协调与互联互通、交流互动。

(责任编辑:林华)

专车平台在交通事故中的侵权责任研究

虞婷婷

(武汉大学法学院硕士研究生)

内容提要 不同运营模式下专车平台的法律定位有所不同,在交通事故中专车平台承担侵权责任的具体形态也会因其法律定位而异。四方协议模式下,作为承运人的平台既是车辆的承租人也是驾驶员的用工单位,对车辆和驾驶员有支配性的控制力,也是专车运行利益的享有者,在此基础上要对其控制的物件和人员致他人损害承担无过错的替代责任;而商业合作模式中,私家车主凭借自有车辆从事专车运营,是专车服务中的承运人,但平台也非单纯的居间人,其在专车运营过程中对乘客和第三人均负有安全保障义务,在交通事故侵权中需要承担与其过错相应的按份责任而非补充责任。

关键词 专车平台 承运人 安全保障义务 替代责任 按份责任

一 问题的提出:专车交通事故带来的挑战

以网络信息平台和数据分析技术为依托的专车服务是一种采取"线上撮合"与"线下交易"相结合的全新交通运输模式,是"互联网+"和共享经济理念在客运领域的具体应用。但专车"这股以私家车辆为主体的新兴力量因为可能在客运安全、损害救济和市场秩序等方面引发的副作用面临严重的制度约束，在实际客运中承受着较大的违规风险。"①在风险社会里，机动车交通事故频频发生，专车自然难以幸免，而专车驾驶员在交通事故责任认定中往往需要承担主要责任。②因驾驶人的原因发生交通事故后，在交强险不足以弥补受害人损害时，又应当由谁承担对乘客和第三人的侵权损害赔偿责任呢？③

近年来，专车交通事故侵权纠纷频频向法官提出新的挑战。在法院已经受理的相关案件中，专车的运营模式也不尽相同，有的采取了"四方协议"模式，此种模式中被害人往往将驾驶员、汽车租赁公司、劳务公司、专车平台以及保险公司一并起诉。④有的则采取商业合作模式，此种情形之下一般只涉及私家车主、专车平台和保险公司。⑤无论哪种模式，在审理过程中，各被告均互相推诿责任，受害人的损害救济之路还走得十分艰难。专车的运营往往涉及多方主体，专车平台、汽车租赁公司、劳务公司、驾驶员（或私家车主）以及乘客，而平台作为专车运输服务的"枢纽"，在整个运营过程发挥了不可或缺的作用，其是否应当承担以及如何承担相应的民事责任是专车交通事故侵权中一个不容回避的问题。不可否认的是，驾驶员和车辆往往是导致交通事故的直接原因，驾驶员往往也是第一"责任人"，要追究专车平台的侵权责任就必须厘清其与车辆及驾驶员之间的关系，而这又与专车平台的法律定位密切相关。有鉴于此，本文

---

① 熊丙万：《专车拼车管制新探》，《清华法学》2016年第2期。
② 在海淀区人民法院已经受理的7件涉及专车交通事故侵权的案件中，平台司机承担全部责任的有5件，承担主要责任的1件，未定责的1件，也即在涉诉案件中，平台司机负主要以上事故责任的比例高达85.7%。参见游晓飞《海淀法院涉APP出行平台交通事故案件调研报告》，http://www.yopai.com/show-3-188904-1.html，最后访问时间：2017年10月29日。
③ 乘客与第三人作为受害人时，其侵权责任请求权的分析可以一并处理，较为不同的是乘客与专车平台之间仍有合同关系，故乘客较第三人而言可以在侵权责任和违约责任中择一主张。
④ 2014年12月，专车驾驶员罗某驾驶一辆小轿车将客人送到机场，返回途中与一辆电动自行车相撞，导致乘坐电动自行车的苟某严重受伤。苟某遂将驾驶员罗某、肇事车辆所属的汽车租赁公司、劳务公司、网约车平台及保险公司诉至法院。参见网址：http://finance.chinanews.com/cj/2015/10-16/7572085.shtml，最后访问时间：2017年10月29日。
⑤ 2015年9月，司机马某驾驶小客车与原告冯某的车辆发生交通事故，造成冯某车辆损坏，事故经公安机关交通管理部门认定马某负全部责任。肇事车主为崔某，肇事车辆在保险公司投保了交强险及商业险。司机马某发生事故时，正在通过滴滴司机平台进行运营，冯某以保险公司、肇事司机马某、车主崔某及滴滴平台运营方小桔科技公司为共同被告诉诸法院，要求各被告承担连带赔偿责任。参见网址：http://www.pkulaw.cn/case_es/pal_21110623277043998.html?match=Exact，最后访问时间：2017年10月29日。

试从专车的不同运营模式出发明晰专车平台的法律定位，从而确定其在交通事故侵权中具体的责任形态。

二 不同模式下平台的法律定位

2016年11月1日起施行的《网络预约出租汽车经营服务管理暂行办法》（以下简称《暂行办法》）第16条明确"网约车平台公司承担承运人责任，应当保证运营安全，保障乘客合法权益"。虽然本条的主旨是为了保障运输合同的相对方——乘客的权益，但其既然明确平台的法律定位是承运人，专车交通事故造成第三人损害时，作为承运人的平台自然应当承担侵权责任。而《网络预约出租汽车运营服务规范》第4.1.3条又规定，"对于服务过程中发生的安全责任事故等，应承担先行赔付责任，不应以任何形式向乘客及驾驶员转移运输服务风险"，就文义解释而言，这种"先行赔付责任"并不同于《暂行办法》规定的"承运人责任"，[①] 平台虽负有"先行赔付"的义务，但也有权向真正的侵权主体司机进行追偿，这与作为"承运人"的自己责任显有区别。可见相关规范对专车平台的法律定位尚存冲突之处，要厘清其法律定位尚需结合专车的不同运营模式具体分析。

（一）专车运营模式简析

根据车辆和驾驶员来源的不同，专车运营的模式主要有以下三种：第一是平台自营模式，由专车平台自行组织购买车辆、招聘驾驶员；第二是所谓的"四方协议"模式，即以乘客、专车平台、汽车租赁公司和劳务公司"签署"的"用车服务协议"为合同基础。[②] 具体而言，乘客通过平台发出用车订单，平台再将该订单发送给租车公司和劳务公司，由后二者根据乘客要求分别安排车辆和司机。按"四方协议"字面意义解读，专车平台仅提供信息撮合服务，其代乘客向汽车租赁方承租车

[①] 关于先行赔付的责任性质在学界存在"保险说"与"担保说"之争，参见向晓庆《一号专车"先行赔付"法律性质探究》，《湖北警官学院学报》2015年第12期。

[②] 彭岳：《共享经济的法律规制问题——以互联网专车为例》，《行政法学研究》2016年第1期。

辆、向劳务派遣公司雇佣驾驶员，而乘客才是车辆的承租人和驾驶员的雇佣人。第三是商业合作模式，私家车主直接与平台签订相应的协议，连人带车一起"加盟"专车运营，成为兼职专车司机，运营收入由平台和车主按比例分成（平台约占20%）。①《暂行办法》也明确私家车只要符合相关条件，并履行相关法定程序后就可以从事网约车运营，为私家车进入专车市场开展商业合作模式的运输服务提供了法律上的可能。②

　　自营模式中，平台的运营成本较高，采取这种模式的在实践中尚不多见，主要以神州专车为典型。平台作为车辆的所有人以及驾驶员的雇佣人，是运输合同中典型的承运人，法律关系比较清楚，在交通事故发生后承担承运人的违约责任和侵权责任自然毋庸置疑，本文不再对此进行探讨。而"私家车+私家车主"形成的商业合作模式与"租赁公司车辆+劳务公司驾驶员"形成的"四方协议"模式则是国内走在发展前列的，滴滴和优步就主要采取这两种模式。③ 在这两种模式中，平台与驾驶员的法律关系错综复杂，其法律定位也不够明晰，需要进一步研究，本文的研究对象仅限于"四方协议"模式和商业合作模式下平台的法律定位及其在交通事故中的侵权责任。

（二）"四方协议"模式下平台的法律定位：承运人

　　"四方协议"模式形成了具有多元复杂的民事法律关系主体结构，平台往往把自身定位为居间服务提供者，以最大限度地免除责任。④ 在

---

① 在私家车从事专车运营合法化之前，一般采取的是私家车"挂靠"模式，即私家车主将车登记在汽车租赁公司名下，其个人被登记到劳务派遣公司名下，由互联网专车平台对驾驶人进行审核和培训，最后向公众提供互联网专车服务，属于名义上"四方协议"中的"人车分离"，却是实质上的"人车合一"，由于新规的出台，本文的研究范围不再包括"挂靠"模式。
② 《网络预约出租汽车经营服务管理暂行办法》第12—15条明确，车辆只要符合安全性能等要求，就可以由其所有人向出租车管理部门申请登记为"预约出租客运"的车辆，并取得《网络预约出租汽车运输证》，而驾驶人符合一定条件也可以获得《网络预约出租汽车驾驶员证》。
③ 唐莹莹：《神州专车：B2C与C2C的较量》，《商业观察》2016年第1期。
④ 滴滴专车客户端的《专车使用条款》第1条"我们的服务"规定，"滴滴出行平台提供的不是出租、租车及/或驾驶服务，我们所提供的仅是租赁车辆及驾驶人员的相关信息。我们只是您和供应商之间的平台"。Uber的《服务协议》第1条也载明，"Uber本身不提供汽车服务，并且Uber也不是一家承运商。汽车服务是由汽车服务提供商提供的，您可以通过使用应用程序及/或服务发出请求。Uber只是充当您和汽车服务提供商之间的中间人"。

学界就专车平台的法律定位也存在居间人说和承运人说之争。居间人说主张平台并不提供出租、租车及驾驶服务，提供的只是租赁车辆及驾驶人员的相关信息，①便在很多方面参与了汽车租赁公司的选定、专车司机的选定和培训等工作，但并未实质参与运输合同的订立，将其作为具有独立地位的信息提供平台进行分析，才符合新事物发展的趋势和其本质特征。②承运人说则认为，所谓的"四方协议"仅是网约车服务平台因监管而采取的规避行为，其中汽车租赁公司、劳务派遣公司仅仅满足网约车合法性需求，因此网约车服务平台是网约车的实际管理人，网约车运营的每个环节，车辆、人员的运营管理、运输合同订立、服务质量监管、责任事故处理等所有方面，都是由平台在进行，故应将平台作为运输服务的承运人。③笔者赞成后一种观点，"四方协议"模式下平台是专车服务的承运人。四方协议中"信息中介"的免责条款将乘客置于难以预料自身风险的境地，而平台却实际控制车辆与乘客之间的匹配、定价、监管、收费，从中获取大量经济利益，这与传统上提供信息的中介服务有本质区别，其"信息中介"免责条款因显失公平而无效。因此，四方协议不能按照其字面意义解读，从一般法理上探讨四方协议中的法律关系，应该明确两点：其一，乘客和驾驶员都不应当承担承运人的风险。乘客作为专车的服务对象，由其作为车辆的承租人和驾驶员的雇佣人不符合一般人乘坐专车的利益期待，将其置于承运人地位缺乏理论基础与民众心理支持。驾驶员是劳务派遣单位的雇员，车辆为汽车租赁公司所有，其运输乘客系执行职务的需要，因此驾驶员也不具备承运人的主体资格。其二，相较于汽车租赁公司和劳务公司，平台才是真正意义上的专车运输服务提供者。汽车租赁公司与劳务公司在专车运营中只能单方面掌握一种生产要素（车或人），如果没有平台的接入和组织，他们都不能单独开展实质意义上的专车运输服务。相反，专车平台通过自身提供的《租车服务协议》和《驾驶服务协议》将符合条件的车辆

---

① 参见傅蔚冈《专车立法在促进创新吗?》，《财经法学》2016年第2期。
② 向晓庆：《一号专车"先行赔付"法律性质探究》，《湖北警官学院学报》2015年第12期。
③ 侯登华：《共享经济下网络平台的法律地位———以网约车为研究对象》，《政法论坛》2017年第1期。

和驾驶员集合起来,并对其加以控制和支配,成为车辆的承租人(使用人)和驾驶员的用工单位。在此基础之上,专车平台通过自身的技术平台接受乘客的预约为其指派专车并决定交易的价格等。从这个意义上讲,平台提供的就不仅仅是信息撮合服务而是专车运输服务,是与乘客建立运输合同关系的另一方当事人。

(三) 商业合作模式下平台的法律定位:安全保障义务人

商业合作模式下,平台并不提供车辆与驾驶员,而私家车主将自有车辆从事专车运营,平台则为其提供接入服务。就其法律定位而言也存在两种不同的观点,即承运人说与定作人说。承运人说主张平台和车主之间是劳务关系,车主通过平台才可以接单运营,只要车主接单,平台就对其有监督管理的义务或者说是权力,符合劳务关系"提供劳务一方不隶属于接受劳务一方,但在一定程度上受接受劳务一方的支配、安排和指挥"的特征,[①]这一理论在司法实务中也得到了印证。[②] 定作人说则认为,商业合作模式下,"从事运营的车辆是由专车司机自备,汽油费、维修费、保养费以及车辆的保险费也都是由专车司机自行负责,这种关系更符合《合同法》中承揽关系的基本特征"。[③]

笔者认为,商业合作模式下平台并非专车服务的承运人,但也不同

---

① 参见李晨阳《专车交通事故的责任承担分析》,《黑龙江省政法管理干部学院学报》2017 年第 3 期。还有学者认为无论平台与私家车主之间的内部关系如何,均不影响平台的承运人地位。"私家车 + 私家车主"模式虽然表现为平台和司机之间的合作关系,但乘客在常理上会认为平台是作为该网约车的管理者,当侵权行为发生时,网约车平台的内部运营模式不能成为其免责的抗辩理由,其只能作为网约车平台内部担责的责任划分依据。参见侯登华《共享经济下网络平台的法律地位———以网约车为研究对象》,《政法论坛》2017 年第 1 期。

② 在一起因乘客开门致使第三人受伤的案件中,法院认为,驾驶员系接受滴滴出行平台指派,履行滴滴出行平台与乘客的客运合同,属于提供劳务一方,滴滴出行平台作为接受劳务的一方应根据《侵权责任法》第 35 条的规定承担侵权责任。参见《全国首例网约车交通案宣判:平台与乘客各担责 50%》,参见北大法宝〈司法案例〉〈案例报道〉http://iras.lib.whu.edu.cn:8080/rwt/PKULAW/http/P75YPLURNN4XZZLYF3SXP/case/pal _ 21110623286164972.html? key-words = %E5%85%A8%E5%9B%BD%E9%A6%96%E4%BE%8B%E7%BD%91%E7%BA%A6%E8%BD%A6%E4%BA%A4%E9%80%9A%E6%A1%88&match = Exact。最后访问时间:2017 年 10 月 29 日。

③ 张素凤:《"专车"运营中的非典型用工问题及其规范》,《华东政法大学学报》2016 年第 6 期。

于承揽关系中的定作人。首先需要明确的是，车主与平台之间并非劳动关系，车主的工作时间由自己安排，收入并非由平台提供，反而是按一定比例与平台分成，这当中并无劳动关系中的隶属性。但也不能认为平台与车主之间构成劳务关系，虽然提供劳务方不隶属于接受劳务方这一点符合商业模式的专车运营，但二者也存在本质区别：第一，劳务关系中劳务提供者往往欠缺独立的工作技能、工作设备以及工作场所，在一定程度上仍然要受到接受劳务一方的指示，自己一般不享有独立的酌情裁量的权利；而私家车主只要接单就能独立开展运营服务而无须接受平台的具体指示。第二，劳务关系中对于提供劳务方一般没有特别的要求，但私家车要从事专车服务对车辆以及驾驶员的资质都有着严格的要求。第三，不能仅以乘客的常理认知一律使平台披上"承运人"的外衣，使其负担过重的法律责任。同时，平台与私家车主之间的法律关系也并非合同法上的承揽关系，将平台视为定作人也缺乏足够的法理基础。虽然私家车主在驾驶过程中的独立性与承揽人独立完成工作任务非常相似，但二者并不属于同一法律关系：一方面，定作人是工作成果的最终保有者，而商业合作模式中私家车主而非平台才是运行利益的直接享有人。另一方面，二者承担责任的基础也不同。定作人因其存在定作、指示或选任过失而承担侵权责任，其中定作过失是指定作的事项本身具有违法性，指示过失建立的前提是定作人对工作任务的行为进行了具体指示。而专车运营本身不具有违法性，且平台不对车主的驾驶过程进行指示，因此这两项过失对于平台均不适用。只有选任过失与平台对驾驶员和车辆的事先审查义务相契合，但这并不全面，定作人一般不负有对承揽人进行监管的义务，但专车运营过程中，私家车主需要通过用户的反馈接受平台的考核评价，考核的过程就蕴含着对车主的监督。

"四方协议"模式下平台一方面作为车辆的使用人，其对车辆的控制是直接的，另一方面也是驾驶员的用工单位，其负责驾驶员的日常管理及绩效考核等内容，与驾驶员之间并非平等而是一种隶属关系，正如有学者所言，"在租赁车＋代驾模式中，专车司机的劳动合同虽然是跟劳务派遣公司签订的，但他们实际是听专车软件运营商的指挥和监督，在为专车软件运营商提供劳动，工资实际也是由专车软件运营商控制和发放"①；相反，在商业合作模式中，平台对车辆和私家车主都不具有这种支配力，车主是一个独立的个体，与平台不存在隶属关系，他们接单与否、何时接单都由自己决定。车主不仅是驾驶人还是车辆的所有人，对车辆有直接支配力，也享有运行利益，而平台确实也为乘客和车主提供着撮合服务，但不能据此将平台定位为单一的居间人。② 与仅仅提供交易机会的居间服务不同，专车平台凭借自身的品牌力量吸引乘客，直接将乘客与特定专车匹配（乘客没有选择交易对象的自由），制定专车运营的交易规则，负责定价和结算，并从每一单的收益中提成20%。除此之外，在专车的整个运营过程中，平台对驾驶员和车辆都要履行事先审查、事中监督以及事后评价的职责，也就是说平台仍然具有一定的控制力，只是不具备"四方协议"模式下的支配管理能力。平台对专车服务的影响和介入都远非一般的居间服务提供者所及，因此，即便不是承运人，专车平台也并非传统意义上的居间人。实际上，专车服务作为网络空间与现实交易的一种无缝融合，平台不仅是专车运输服务这种社会交往的开启者和维持者，同时也是特定危险的开启者和维持者。其应当"根据具体情况采取必要的、具有期待可能性的防范措施"，③ 将因开启持续交往引起的危险降至法律所能容忍的程度，以保护第三人免受损害。此种"交往安全义务"源自德国判例法，最早称之为"交通安全义务"，如今涵摄的领域非常广，其本质在于对自身给外界造成的安全危险加以控制，对应到我国《侵权责任法》第37条就是所谓的安全保障义务。安全保障义务并不受介质的局限，亦适用于网络空间，④ 专车运营服务是安全保障义务在网络空间的自然延伸。专车平台作为线上撮合与线下交易的纽带，不但提供专车运营的技术支持，还制定交易规则积极地推动专车运营活动的开展。正如公共场所的管理人对于进入其管控

---

① 张素凤：《"专车"运营中的非典型用工问题及其规范》，《华东政法大学学报》2016年第6期。
② 如Uber提供的《中国用户使用条款》第2.3条就载明，"Uber声明其仅是一家技术服务提供商，并不提供出租车辆、驾驶车辆或公共交通运输服务。乘客获取的运输服务是由作为独立的第三方服务提供者的合作司机提供的，Uber只是充当乘客和合作司机交易之间的中间人"。
③ 周友军：《交往安全义务理论研究》，中国人民大学出版社2008年版，第3页。
④ 参见刘文杰《从责任避风港到安全保障义务：网络服务提供者的中介人责任研究》，中国社会科学出版社2016年版，第209页。

领域的人所负有的安全保障义务一样，专车平台因其开启的社会交往和特定风险而对于乘客以及第三人也负有安全保障义务。

三　平台承担侵权责任的具体形态

根据杨立新教授的观点，侵权责任形态是指侵权责任由侵权法律关系的不同当事人按照侵权责任法的基本规则承担责任的基本形式，[①] 其关注的是多个责任人之间责任如何分配的问题，是由行为人承担还是由责任人承担，如果责任人是数人，那么在多数人责任之间是连带承担，还是按份承担，或者补充承担。据此，侵权责任形态主要有以下几种分类，自己责任与替代责任，单方责任与双方责任，单独责任和共同责任。由于平台在不同模式下法律定位的不同，导致其责任形态也有所差异。

（一）以运行控制和运行利益为基础的替代责任

我国学界和司法实务一般采"二元论"认定机动车交通事故的责任主体，即将运行控制和运行利益一起作为判断的标准。[②] 运行控制即危险责任理论，对机动车享有实际控制权利的主体，应当对该车辆行驶过程中引发的危险事故承担侵权责任，需要注意的是，这种支配和控制既可是直接的、具体的，也可是间接的、抽象的。运行利益理论即报偿理论，其理论基础在于"获得利益者负担损失（cuius commoda, eius et incommoda）"[③]。就专车运营而言，则是指在车辆运营的过程中谁享有运

[①] 杨立新：《侵权法论》，人民法院出版社 2013 年版，第 811 页。
[②] 参见王利明《侵权责任法研究》（下卷），中国人民大学出版社 2016 年版，第 321 页。司法实务的意见可参考最高人民法院《关于被盗机动车辆肇事后由谁承担损害赔偿责任问题的批复》和最高人民法院《关于购买人使用分期付款购买的车辆从事运输，因交通事故造成他人财产损失保留车辆所有权的出卖方不应承担民事责任的批复》，各地方高院的指导意见则更加直接规定了"运行控制"和"运行利益"理论，如重庆市高级人民法院《关于审理道路交通事故损害赔偿案件适用法律若干问题的指导意见》第 1 条："机动车发生道路交通事故致人损害的，一般由对该机动车具有运行支配力的主体与享有运行利益的主体承担相应赔偿责任。"
[③] ［德］克里斯蒂安·冯·巴尔：《欧洲比较侵权行为法》（上卷），张新宝译，法律出版社 2004 年版，第 10 页。

营的利益谁就要承担运营的风险以及责任,当然这种利益既包括因运行而产生的直接利益,也包括间接利益。因此,我们需要确定专车平台是否既对专车的运行占据事实上的支配地位,又获得了该运行产生的利益。笔者认为,专车平台在专车运行过程中完全符合以上两种理论构造。首先,平台是作为专车车辆的实际承租人,能够对专车进行实质上的控制和支配。虽然驾驶员是车辆的直接支配人,在驾驶过程中对行驶方向和路段享有一定的选择权,但在根本上是受到平台的规定或者指令约束的,且驾驶员的日常管理均由平台公司控制;其次,从运行利益来看,驾驶员的工资来源于他的劳动合同和劳务派遣协议,[①] 而非每单的运营收入,直接从网约车的运行中获取利益的仍然是平台。我国《侵权责任法》第49条就明确对车辆有运行支配和运行利益的占有人应当负担赔偿责任。最后,从平台与驾驶员的关系来看,根据上文所述,二者属于劳务派遣中的用工关系,驾驶员受到平台的指示、监督以及约束,只要交通事故发生在驾驶员执行职务之中,专车平台就应当承担作为雇主的替代责任,《侵权责任法》第34条第2款就是用工单位责任的立法体现。

综上,"四方协议"模式下平台是专车运输服务的承运人,是专车服务的核心组织者。平台对车辆和驾驶人拥有完全的控制和管理权,平台与车辆和驾驶员之间也形成了具有支配性的牵连关系,这种事实上的支配性正当化了控制人对被控制人或物的行为承担责任。[②] 同时,平台也是运行利益的享有者,根据"由获得利益的人负担危险"这一法谚,平台应当承担替代侵权责任。

(二) 以违反安全保障义务为基础的按份责任

1. 平台过错的判定:安全保障义务的违反

在商业合作模式下,私家车主作为承运人是交通事故侵权的第一责任人,平台虽然不是运输合同的承运人,但如果其对交通事故的发生存

---

① 夏利民、王运鹏:《论网约车平台的侵权责任》,《河南财经政法大学学报》2017年第6期。
② 申屠彩芳:《网络服务提供者侵权责任研究》,浙江大学出版社2014年版,第31页。

在过错也需要承担一定的责任。过错，即行为人对于损害发生所抱有的故意或过失之主观心态，一般而言，平台对于交通事故的发生并不存在故意。在网络用户侵犯知识产权或人格权的情形下，网络服务提供者的故意表现为"明知"，过失则表现为"应知"，而在私家车主驾驶专车发生交通事故时，无论平台对于相关隐患的存在是"明知"还是"应知"都只能算一种过失，即便其明知车辆不符合安全事项，也不意味着其对特定交通事故的发生存在故意。因此平台的过错就主要表现为过失，在过失认定客观化的趋势下，过失并不以行为人的主观意志为基础，而是以一个"理性人"或"善良管理人"的预见能力和识别能力为标准，而归根结底是对一个理性人应当履行的注意义务的认定。注意义务的标准并非是统一的，一般的注意义务仅要求义务主体谨慎、小心地行为（作为或者不作为）而不使自己的行为给他人造成损害，在专车运营过程中平台对其开启的特定风险应当承担的安全保障义务属于一种较高的注意义务，其应当积极主动地采取具有期待可能性的合理措施预防交通事故的发生。结合商业合作模式下专车运营的实际，笔者认为平台应当承担的安全保障义务包括三方面。其一，事前审查义务，即对私家车主及其车辆从事专车运营的资格审查。平台需要审核私家车主是否取得了《网络预约出租汽车驾驶员证》以及相关车辆是否取得了《网络预约出租汽车运输证》，从利益平衡的角度考量，这种事前审查应当是形式审查而非实质审查，即要求车主提供上述证件在平台的系统中备案，除非存在显而易见的缺陷，平台不对资质的真伪负责。这是由于实质审查既不可行又会耗费大量的成本，面对近乎"海量"的私家车，平台如果一一进行实质审查，则网约车产业的发展将会受到较大的束缚。其二，事中监督义务，即在运营过程中对车辆和驾驶员进行监督检查，此种义务的履行可以通过安装车载终端等手段，对车辆运行和服务过程进行实时动态监控（严格来说，监控义务与交通事故的发生并无必然关系，其主要目的在于确保线上线下的人车同一，最终也是为安全运营服务，可以将其作为考量的因素之一，但不能过分看重其比重）。其三，持续性核查义务，就车辆而言，需要建立定期核查、维护并备案的制度。就私家车主而言，应当建立用户评价等相应的信用评级体系。平台如果违反了上述安全保障义务，其对交通事故的发生就存在过错。需要明确的是，过错的证明应当采取推定的方式，即实行举证责任倒置。由于以上信息（证据）一般是专车平台公司的内部资料，受害人获取的可能性比较小，因此只要受害人能证明由于私家车主的原因发生了交通事故致使自己受到损害，其举证就已完成，需要由平台证明自己尽到了安全保障义务方可免责。

2. 平台的责任形态：按份责任的证立

平台违反安全保障义务需要承担侵权责任，那么，应当如何在车主与平台之间合理分配责任呢？这便涉及多数人侵权责任这种责任形态，具体而言可以分为连带责任、按份责任、补充责任以及不真正连带责任。司法实践中不少法院虽然认可商业合作模式下私家车主的承运人地位，但在认定交通事故侵权责任时又以平台作为经营者且获取经济利益为由要求其与车主承担连带责任。① 在理论界，有学者建议在平台与私家车主之间建立典型的不真正连带责任关系，即受害人既可以向车主求偿，亦可以选择向平台求偿，平台赔偿之后可以向有过错的车主追偿；② 也有学者认为可以直接援用《侵权责任法》第 37 条第 2 款违反安全保障义务的补充责任，即"网络约车平台因选任管理司机和车辆存在过错的应对私家车致人损害的行为承担相应的补充责任"。③

笔者认为，连带责任、不真正连带责任以及补充责任均不能恰当地解释商业合作模式下平台的责任形态。首先，实务中法院以平台在专车

---

① 例如在杜乾磊与范芝钢、胡辉、西安志华土方工程有限公司、北京小桔科技有限公司机动车交通事故责任纠纷案中，法院认为，胡辉作为网约车承运人应根据其过错对原告承担相应赔偿责任，北京小桔公司作为网约车平台的经营者并收取相应的管理费用，亦应当对胡某的赔付义务承担连带赔偿责任。参见西安市未央区人民法院（2015）未民初字第 07245 号民事判决书。在张召本诉冯全元等机动车交通事故责任纠纷案中，法院也认为，交强险不足部分由驾驶员冯全元承担侵权责任。鉴于本案原告系通过滴滴出行科技有限公司开发的平台接受租车服务，并由该平台安排乘坐冯全元的车辆，且在该平台的经营中获得利益，故对被告冯全元承担的责任部分，亦应承担连带责任。参见深圳市罗湖区人民法院（2016）粤 0303 民初 19812 号民事判决书。

② 刘明：《网络预约出租车的侵权责任分担机制》，《财经法学》2016 年第 5 期。

③ 李后龙、俞灌南、潘军锋：《分享经济背景下网络约车民事案件的疑难问题》，《人民司法》2016 年第 22 期。

运输服务中获取了经济利益就要求其与私家车主承担连带责任不符合连带责任的本质。连带责任往往与《侵权责任法》第 10 条的共同加害行为挂钩，强调数个侵权人之间的意思联络以及损害结果的不可分割性，但平台与车主之间不存在意思联络并且其造成的损害与车主造成的损害在一定程度上是可分的，第 10 条之外的教唆帮助、共同危险以及累积因果关系则也难适用于此种情形。其次，不真正连带责任虽然在形式上实行连带，但在实质上只有一个最终责任人，即实际侵权并应当承担责任的只有一方，另一方仅仅是"先行赔付"而已。而在专车交通事故侵权中，平台和驾驶员都对损害的发生有一定的过错和原因力，不会经历中间责任人到最终责任人的转换，因此无法适用不真正连带责任。最后，就补充责任而言，公共场所的管理人与专车平台存在一定的相似处，二者都由于违反了安全保障义务，属于不作为侵权，但这也不能完全论证补充责任的正当性。一方面，违反安全保障义务是否应该用补充责任（或者是否仅适用补充责任）在我国学界还存在较大的争议，曹险峰教授认为违反安全保障义务既有可能产生补充责任，也不排除按份责任以及单独侵权责任的存在，关键是看第三人行为是否中断了不作为行为与损害结果间的因果关系。[①] 李中原教授则主张根据安全保障义务人的过错形态适用不同的责任形态：若安全保障义务人故意违反安全保障义务的，应与第三人承担连带责任；若安全保障义务人与直接侵害人（第三人）均为过失的，应依《侵权责任法》第 12 条之 "分别侵权规则" 适用按份责任；若安全保障义务人疏于注意，而直接侵害人系故意侵权或者取得不当得利的，则二者处于不同的责任层次或级别，应当适用不真正连带责任。[②] 由此可知，仅仅根据《侵权责任法》第 37 条第 2 款难以从法理上论证安全保障义务的违反与补充责任之间存在必然联系。另一方面，在专车交通事故中让平台承担补充责任也难以实现责任分配之正义。补充责任的实质是将第三人作为终局责任人，但实际上，安全保障义务人"由于没有尽到合理限度范围的安全保障义务就表明了

---

① 参见曹险峰《〈侵权责任法〉第 12 条之按份责任正当性论证——兼论第 12 条与第 37 条第 2 款的关系》，《苏州大学学报》2014 年第 2 期。
② 李中原：《论违反安全保障义务的补充责任制度》，《中外法学》2014 年第 3 期。

他具有过错，此种过错行为与受害人的损害之间也存在相当因果关系，因此该义务人本身就应当承担一定的赔偿责任，而不能将其本身就应当承担的赔偿责任转嫁给第三人。[1] 专车平台由于未尽到一定的审查义务，其对于交通事故的发生具有独立的过错与原因力，就应当对自己的过错承担最终的责任份额，而不是行使"先诉抗辩权"让私家车主首当其冲。

商业合作模式下专车平台未尽到安全保障义务的行为仅仅加大了交通事故发生的概率，其主观上存在过失（一般来说平台对于交通事故的发生很难谓有故意之心态），而交通事故侵权责任与一般的侵权责任不同，车主在损害事故方面不存在故意或者重大过失等道德风险，[2] 此种情形正属于李中原教授列举的"安全保障义务人与直接侵害人（第三人）均为过失的"。且这两种过失总存在着时间的先后之差，专车平台的过失在前，私家车主的过失在后，因此，两者只能发生间接结合，应当适用《侵权责任法》第12条的按份责任。专车平台承担与其过错相应的按份责任是实现自由与公平相平衡的有效机制：首先，有利于保障个体行为自由，按份责任与过错程度紧密相关，平台没有过错就无须承担侵权责任，在理论层面符合"自己责任"和"过错责任"的私法原则，在实践层面又可以促进网约车产业的健康发展；其次，有利于实现实质公平。补充责任虽然也以过错为基础，但将营利性的平台置于私家车主的责任之后，车主面临的巨额赔偿对之难言公平，而按份责任则克服了这一局限，平台与车主需要分别承担各自的责任，在保障受害人得到充分救济的同时也使责任得到合理分配。

四　结语

不同运营模式下平台的法律定位不同，其承担侵权责任的具体责任

---

[1] 王利明主编：《中国民法典学者建议稿及立法理由·侵权行为编》，法律出版社2005年版，第71页。
[2] 熊丙万：《专车拼车管制新探》，《清华法学》2016年第2期。

形态也有所不同,因此《暂行办法》将平台定位为单一的承运人不符合专车运营的实际,应当结合具体模式加以区分。令人欣喜的是,民法典侵权责任编(室内稿)对"互联网+"与共享经济的时代背景做出了积极回应,其根据网约车运营模式的不同,以专条对网约车平台在交通事故中的侵权责任做出了区别性的规定,虽然并非专门针对专车平台,但仍有一定的借鉴意义。民法典侵权责任编(2017年10月31日室内稿)第46条规定,"网络预约机动车发生交通事故造成损害,属于该机动车一方责任,网络预约平台为机动车服务提供者的,网络预约平台与机动车使用人承担连带责任。网络预约平台仅提供媒介服务的,由机动车使用人承担赔偿责任;网络预约平台对损害的发生有过错的,承担相应的赔偿责任"。这即是说,室内稿第46条中平台的法律定位有"机动车服务提供者"与"媒介服务提供者"之分,这也契合上文提出的"承运人"与"安全保障义务人",这种区分理念殊值赞同。但该条中平台承担侵权责任具体形态的规定应当作出一定修正:根据室内稿第46条,当平台作为运输服务提供者时,平台与驾驶员承担连带责任;平台作为媒介服务提供者时,根据过错承担相应的责任。笔者以为,在前一种情形即平台自营或四方协议模式下,平台应当根据劳动关系或劳务派遣关系,并结合"运行控制"和"运行利益"承担无过错的替代责任;在后一种情形即商业合作模式下,车主承担承运人责任是没有疑问的,而平台的责任自然要与其过错相适应,但室内稿第46条仅以"相应"的赔偿责任予以概括过于笼统缺乏可操作性,结合上文,我认为应当更为明确地规定平台在违反安全保障义务时承担与其过错相应的按份责任,而不是补充责任抑或不真正连带责任。综上,侵权责任编(室内稿)第46条可修改为,"网络预约机动车发生交通事故造成损害,属于该机动车一方责任,网络预约平台为机动车服务提供者的,网络预约平台承担承运人责任。网络预约平台仅提供媒介服务的,由机动车使用人承担赔偿责任;网络预约平台对损害的发生有过错的,承担与其过错相应的按份责任"。

在上述理念的指导下,本文第一部分注释中提到的两个典型案例可以按照如下思路解决:在"四方协议模式下专车撞人案"中,驾驶员罗某作为劳务公司派遣到专车平台的劳动者,与劳务公司之间是劳动合同关系,与平台之间是用工关系,其在驾驶专车运送客人返回的路上也是其履行职务的一部分,在履行职务过程中致使第三人苟某严重受伤,用工单位专车平台应该在交强险之外承担替代责任,罗某在本案中不是适格的被告,但如果其存在过错,平台在赔偿之后可以根据双方的协议向其追偿,劳务派遣单位和汽车租赁公司有过错的,承担相应的补充责任。在"商业合作模式下专车撞人案"中,驾驶员马某作为车辆的占有使用人,与平台之间不存在劳务关系,应当独立作为承运人。由于涉及的车辆性质为私家车,其从事运营如果没有通知保险公司,根据《保险法》第 52 条相关规定,商业保险公司可以拒赔。① 因此交强险之外的损失首先要由驾驶员马某承担,专车平台对于损害的发生存在过错的要根据《侵权责任法》第 12 条之规定承担按份赔偿责任。

(责任编辑:刘明)

---

① 例如在程春颖诉张涛、中国人民财产保险股份有限公司南京市分公司机动车交通事故责任纠纷案中,法院认为以家庭自用名义投保的车辆,从事营运活动,车辆的风险显著增加,投保人应当及时通知保险公司,保险公司可以增加保费或者解除合同并返还剩余保费,投保人未通知保险公司而要求保险公司赔偿营运造成的事故损失,显失公平。本案被告张涛的营运行为使被保险车辆危险程度显著增加,张涛应当及时通知被告人保南京分公司,人保南京分公司可以增加保险费或者解除合同返还剩余保险费。张涛未履行通知义务,且其营运行为导致了本次交通事故的发生,人保南京分公司在商业三者险内不负赔偿责任。参见江苏省南京市江宁区人民法院(2016) 苏 0115 民初 5756 号民事判决书。

Big Data and Personal Information Protection
大数据与个人信息保护

个人信息保护中的"用户同意"规则：问题与解决

方 禹

(中国信息通信研究院互联网法律研究中心副主任)

内容提要 "用户同意"规则是建立在意思自治、平等自愿原则上的一项合理制度，在个人信息保护立法中得到广泛运用和认同，但是受限于法理基础、可操作性、实施环境等方面原因的制约，"用户同意"规则在实践过程中并未发挥应有的作用。对此，需要综合考虑互联网行业发展和个人信息保护的平衡，通过调整个人信息范围、调整网络服务提供者和用户之间的权利义务关系等方式，并考虑引用举证责任倒置机制，实现对"用户同意"规则的完善和发展，提高规则的科学性和合理性。

关键词 个人信息保护 用户同意 规则 完善

一 "用户同意"规则的立法现状

个人信息保护立法中的"用户同意"规则是指网络运营者[1]收集、使用[2]用户个人信息的活动应当经过用户同意(下文简称"用户同意"规则)。欧盟《一般数据保护条例》(GDPR)中指出，数据主体的"同

---

[1] 本文使用"网络运营者"的概念，参照《网络安全法》第76条第3项：网络运营者，是指网络的所有者、管理者和网络服务提供者。
[2] 为行文方便，文中不区分"收集"和"使用"，统一使用"收集、使用"个人信息的表述。一些国家和地区对收集个人信息和使用个人信息规定不同的规则，文中另行脚注。

意"是指数据主体依照其意愿自愿做出的任何指定的、具体的、知情的及明确的指示。① 由于"同意"（consent）一词的语义比较明确，大多数国家和地区个人信息保护立法中并没有对"同意"这一概念作出界定，而是直接规定"用户同意"具体规则的内容。例如，英国《个人数据保护法》（1998 年）规定，数据控制者只有在获得数据主体同意的情况下才可以收集和处理个人数据。② 韩国《个人信息保护法》将取得个人信息主体同意作为个人信息管理者收集和使用个人信息的前提。③ 新加坡在《个人数据保护法》（2012 年）中规定企业在收集、使用、披露个人数据之前必须经过个人主体的同意，法律另有规定的除外。④ 德国在《联邦数据保护法》第 4 条中规定，收集、处理和使用个人数据必须遵守本法和其他法律的规定，或者经数据主体同意。⑤

少数国家和地区（澳大利亚、韩国、中国澳门等）对特定情形下的个人信息收集、使用规定的是"用户知情"规则，并没有事先取得用户同意的强制要求。除此之外，大多数国家和地区个人信息保护立法基本都规定的是"用户同意"规则，即网络运营者需经用户同意后才能收集、使用用户个人信息。欧盟《一般数据保护条例》（GDPR）规定了用户同意的规则，英国《个人数据保护法》规定了"数据主体的同意"的规则，韩国《个人信息保护法》规定了需经信息主体同意的规则，新加坡《个人数据保护法》（2012）规定了需经个人主体同意的规则。

我国在个人信息保护立法中同样采用了"用户同意"规则。2012 年《全国人民代表大会常务委员会关于加强网络信息保护的决定》首次在法律性文件中规定了个人信息收集的"用户同意"规则，要求网络服务提供者和其他企业事业单位收集公民个人电子信息时，应当明示收

---

① GDPR 第 7 条，参见中国政法大学互联网金融法律研究院组织翻译的中文译本。
② 英国 1998 年《个人数据保护法》，数据控制者只有在满足下列条件之一的情况下才可以收集和处理个人数据：1. 数据主体的同意；…… （https://www.dlapiperdataprotection.com/index.html?t=collection-and-processing&c=GB）
③ 韩国《个人信息保护法》第 15 条：个人信息管理者可在以下情况下为收集的既定目的（intended purpose）收集并使用个人信息：(1) 取得信息主体同意的情况；……
④ 新加坡《个人数据保护法》（2012 年）第 13 条：企业在收集、使用、披露个人数据之前必须经过个人主体的同意，法律另有规定的除外；……
⑤ 参见 http://www.gesetze-im-internet.de/bdsg_1990/，最后访问日期：2017 年 9 月 25 日。

集、使用信息的目的、方式和范围,并经被收集者同意,不得违反法律、法规的规定。[1]《网络安全法》第41条规定:网络运营者收集、使用个人信息,应当遵循合法、正当、必要的原则,公开收集、使用规则,明示收集、使用信息的目的、方式和范围,并经被收集者同意。《电信和互联网用户个人信息保护规定》明确"未经用户同意,电信业务经营者、互联网信息服务提供者不得收集、使用用户个人信息"。此外,在特定行业管理中对"用户同意"规则也作出了规定,甚至提出了更高的要求,比如《征信业管理条例》[2] 规定,对于个人的收入、存款、有价证券、商业保险、不动产的信息和纳税数额等敏感信息的采集,征信机构必须在明确告知信息主体提供该信息可能产生的不利后果,并取得其书面同意后才能采集。

"用户同意"规则内容本身简单易懂,其法律制度设计具有法理上的应然性。个人信息保护在很大程度上以保护用户民事权益为核心。民事法律关系中,自愿原则是基本原则之一[3],"用户同意"规则是个人信息保护中自愿原则的自然体现。正是因为这个原因,在个人信息保护立法中,"用户同意"规则能够形成共识并被广泛采用,各国对该规则规定的具体内容也大体相同。对比国内外有关规定,个人信息保护的"用户同意"规则的具体内容主要有两个要素不可或缺:(1)事先同意。[4] 网络运营者在收集、使用用户个人信息前就应当经过用户同意。未经用户同意,不得收集用户个人信息;(2)明示同意。网络运营者应当通过明示的方式取得用户同意,而不能通过默示或者显著性不强的方式取得用户同意,比如"明确告知用户收集、使用信息的目的、方式和范围、查询、更正信息的渠道以及拒绝提供信息的后果等事项"。[5] 此

---

[1] 指的是能够识别公民个人身份和涉及公民个人隐私的电子信息。
[2] 《征信业管理条例》第14条第2款。
[3] 《民法总则》第4条:民事主体从事民事活动,应当遵循自愿原则,按照自己的意思设立、变更、终止民事法律关系。
[4] 部分国家和地区规定的是知情规则,并非对收集、使用都要求事先同意,如欧盟1980年《关于隐私保护与个人数据跨境流通指南》(*OECD Guidelines on the Protection of Privacy and Trans-border Flows of Personal Data*)的"限制收集原则"(Collection Limitation Principle)兼顾了同意和知情;而在"限制使用原则"(Use Limitation Principle)中明确了用户同意。
[5] 《电信和互联网用户个人信息保护规定》第9条。

外，也有部分国家个人信息保护立法中对用户同意权规定得更为深入，还进一步对"撤回同意"作出规定，规定用户随时有权撤回其对网络运营者的同意，比如欧盟《一般数据保护条例》（GDPR）规定"数据主体有权随时撤回其同意"[①]。

"事先"和"明示"这两个要素基本可以构成比较完备的"用户同意"规则的内容，在很多国家和地区的个人信息保护立法中都成为比较成熟的法律制度，具体实践中也基本争议不大。[②] 随着个人信息保护立法的发展和完善，个人信息监管要求不断细化，实践中也在对"用户同意"规则不断优化和改良，比如针对用户大多不会认真阅读"隐私政策"（privacy policy）的问题，网络运营者会采取技术方式强化对用户同意权的告知，在用户将滚动条完全拖拉至隐私政策全文的底部以前，无法点击"同意"按钮，或者通过强制读秒的方式，在展示隐私政策的一定时间内（如10秒、30秒），用户无法点击"同意"按钮，甚至是在具体应用场景中通过"弹窗"这种强告知方式来提示用户选择是否同意，以不断强化取得用户同意的过程。

二 "用户同意"规则实践存在的问题

在个人信息保护立法中采用"用户同意"规则的做法，基本成为共识。"用户同意"规则在实践中不断得到完善，操作也更为科学化，似乎应该成为个人信息保护中最为有效的一项制度设计。然而，实践中存在的很多问题，架空了"用户同意"规则，弱化了其实施效果，导致"用户同意"规则没有发挥出应有的作用。

（一）逻辑基础发生偏移

"用户同意"规则的制度设计应该是一项触发性规则，即网络运营

[①] 欧盟《一般数据保护法案》（GDPR）第7条（The data subject shall have the right to withdraw his or her consent at any time.）.
[②] 学界有不同观点，参见任龙龙《论同意不是个人信息处理的正当性基础》，《政治与法律》2016年第1期。

者提供服务的目的并不是收集、使用用户个人信息，而是在提供服务的过程中，因为需要收集、使用用户个人信息，触发了"用户同意"规则，由网络运营者征求用户的意见，根据用户是否同意的情况来确定是否收集、使用用户个人信息，用户同意则收集、使用，用户不同意则不收集、使用。然而，实践中该规则已经逐渐演变成免责性规则，很多网络运营者以收集、使用用户个人信息为目的，并且以取得用户同意作为免责性的前提。"用户同意"规则由"需要收集、使用用户个人信息时经用户同意"的触发性规则，变成了"只要取得了用户同意就可以收集、使用用户个人信息"的免责性规则。这与"用户同意"规则的设计初衷不符，"用户同意"规则由"安全阀"变成了"保护伞"。

虽然一些网络运营者采取了诸如"强制读秒""下拉最底页"等强化告知的优化和改良措施，但"用户同意"规则还是没有取得应有的实施效果，对于个人信息保护实际上产生的促进作用有限。从某种程度上来说，反而加剧了对个人信息的侵犯。"用户同意"并没有对网络运营者收集、使用个人信息形成实质上的制约，相反却成为网络运营者收集、使用个人信息的"避风港"，用户在使用网络服务时，不得不以同意收集、使用个人信息为对价来获取相关网络服务。"用户同意"规则在一些场景中成为象征性过程，网络运营者以"用户同意"为保护伞，几乎可以不受限制地收集、使用用户个人信息。"用户同意"规则的设计初衷是作为用户实现个人信息保护的防御机制，但在实施过程中却变成了一条"马其诺防线"，失去了其本应有的制度价值。

"用户同意"规则设计的逻辑基础应当是网络运营者基于提供服务的必要而收集、使用用户个人信息，超越服务所需而进行的收集、使用用户个人信息的行为改变了该规则的逻辑基础，从而也直接影响到该规则的实施效果。这是"用户同意"规则在实践中形同虚设的根本原因。很多时候，网络运营者其实并不需要收集、使用用户个人信息，就可以提供相应的服务，或者收集、使用的用户个人信息与提供服务之间并不直接关联。然而，由于"用户同意"规则的逻辑基础发生偏移，导致收集、使用个人信息的行为成为提供网络服务的必选项。用户在使用网络服务时（特别是使用一些应用程序时），虽然对技术要求不是很明白，但是直觉上也能感觉到网络运营者收集、使用个人信息的目的和范围都超出了必要的限度。事实上，网络运营者也很少能够公开或者向用户充分说明其收集、使用用户个人信息的必要性。

（二）同意权被弱化为知情权

"用户同意"规则是基于用户的同意所进行的收集、使用，因此该规则应当建立在用户能够同等使用服务的前提下——用户同意与否不直接影响其享受服务，但是可能因为不同意而导致服务内容、质量等发生相应减损。然而事实上，"用户同意"规则被扭曲为"用户不同意即不能使用服务"——当用户不同意网络运营者收集、使用个人信息时，网络运营者直接拒绝提供服务。这种扭曲使得"用户同意"实际上变成了"用户知情"，用户只是知道网络运营者收集、使用其个人信息，但并无实质上的选择能力。只要用户需要获得服务，就必须接受同意，因此对于网络运营者来说，只是履行一个告知义务。用户能够保障的权利只有知情权。用户在个人信息保护活动中的参与度和选择能力大大降低了。从而，在完善和推进个人信息保护工作的过程中，强化对用户提示（如强制读秒、下拉最底页等）的做法，只能保证用户知情，而无益于用户同意权的实现。

（三）用户救济成本高昂

虽然"用户同意"规则在个人信息保护立法中已经明确，但是救济成本也直接关系到权利的实现效果。事实上用户同意权得不到保证时，用户救济成本十分高昂。如果网络运营者不能保障用户同意权，用户不得不付出较大成本来实现救济。通常，用户寻求救济的途径包括私力救济和公力救济两种，私力救济由用户直接向网络运营者主张，这种途径相对便捷高效，但是需要网络运营者配合才能实现，在没有其他外力干预的情况下，网络运营者配合救济的可能性往往较低。公力救济包括行政机关的干预和司法途径，两者都以强制力为保障，因而需以程序正义为基础，实现权利救济需要经过严格的程序，对于用户来说，时间成本、金钱成本和举证成本都很高昂。用户同意权相对人身、财产权利而言，权利价值较低，很难想象用户为了同意权救济而付出较大成本。

还有一种极端情形可能存在，即使用户选择不同意，网络运营者仍然继续收集用户个人信息。比如，网络运营者提供了是否同意收集位置信息的选项给用户，而用户选择拒绝向网络运营者提供位置信息，网络运营者虽然在前端页面显示由于用户拒绝而不会收集用户位置信息，但是在提供服务的过程中，仍然有可能通过后台的方式收集用户位置信息，用户对此也难以发现或者证明。网络运营者提供"同意或不同意"的选项，只是为了在形式上满足合规性，实际上无论用户是否同意，网络运营者都会收集用户个人信息。网络服务商则通过这种表面合规的方式，掩盖其后台收集用户个人信息的行为，隐蔽性很强，即使用户发现后予以主张，也很难对其进行取证。

主观上，用户同意权被侵犯时所需要面临的高昂救济成本，也会降低用户积极主张同意权的期待和热情，倾向于不对自己的同意权是否得到保证、是否得到充分保证的问题过于追究，这对用户同意权实践中的实施效果也会产生影响。

三 "用户同意"规则产生问题的原因分析

"用户同意"规则之所以存在上述问题，不能发挥其应有效果，包含了多层次原因，既有法理上的原因，也有规则操作方面的原因，以及实施环境的原因，这些原因的综合作用架空了"用户同意"规则，影响其实施效果。

（一）"用户同意"规则的法理基础不足

1. 个人信息权利并非自然权利

个人信息权是随着社会经济发展、技术水平提高而提出的一项权利，并非自古有之，同时也还没有完全成为一项法定权利。《民法总则》在制定出台过程中，对个人信息保护的问题给予了关注，但是最终也没有将个人信息明确确定为一项权利。个人信息应该受到保护的权利并非一项自然权利，不同时期、不同主体对个人信息保护的观念也存在差异，个人信息具有法定权利的属性。

首先，不同时期的个人信息保护的诉求大不相同。前互联网时代和互联网时代，人们对于个人信息保护的态度大不相同。前互联网时代，基于电信服务，用户对个人信息的收集、使用并不敏感，甚至有主动沟通联系的欲望。从另一个角度看，渴望交际也是人的基本情感需求之一。在信息通信相对不发达的前互联网时代，很多人都主动把自己的个人信息向社会公布，比如早期的电话黄页本，很多人对于自己的电话出现在黄页本上，不仅不感觉反感，甚至觉得是一件很期待的事情。然而，随着信息通信技术的发展和普及，人与人之间交流联系越来越方便，人们对于沟通联系的欲望随之下降。进入互联网时代后，信息通信技术已经能够充分满足人们对交际情感的需求，个人信息的传播和滥用已经开始演变为对个人生活安宁的一种侵犯。个人信息保护从人们的不关注、不敏感向权利化转变，不断有观点开始主张保护个人信息是一项基本民事权利。

不同主体对个人信息保护的态度也相差迥异。囿于职业、身份、经验、性格、喜好等多种因素的差异，不同的人对于自身个人信息的被收集、被使用的方式持有不同的态度。一部分人的个体意识、维权意识等较强，十分关注自己的个人信息被收集、被使用的情况，对个人信息保护具有较高的诉求，积极主张个人信息保护相关权利。与此相反，还有另一部分群体，对个人信息保护并不在意，甚至也不认为是一项个体权利，比如在服务行业、商业领域，特别是销售人员，一般都会积极、主动向社会公众公开自己的个人信息，期待自身特定类型的个人信息在更广的范围内扩散。

信息具有传播的潜在要求，只有处于传播中的信息，才产生相应的经济和社会价值。个人信息保护的问题不是从来就有的，正是由于个人信息的传播产生了价值，才出现个人信息保护的需要。在20世纪90年代中期，人们就逐渐开始认识到，信息技术的发展以及信息社会的形成，使得个人信息的收集、处理、储存、传输和使用变得更加容易和便捷。信息技术的广泛使用，使得个人信息传播的途径、方式等不断革新，个人信息传播的频率、速度、去向等也发生了大幅变化，变得越来越超出个人的控制范围,产生了个人信息保护的命题以及需求。因此,无论是在历史环境中分析,还是基于社会普适性考量,个人信息都不是一项自然权利,而应该是一项法定权利。法定权利不是当然的权利,而是一个由特定主体到一般主体,由少数人到全体公民的法律制度设计过程,其权利性质、权利内涵等都是基于社会发展水平和法律进步水平而不断调整的。

2. 民法不足以实现个人信息保护的目的

有观点认为,个人信息自决权不能充分实现是"用户同意"规则存在问题的主要原因。网络环境下,用户缺乏对其个人信息的决定自由与控制能力[1],"用户同意"规则的法理基础是民法的自愿原则,主要以民事法律为渊源,基于民事法律关系进行的制度设计。民事法律关系主要是建立在主体双方平等的基础之上,双方对于建立民事法律关系具有大致相当的意思自治能力,能够在建立民事法律关系之前,平等地就双方拟确立的权利义务关系进行主张和调整。如果主体力量不对等,就有可能出现强势一方基于优势的谈判地位,签订不利于弱势一方的民事协议,这时就有必要通过保护性规则或者行政保护来平衡双方的不均势,实现平等的民事法律关系,比如在供水、供电、供热等公共服务领域,居民在签订服务协议时,几乎没有谈判的筹码,就有必要通过对格式合同条款的特别规定[2],来确保弱势当事人的利益得以保护。在个人信息保护领域,网络运营者与用户之间同样处于力量不对等的状况,由于技术水平不对等,用户难以获知网络运营者提供服务需要收集、使用哪些类型的个人信息,也难以判断提供其用户个人信息与网络运营者提供服务之间的直接联系;由于利益状态不对等,用户放弃获取服务的损失,与网络运营者放弃单个用户(拒绝提供个人信息的)的损失之间,利益失衡情况十分明显。用户在选择是否同意网络运营者收集、使用个人信息时,面临着"拒绝即无服务"的困境,网络运营者表面上给出是否同意的选项,但是用户只能选择同意。这也正是为什么大多数用户在同意

---

[1] 参见任龙龙《论同意不是个人信息处理的正当性基础》,《政治与法律》2016年第1期。
[2] 我国《合同法》中的有名合同就包括"供用电、水、气、热力合同"。有名合同的目的之一就是调节当事人之间的利益状态严重失衡。

收集、使用个人信息时，都不愿意仔细阅读"隐私政策"的原因。

可见，以民法体系来保护个人信息的法理基础不足，需要通过民法体系的特殊保护，如考虑在《合同法》中将"隐私政策"列为有名合同之一，或者通过行政法体系来实现个人信息保护。2017年通过的《民法总则》对个人信息保护问题就采用了模糊处理的办法，既没有规定"个人信息权"，也没有明确个人信息保护的救济途径①。反观个人信息保护行政立法，对个人信息保护的规定就比较明确，如《网络安全法》《电信和互联网用户个人信息保护规定》等都作出了比较全面的规定。

3. 个人信息保护法益实现不足

很多人主张，个人信息在于保护个人权益，提出有关的权利学说，如认为个人信息权是一项独立的民事权利，②指出"个人信息主要体现的是一个人的各种人格特征，故个人信息权是一种新型的具体人格权"；认为个人信息是一项财产权，③指出"个人信息财产权是主体对其个人信息的商业价值进行支配的一种新型财产权"；认为个人信息属于数据所有权④，认为企业和用户享有不同层次的所有权。一直以来，对于个人信息权的探讨始终十分激烈，基于不同视角分析个人信息权的权利属性各有其合理之处。在大数据产业发展的推动下，确定数据（其中个人信息是重要的数据形式之一）权属问题成为越来越紧迫的问题。这些对个人信息权利的探讨，都是在民法框架下展开的，以保护个人权利为法益，体现了个人信息保护立法的思路。然而，跳出民法保护的视角能够进一步发现，实际上个人信息保护问题在不同时期、针对不同主体都有不同的性质和地位。特别是中国具有"熟人社会"的整体环境和"善于隐忍"的国民性格，个人信息保护的个体法益相对较小，个体主张权利的欲望并不强烈。虽然在电信和互联网诈骗案件中，个人信息保护问

---

① 《民法总则》第111条："自然人的个人信息受法律保护。任何组织和个人需要获取他人个人信息的，应当依法取得并确保信息安全，不得非法收集、使用、加工、传输他人个人信息，不得非法买卖、提供或者公开他人个人信息。"
② 王利明：《论个人信息权在人格权法中的地位》，《苏州大学学报》2012年第6期。
③ 刘德良：《个人信息的财产权保护》，《法学研究》2007年第3期。
④ 王融：《关于大数据交易核心法律问题——数据所有权的探讨》，《大数据》2015年第18期。

题呼声高涨，认为个人信息泄露是电信和互联网诈骗能够成功实施的关键。但是，通过个人信息保护立法来打击电信和互联网诈骗的因果联系不强。相比之下，大规模的个人信息泄露事件往往对公共利益造成较大侵害，比如 CSDN（www.csdn.net）用户信息泄露事件[①]、天涯社区个人信息泄露事件[②]、12306 网站泄露用户隐私信息事件[③]等，以及个人信息跨境流动所带来的国家信息安全风险等，都直接对国家安全层面形成威胁。

因此，在民法保护的基础上，个人信息保护还需要实现更多的法益，比如确保信息安全、国家安全等。《网络安全法》就将个人信息保护问题列入"网络信息安全"章节。相对个体权利的保护，这是当前个人信息保护更为需要实现的法益。基于此种考虑，个人信息保护需要重点规范的是，收集主体是否是境外组织和个人，确保有关个人信息的数据依法有序跨境流动等等。这些因素都是有可能对国家安全（网络安全和信息安全）产生影响的问题。当前我国个人信息保护的重点工作，也正是要解决这些因素所可能带来的隐患，而非仅围绕个人信息保护个体权益的焦点推进个人信息保护立法工作。

在实现公共安全的法益的命题下，"用户同意"规则就显得或有或无，比如针对跨境数据流动问题，即便网络运营者逐一取得每个用户的同意，也不应允许其向境外整体转移个人信息的数据。《网络安全法》对此就有规定，要求"关键信息基础设施的运营者在中华人民共和国境内运营中收集和产生的个人信息和重要数据应当在境内存储。因业务需要，确需向境外提供的，应当按照国家网信部门会同国务院有关部门制定的办法进行安全评估；……"《网络安全法》没有在跨境数据流动制度中引入"用户同意"规则，就是因为此时公共利益的保护是主要法益。个人信息保护的重点不仅仅在于个体权利保护，同时涉及公共利益保护，"用户同意"规则并非个人信息保护的通用规则。

---

① 参见人民网 http://legal.people.com.cn/GB/17441462.html，最后访问日期：2017 年 9 月 20 日。
② 参见新华网 http://news.xinhuanet.com/fortune/2011-12/27/c_122490234.htm，最后访问日期：2017 年 9 月 20 日。
③ 参见中关村在线 http://news.zol.com.cn/498/4988108.html，最后访问日期：2017 年 9 月 20 日。

(二)"用户同意"规则可操作性不足

免费服务是互联网商业模式的核心内容。网络运营者想要实现利润就必须有流量或者有用户。无论是强调流量还是强调用户数量,免费模式都是网络运营者实现流量、用户数量的首选方案。然而,网络运营者具有企业属性,以逐利为目的,免费模式不仅不能给企业带来直接的利润,反而在不断增加其成本和支出,需要靠前期大量投入来维持商业模式运转。即便如此,互联网领域又具有强开放性、强竞争性的特点,很少有网络运营者能够保证其用户黏性足以支撑其向用户收费,即便是超大型的网络运营者,也不会轻易向其用户收费。因此,只有调和了免费模式和赚取利润两者之间的矛盾,才能够实现成功的互联网商业模式。

如果不能通过直接收费的方式实现盈利,互联网行业实现盈利模式的途径大致只有增值服务、在线广告和电子商务等几种主要形式。其中在线广告服务是比较常见,也是很多网络运营者比较看重的商业模式。在线广告的营利模式十分常见,网络运营者通过在线广告来赚取收入,以弥补其向用户免费提供服务的投入,并进一步获得利润。在线广告投放也同样追求收益,广告主倾向于向精准式的投放广告支付更高的广告费。实现精准的广告投放的有效途径就是获取足够充分的用户个人信息,以准确描绘出用户的个人喜好、购物欲望等。而不能收集足够多的用户个人信息,就难以实现精准广告投放,提高投放效果。

在难以直接向用户收费实现盈利的情况下,网络运营者与用户本质上在进行着利益交换,用户用自己的个人信息来交换网络运营者提供的服务。如果用户权益没有遭受直接侵犯,网络运营者和用户之间基本形成了默契。"用户同意"规则在具体服务过程中,也就变得可有可无了。

除了营利模式的问题,规则的实现方式在实践中也缺乏标准。《网络安全法》规定"网络运营者收集、使用个人信息,应当……,明示收集、使用信息的目的、方式和范围,并经被收集者同意"。实践中,对于如何理解并适用这种规则,存在不同的理解。目前来看,征得用户同意有显性和隐性两种方式,显性方式主要是通过用户协议、弹窗提示等方式直接征求用户的同意,并告知用户收集、使用信息的目的、方式和范围。隐性方式包括几种：(1) 默认同意，即默认向用户展示同意的选择，引导用户直接同意，如通过唯一的"下一步""同意"等按钮引导用户点击来获取用户同意（包括直接勾选同意的情形）；(2) 暗示同意，亦即使用十分隐晦的方式表明收集、使用用户个人信息的行为，理论上获取用户同意，如地图软件提示用户输入家庭、单位住址，实际上就是在收集用户个人信息（同时还是较敏感的信息），大多数用户实际上都感知不到自己的个人信息被收集了；(3) 静默同意，即完全不向用户展示选择同意的页面，如需要用户进一步点击"用户协议""自定义"等按钮才能发现存在涉及收集、使用其个人信息的条款，直接默认用户同意了这种收集、使用行为，这种情形比暗示同意的程度更深，用户完全不知道征求同意的过程，严格意义上说，都没有征求过用户同意。

通过上述隐形方式取得用户同意，可能存在违反《网络安全法》的情形，需要通过执法途径解决，比如静默同意的形式，实际上就不符合《网络安全法》"明示收集、使用信息的目的、方式和范围，并经被收集者同意"的要求。但是，对于默认同意、暗示同意两种形式，需要进一步研究其合法性问题。从形式看，这两种方法取得用户同意与《网络安全法》的要求是否相符值得探讨。《网络安全法》只规定了"明示收集、使用信息的目的、方式和范围"，但是没有强调需要用户"明示同意"。

从用户角度看，用户的认知水平不断提高，也应当在一定程度上理解其网络行为的具体性质。截至 2017 年 6 月，中国网民规模达到 7.51 亿，占全球网民总数的五分之一。互联网普及率为 54.3%，超过全球平均水平 4.6 个百分点[①]。可以推断，在当今信息技术发展水平下，人们对于勾选同意的认知水平要远大于信息技术发展不成熟的时代。在选择使用一款应用程序（app）或者网络服务时，人们认知和使用互联网的能力不断提升，对于点击按钮、勾选同意等行为的理解，较之过去有所提升。同时，用户也很少因为个人信息收集、使用的问题而产生困扰。

---

① 数据来源：第 40 次《中国互联网络发展状况统计报告》。

用户选择的理性程度也不断提高，对用户体验的感知更加敏感。由于大多数用户已经能够熟练使用信息技术产品，在选择应用程序或服务时，一般已经有了明确的意愿，用户在用户体验和个人信息权保障之间，往往更多地关注用户体验问题，频繁地、强硬地通过"明示"方式取得用户同意，无疑将降低用户体验，同时也并非用户关注的重点。对于网络运营者来说，不断地强化向用户取得同意的过程，容易增加用户的不信任感，对其自身业务发展的负面影响也不容忽视。

综上，无论是从用户的角度，还是从网络运营者的角度，"用户同意"规则本身在操作性上就存在问题，这也是该规则在实践中难以发挥作用的重要原因之一。

（三）实施环境方面原因

中国社会传统就缺乏个人信息保护的意识。传统文化的长期熏陶，形成了中国的熟人式社会，每个人都身处于社会生活之中，亲朋之间互无禁忌，邻里之间"抬头不见低头见"，相互之间的交往十分频繁、密切，互相了解对方的个人信息，甚至是打探个人隐私几乎成为人们日常生活的主要部分。长此以往，人们已经对通过个人信息的交换来建立和维持熟人关系的做法习以为常，对个人信息保护的观念比较淡薄。即使是面对陌生人，如果只是一般意义上的侵扰，如手机号码等个人信息泄露所带来的骚扰电话、垃圾短信等等，往往也不会过分计较。个人信息保护的问题是监管部门、专家学者关注的焦点，但具体到用户本身，积极主张的欲望不强。"用户同意"规则是通过法律制度设计赋予用户的一项权利，用户是驱动该规则的直接参与主体，如果用户本身没有积极实现的动力，自然很难实现该规则的应有效果。

电信和互联网诈骗也加大了个人信息保护的难度。诈骗案件一直是电信和互联网领域的顽疾，随着打击犯罪活动的力度不断增强，人们防范诈骗的意识不断提高。电信和互联网诈骗的难度也与日俱增，但是诈骗团伙为了追逐巨额的犯罪收入，也同时在更新犯罪手段。通过获取准确的个人信息，往往就能够成功实施诈骗犯罪。黑市交易中，个人信息成为犯罪分子追捧的交易内容,形成了黑色产业链①,特别是价值极高的个人信息,比如利用服刑人员个人信息进行诈骗的案件中,由于被骗者验证真伪的难度极大,这类个人信息成为各方极力通过窃取等非法手段获取的目标。在某种意义上,电信和互联网诈骗的源头就是个人信息保护问题,近两年来比较出名的几起电信和互联网诈骗案件,都是因为个人敏感信息泄露所引发的,犯罪分子能够获取到准确的个人信息,是受害人被骗的关键,如徐玉玉案、中国人民大学教授被骗案等。

高额的犯罪利润导致个人信息黑色产业链日益庞大,难以在短时间内将其有效清除。黑色产业链对个人信息保护制度不断冲击,以获取更精准、更敏感的个人信息为核心目标,在这种黑色产业链的觊觎之下,个人信息保护"用户同意"规则能发挥的作用也十分有限。这种对个人信息保护客观环境的长期影响也不容忽视,个人信息得不到应有的保护,严重侵犯个人信息案件的时有发生,也会不断淡化用户行使同意权的积极性,降低网络运营者保障用户同意权的责任意识。

四 个人信息保护"用户同意"规则的完善思路

从长远看,"用户同意"规则实施效果不明显,会影响个人信息保护的实现目标,导致立法中进一步增加个人信息保护的严厉程度,实际上也会对产业发展形成制约,加剧产业发展和用户权益保护之间的矛盾。因此,有必要探讨对"用户同意"规则的完善思路,实现该规则的设计初衷,促进产业发展和个人信息保护的平衡。

结合理论分析和实践情况,目前的"用户同意"规则还存在很多瑕疵,该规则设计从保护用户的权利出发,但却没有实现保护用户权利的实际效果。目前,我国现行立法中,《网络安全法》对"用户同意"规

---

① 2009年,央视"3·15"晚会就对山东移动出售用户信息的行为进行披露。此后,2012年、2015年"3·15"都对个人信息买卖黑色产业链进行了揭示。此外,央视以及各类媒体对个人信息黑色产业链都进行过深入的报道。

则的规定较为原则。①这给未来个人信息保护对"用户同意"规则进行细化和完善，留出了立法空间和操作空间。进一步的立法或者实践中的操作，可以明确"用户同意"的具体形式和方法，平衡网络运营者的经营利益和用户体验。在细化和完善的过程中，应当遵循下述三个原则：

第一是利益兼顾，即同时照顾网络运营者和用户双方的利益，实现双方利益平衡，而非仅关注一方的利益。如果过分强调用户同意权的实现，苛以网络运营者较高义务，将有可能制约互联网行业发展。比如，基于互联网的虚拟性，即使网络运营者建立起较为完善的取得用户同意的程序，也很难确定授权同意的是否是用户本人。理论上可以进一步通过面部识别等技术来实现用户真实身份认证，但是这无疑将给企业增加较大的运营成本，不利于行业的长期发展。正如前文所述，用户本身的信息技术认知水平也在不断提高，也应当逐步具备基本的安全风险防范意识，避免被他人冒用自己的身份信息。因此，如何既能充分实现用户同意权，又能合理设定网络运营者的义务，需要坚持利益监管原则，实现双方权利义务相平衡。

第二是法益匹配，即基于更为重要的法益来调整和完善"用户同意"规则，通过实现法益来确定个人信息保护侧重于公法保护或者私法保护。个人信息保护的重点更多的是强调公共安全，实现公共安全是更为迫切的法益追求，因此应当基于这个原则来完善"用户同意"规则。

第三是区分处理，针对"用户同意"规则实践中所面临的实际问题，对涉及公共安全的个人信息保护问题和涉及个人权利的个人信息保护问题采用不同的法律制度，实现不同的法益，在公共安全部分弱化"用户同意"规则的采用，在个人权利保护部分，强调"用户同意"规则。为了实现区分处理，有必要对个人信息作更细化的分类。

遵循上述原则，完善"用户同意"规则。首先需要加速推进数据权属的基础性研究，明确个人信息保护的权利归属这一基本问题。鉴于前文所述原因，我国在个人信息保护立法中，在个人信息权利保护方面不

---

① 《网络安全法》第41条："网络运营者收集、使用个人信息，应当遵循合法、正当、必要的原则，公开收集、使用规则，明示收集、使用信息的目的、方式和范围，并经被收集者同意。"

一定要选择严格保护的立法模式，不宜将个人信息的范围划定过宽，同时通过具体法规、标准的方式对个人信息的各种类型作出细致的权属规定，将个人信息的范围限定在与个人信息密切相关的部分，对该部分个人信息保护采用"用户同意"规则，而其他部分的信息（与个人相关但属于窄范围的个人信息的）允许网络运营者合理进行商业化利用。

其次是需要具体化"用户同意"规则的实施指引。现有法律条款规定得较为原则，对于同意的形式、频次等还存在模糊的理解，需要通过细化法律规定、出台相关标准等方式进一步明确"用户同意"规则的具体内容，给网络运营者和用户双方都形成明确的指引。

最后是需要加大个人信息保护执法力度。"用户同意"规则充分发挥作用，还有赖于共同遵守个人信息保护立法要求的诚信环境。这种环境的建设有赖于法的权威性，而法的权威性是通过执法力度和水平来保证的。在完善"用户同意"规则的基础上，有步骤、有针对性地执法，逐步建立起个人信息保护执法体系和执法队伍，确保包括"用户同意"规则等在内的个人信息保护法律规定落到实处。

五　完善"用户同意"规则的具体措施

（一）分类规定

个人信息是一个广义的概念，目前立法中采取了"定性+定量"的方式。① 总体来看，个人信息划定范围比较宽，《网络安全法》所称"能够与其他信息结合识别自然人个人身份的各种信息"，这种界定几乎可以涵盖与个人有关的一切信息。对于公共安全来说，对个人信息作宽泛界定具有合理性。但是，对于个人权利来说，基于前述的传统观念、法益基础等分析，将个人信息范围界定过宽，就会产生前文分析的"用户同意"规则等各种问题。

最早在广告邮件（垃圾邮件）管理中，有"opt-in"和"opt-out"

---

① 《网络安全法》第76条第5项：个人信息，是指以电子或者其他方式记录的能够单独或者与其他信息结合识别自然人个人身份的各种信息，包括但不限于自然人的姓名、出生日期、身份证件号码、个人生物识别信息、住址、电话号码等。

两种规则①。"opt-in"是指用户主动选择加入后，广告商向其发送广告邮件，"opt-out"是指广告商向默认的用户列表发送广告邮件，用户选择退出的，广告商将其从用户列表剔除。"用户同意"规则的完善可以借鉴这一规则，首先对个人信息进行分类，区分为敏感信息（隐私信息）和一般信息。对于敏感信息（隐私信息）采用"opt-in"规则，即必须取得用户同意后才能收集、使用，对于一般信息采用"opt-out"规则，即默认收集、使用用户个人信息，但同时告知用户收集、使用的情况，用户拒绝收集、使用的才停止收集、使用活动。澳大利亚《隐私法》（1988年）中规定"关于一般信息，APP实体②仅在个人信息是与实现自身功能密切相关的情况下才可收集用户信息。关于敏感信息③，仅当用户明确同意实体收集其敏感信息，并且敏感信息与实体实现自身功能密切相关的情况下，实体才可收集个人信息。"韩国《个人信息保护法》没有明确体现"opt-in"规则，其中第20条规定：个人信息管理者管理的个人信息若从非信息主体方收集，应满足信息主体要求，向信息主体告知个人信息收集来源、个人信息管理目的等事宜。日本《个人信息保护法》规定个人信息处理业者在超出约定范围、约定目的使用个人信息时，才需要取得本人同意。④ 该规定的内容意指个人信息处理者在约定范围、约定目的内使用个人信息无须取得用户同意，也可以视为一种"opt-out"规则。

（二）限制使用功能

《网络安全法》规定"网络运营者不得收集与其提供的服务无关的个人信息"。该规定较为模糊，由于信息不对称和技术水平不对称，网

---

① 参见维基百科"Opt-in email"条，https：//en.wikipedia.org/wiki/Opt-in_email。
② 即个人信息的控制者和处理者。
③ 1988年《隐私法》所规定的个人敏感信息包括：（1）信息或观点，有关个人的：种族、政治观点、党派身份、宗教信仰、哲学信仰、专业或贸易组织成员身份、贸易联盟成员身份、性取向或经验、犯罪记录；（2）个人健康信息；（3）不属于个人健康信息的基因信息；（4）用于自动生物验证或识别的生物特征信息；（5）生物特征模板。
④ 日本《个人信息保护法》第15条，参见https：//www.ppc.go.jp/en/。其中，"个人信息处理业者"源自日语"個人情報取扱事業者"。

络运营者很容易说明其收集个人信息与其提供服务的相关性，用户很难质疑这种相关性。因此，有必要对《网络安全法》这一规定作出进一步的细化规定，要求网络运营者对其提供的服务与收集的个人信息作出公开、明确的说明（比如通过隐私政策的方式），由行业协会、监管部门等进行指导、监督，以行业自律、行政监管的方式来打破网络运营者与用户之间的信息不对称，要求网络运营者明确其提供的网络服务与用户个人信息项目之间的清晰对应关系，并进一步允许用户通过不使用某些服务的方式来拒绝提供相应的个人信息，从而改变当前"不同意即无服务"的模式，转而成为"不同意即限制服务"的模式。这种做法也在某些网络运营者的服务过程中体现出来，比如用户拒绝提供位置信息，网络运营者就不能提供导航服务。

（三）同意不免责

基于不同的法益，对"用户同意"规则作不同处理。基于公共安全的法益考量，"用户同意"不是必要条件。基于个人权利的法益考量，可以通过引入不免责机制来保证用户同意权的实现。现行立法中有一些"但书"的表述，如《征信业管理条例》第14条第2款规定"征信机构不得采集个人的收入、存款、有价证券、商业保险、不动产的信息和纳税数额信息。但是，征信机构明确告知信息主体提供该信息可能产生的不利后果，并取得其书面同意的除外"。这种"但书"的规定方式容易发生偏差，发生前述的逻辑基础偏移，从而更容易将其理解为免责性规则，而非触发性规则。例外规定往往会成为法律实施中的漏洞，通过符合例外性条款常常能够减少守法成本，导致例外规定变成一般性规定。相比之下，"原则（规则）规定"的表述具有更强的语气效果，更准确地体现出立法意图。比如，《电信和互联网用户个人信息保护管理规定》第9条规定"未经用户同意，电信业务经营者、互联网信息服务提供者不得收集、使用用户个人信息"。这样表述语义更为强烈，明确了"用户同意"是一项前提条件。因此，在个人信息保护立法过程中，不同的表述方式也可能影响规则的理解和实施效果，如果强调"用户同时"是一项前提条件，在其规则的表述中，就不宜使用"但书"的表述方式。

进而，在实体规定中进一步明确"用户同意"不构成网络运营者的免责基础。"用户同意"表明网络运营者收集、使用行为的合法性基础，但是网络运营者同时负有对个人信息妥善保管、合法使用等法定义务，这些法定义务都不能以"用户同意"作为抗辩基础。这一点需要通过明确的规定予以明确。

（四）付费不同意

正如前述，目前国内很多网络服务都是建立在免费模式上，一些网络运营者不得不通过收集个人信息来弥补收入上的损失。同时，从用户的角度来说，一些用户对于收集个人信息极为敏感。因此，可以考虑允许用户通过付费的方式来避免让渡自己的个人信息权利。对于一些实际上不收集用户个人信息也完全可以提供服务的网络服务类型，这种"付费不同意"的方式有利于平衡用户需求和网络运营者投入。目前比较典型的网络服务类型就是网络游戏服务，一般来说，游戏服务都不需要收集用户个人信息，大型网络运营者可以通过游戏增值服务、广告服务等弥补免费提供游戏服务的收入损失，而小型游戏服务提供者则无力实现，因而不得不通过其他方式来弥补收入损失，收集个人信息并商业化利用是常见的方式之一。为了规范和避免对个人信息的过度收集和滥用，可以通过立法形式来将"付费不同意"的规则予以固化，这同样也是强化了"用户同意"规则的实现方式，用户通过"付费不同意"规则能够更有力地实现其同意的权利。

（五）举证责任倒置

网络运营者和用户之间存在信息不对称、技术能力不对称，用户个人信息权利被侵犯时，很难提出有力的证明来支持其主张。网络运营者却掌握了大量的信息，即便是监管部门也不能有效掌握这些信息。这种不对称的现象与行政诉讼的情形十分类似，被告方掌握充分信息，而原告方却无力举证。比如，用户很难证明其个人信息是由网络运营者 A 所泄露，而非网络运营者 B。因此，在个人信息保护制度设计中，可以引入行政诉讼中的举证责任倒置规则，用户主张个人信息权利被侵犯的，由网络运营者来承担举证责任。比如，用户主张其个人信息被泄露，由被诉网络运营者来证明其个人信息保护措施得当，个人信息不存在泄露渠道等。这种规则在短期内会给网络运营者带来应诉压力，但是一旦举证责任倒置规则在个人信息保护领域普及和成熟，就能形成行业通行标准，破坏个人信息黑产业链，实现个人信息保护的预期效果。

六　总结

"用户同意"规则本着良好的设计初衷，以民法自愿原则为基础，看似十分合理。但是实践中仍然发生了很多问题，其法理基础、操作性、实施环境等不能为该规则提供保障。个人信息保护涉及不同行业领域、不同应用场景和不同的主体，制度设计十分复杂，需要建立多层次的制度体系才能有效调整和规范个人信息保护中存在的各种法律关系。"用户同意"规则虽然只是个人信息保护中的一项具体规则，但是在个人信息保护整体复杂体系中，也需要综合评判，面对"用户同意"规则实施过程中出现的各种问题，结合国内个人信息保护的客观环境和主观心态，对"用户同意"规则进行调整和完善，使该规则真正发挥应有的效果，促进个人信息收集、使用活动更为规范，维护个体权益和公共安全。

未来个人信息"用户同意"规则应当着眼于发展和保护的平衡，在缩小"个人信息"界定范围的基础上，基于个人权利保护的民事法律范畴，探讨和推进"用户同意"规则的完善思路和方法。缩小个人信息的划定范围是关键所在，在此基础上，通过强化网络运营者的保障义务、改变同意的具体方式、降低用户救济成本等措施，探索构建更为合理、好用的"用户同意"规则内容。

（责任编辑：李霞）

限制数据跨境传输的国际冲突与企业应对

邓志松 戴健民

(邓志松,北京大成律师事务所高级合伙人,博士;
戴健民,北京大成(上海)律师事务所合伙人)

内容提要 在经济全球化和互联网科技迅猛发展的背景下,基于数据主权,各国对于数据跨境传输的规制存在差异,从而引发国际冲突。我国《网络安全法》的实施对企业国际化运营提出了更严格的规制。相关企业应加强对不同法域限制数据跨境传输规定的认识,考虑数据存储本地化的要求,建立内部数据安全评估机制,并做好配合行政监管及法院诉讼中有关数据跨境传输的应对预案工作。

关键词 数据跨境传输 国际冲突 企业应对 数据本地化

引 言

数据跨境传输,广义上可定义为数据在国家之间的电子移动。[①] 数据天然地具有流动性,互联网产业的良性发展、信息与知识的传播更新等无不依赖于数据的自由流动,而全球化的深入发展则进一步凸显了数据跨国流动的现实需要。[②] 中国共产党第十八届中央委员会第五次全体

---

① 李思羽:《数据跨境流动规制的演进与对策》,《信息安全与通信保密》2016年第1期。
② 吴沈括:《数据跨境流动与数据主权研究》,《新疆师范大学学报》(哲学社会科学版)2016年第5期。

会议通过的《中共中央关于制定国民经济和社会发展第十三个五年规划的建议》提到,"实施国家大数据战略,推进数据资源开放共享"。实现数据自由流动和开放共享,是我国实施"走出去战略"、完善开放型经济体系的必由之路。

然而,自由与开放并不意味着毫无限制,基于国家主权、国家安全、经济发展和个人信息保护等方面的诸多考虑,各个国家和地区通常会对数据流动施以不同程度的限制。在大数据时代和全球网络安全立法浪潮的背景下,更多的立法者已经注意到需要在网络治理领域引入新的规范布局,提升网络安全的重要性并完善顶层设计。[1] 2016年11月7日,《中华人民共和国网络安全法》(以下简称《网络安全法》)经三次审议后于十二届全国人大常委会第24次会议正式通过,并于2017年6月1日起施行。其中,《网络安全法》第37条明确了对关键信息基础设施数据跨境传输的限制。

中国对网络安全和数据保护提出新的要求,特别是对数据跨境传输方面的限制,与其他国家/地区有关数据跨境传输的规定并不一致,甚至存在冲突。因此,数据跨境传输业已成为在华企业合规运营的一大挑战。特别是对于跨国经营的企业,其在许多情境下都需要跨境传输数据,同时其可能面对数据输出国法律的限制。如何应对数据跨境传输的需求与限制之间的冲突,成为中国企业走出去、外国企业在华经营都必须面对的问题。

一 数据及其跨境传输的概念

(一) 数据的概念及分类

数据(Data),从信息科学的角度看,是指用有意义的、可以识别的符号对客观事物加以表示得到的符号序列,是代表人、事、时、地的一种符号序列(不以文字为限)。[2] 从这个角度看,数据与信息两者差

---

[1] 吴沈括:《完善〈网络安全法(草案)〉二审稿的多维度思考》,《网事焦点》2016年第9期。
[2] 齐爱民:《拯救信息社会中的人格——个人信息保护法总论》,北京大学出版社2009年版,第78—79页。

别不大。实践中，许多国家、地区的法律文件（如《英国数据保护法》、香港《个人资料（私隐）条例》）都将数据与信息通用。因此本文不再对两者概念作区分。

根据国家对于数据的保护程度不同，可将数据分为不可披露的数据、限制跨境传输的数据和可自由跨境传输的数据。由于可自由跨境传输的数据通常不存在冲突问题，本文将不予赘述。

1. 不可披露的数据

不可披露的数据在本文专指国家秘密。[①] 依据我国《保守国家秘密法》第 2 条规定，"国家秘密是指关系国家安全和利益，依照法定程序确定，在一定时间内只限一定范围的人员知悉的事项"。从定义便可看出，未经法定程序，国家秘密是不允许被披露的。此外，《保守国家秘密法》对国家秘密的定密、层级、知悉范围以及传输的方式都作了严格规定，特别是第 26 条第 3 款规定："禁止在互联网及其他公共信息网络或者未采取保密措施的有线和无线通信中传递国家秘密。"对于国家秘密来说，原则上是不可对外披露的。

2. 限制跨境传输的数据

出于经济安全、社会稳定等方面的考虑，我国法律对某些方面的数据跨境传输进行了限制。例如，《网络安全法》第 37 条中规定关键信息基础设施的运营者在中国境内运营中收集和产生的个人信息和重要数据应在境内储存。2013 年 1 月 21 日，国务院公布的行政法规《征信业管理条例》第 24 条规定，"征信机构在中国境内采集的信息的整理、保存和加工，应当在中国境内进行。征信机构向境外组织或者个人提供信息，应当遵守法律、行政法规和国务院征信业监督管理部门的有关规定"；2011 年 1 月 21 日，中国人民银行发布的部门规范性文件《人民银行关于银行业金融机构做好个人金融信息保护工作的通知》第 6 条规定，"在中国境内收集的个人金融信息的储存、处理和分析应当在中国

[①] 商业秘密虽也属于不可披露的数据范围，但商业秘密的保护主体为商业秘密持有人，国家仅对侵犯商业秘密的行为进行规制，所以商业秘密不纳入本文讨论范围。对于需要经过《网络安全法》语境下的安全评估而被禁止出境的数据，则仍然视为限制跨境传输的数据的范畴。

境内进行。除法律法规及中国人民银行另有规定外，银行业金融机构不得向境外提供境内个人金融信息"。

实际上，在数据的纸质存储时代，国家也有限制数据出境的规定。例如我国《档案法实施办法》（1999）第19条第2款规定："各级国家档案馆馆藏的二级档案需要出境的，必须经国家档案局审查批准"。如今，随着档案的电子化，它们理所当然地也被限制跨境传输。

依据2017年4月国家网信办公布的《个人信息和重要数据出境安全评估办法（征求意见稿）》，"网络运营者向境外提供在中华人民共和国境内运营中收集和产生的个人信息和重要数据（以下称数据出境），应当按照本办法进行安全评估"，限制跨境传输的数据包括两个种类，即"网络运营者"在中国境内取得的"个人信息"与"重要数据"。这一征求意见稿对《网络安全法》第37条规定的"关键信息基础设施运营者"的主体范围进行了扩大解释。

（二）数据跨境传输

数据跨境传输的概念最初由经济合作与发展组织（OECD）于1980年在《关于保护隐私与个人数据跨境流动的指南》中提出：数据跨境流动，即个人数据的跨国界移动。[1] 其中的数据指代"关于可识别和可认定的个人的任何信息"，即个人信息。[2] 国际性非政府组织三边委员会（Trilateral Committee）在其报告中引用了联合国跨国公司中心的概念界定，认为跨境数据流动是"用于处理、储存和检索的，能够电子化和进行机读的数据的跨国境运动"。[3] 显然，三边委员会所引用概念中的数据不仅指代个人数据。结合对如今数据跨境传输的，三

---

[1] OECD. Article 1 (e), Guidelines governing the protection of privacy and transborder flows of personal data (1980) (https://www.oecd.org/sti/ieconomy/2013-oecd-privacy-guidelines.pdf). 虽然该指南在2013年进行了一定修改，但是其中的基本定义没有变化。

[2] OECD. Article 1 (b), Guidelines governing the protection of privacy and transborder flows of personal data (1980) (https://www.oecd.org/sti/ieconomy/2013-oecd-privacy-guidelines.pdf).

[3] Trilateral Committee. Report on the Trilateral Committee on Transborder Data Flows (2010) (http://web.ita.doc.gov/ITI/itiHome.nsf/0657865ce57c168185256cdb007a1f3a/c444e0e6174952b5852575d10 07eaec2/%24FILE/Report%20of%20the%20Trilateral%20Committee.pdf), p.3.

边委员会引用的概念更具合理性,即不将数据跨境传输局限于"个人数据"方面。

在信息社会全球浪潮的大背景下,目前以云计算、大数据、移动互联网以及物联网等新生事物为突出代表的新一代信息技术已得到了广泛应用并且已明文上升为国务院确定的"国家级新兴战略产业"。[①] 以创新为基因与灵魂的新一代信息技术正在以前所未有的速度冲击现存秩序的藩篱,对现存的互联网治理规范带来一系列全新的挑战,数据的传输方式就因信息技术的发展而发生了极大的变化。[②]

互联网普及之前,大部分的数据跨境转移还是在特定方之间通过物质存储媒介传递来实现。如今,技术革新与社会沿革已彻底打破了传统的数据跨境转移的模式,通过互联网进行电子数据的传输已经成为数据转移的主流方式。本文中的数据传输,包括电子数据的传输特定方之间的对接传输、一方访问另一方的云端数据库或服务器获取数据,以及第三方访问云端数据库或服务器获取电子数据实体载体的跨境传输。

二 限制数据跨境传输的国际规制差异

冲突来源于差异,正是因为不同国家对数据跨境传输的限制主体、数据类型以及规制模式存在差异,才导致了传输过程中冲突的产生。目前在国际上存在几种主流的规制模式。表1摘自 Albright Stonebridge Group 咨询公司于2015年9月发布的一份报告,比较全面地呈现了近年来世界范围内数据本地化(Data Localization,即将数据储存在本国境内)立法的层级和情况。

[①] 《国务院关于加快培育和发展战略性新兴产业的决定》,http://www.gov.cn/zwgk/2010-10/18/content_1724848.htm。

[②] 吴沈括:《数据跨境流动与数据主权研究》,《新疆师范大学学报》(哲学社会科学版)2016年第5期。

表1　　　　　　　　世界范围内数据本地化立法情况

数据本地化强度	国家（地区）
强：明确要求数据必须储存在境内服务器上	文莱、中国、印度尼西亚、尼日利亚、俄罗斯、越南
事实要求：相关法律对数据传输的要求相当于数据本地化	欧盟
部分要求：诸多措施要求在跨境传输前征得数据主体的同意	白俄罗斯、印度、哈萨克斯坦、马来西亚、韩国
轻微要求：在某些条件下限制跨境传输	阿根廷、巴西、哥伦比亚、秘鲁、乌拉圭
特定领域要求：仅在特定领域如医疗、电信、金融及国家安全领域限制	澳大利亚、加拿大、新西兰、中国台湾、土耳其、委内瑞拉
无规定：没有已知的数据本地化法律要求	美国等其他国家

资料来源：Albright Stonebridge Group. *Data localization*, *A Challenge to Global Commerce and the Free Flow of Information*, Sept, 2015.

（一）不同法域的规制模式

1. 欧盟

即将于2018年5月生效的《一般数据保护条例》（以下简称"GDPR"）第五章规定了跨境传输的有关规范。虽然曾经的《数据保护指令》（EC Directive 95/46，将被GDPR替代）规定了数据自由流动的原则，禁止成员方以个人数据保护为借口，阻碍数据的自由流动。[①] 但《数据保护指令》和GDPR都对跨境传输作出了限制。

GDPR规定，向第三国传输数据的条件之一是欧盟委员会对该国作出"充分保护认定"（Adequate Decision）。充分保护认定指欧盟委员会在考察几项具体事项后，认定一国能够充分地保护数据。考察因素包括法治水平、人权保护水平、独立监管机构的有效运行、参与的国际条约等。欧盟委员会作出充分认定后，将对该国至少每四年做一次审核。在

---

① 姚朝兵：《个人信用信息隐私保护的制度构建———欧盟及美国立法对我国的启示》，《理论与探索》2013年第3期。

没有充分认定的基础上,只有当数据控制方或处理方能够证明其采取了合理保护（Appropriate Safeguards）时才可向第三国传输,其中包括有约束力的公司规则（Binding Corporate Rules）。第 49 条规定了一些可以在不具备上述要求的情况下跨境传输的例外情况,包括数据主体的明确同意、为公共利益考虑等情形。

以上可以看出,在内部立法层面上欧盟对数据的跨境传输并不从根本上进行禁止。有关"充分保护"的认定由欧盟委员会掌握。这与中国《网络安全法》第 37 条中"因业务需要,确需向境外提供的,应当按照国家网信部门会同国务院有关部门制定的办法进行安全评估"的规定略有相似。在将来中国的数据传输的安全评估体系中,对充分保护的类似认定也可能会作为考量因素之一。

2. 美国

在个人数据方面,美国确实没有类似必须存储在本地或对跨境传输加以限制的法律层面的明文规定。相反,美国一直在反对数据本地化的立法趋势,甚至有学者将数据本地化称之为"数据贸易保护主义"（Data Protectionism）。[①] 2014 年,美国贸易代表办公室（USTR）发布了年度《对外贸易壁垒报告》,报告提到加拿大英属哥伦比亚省和新斯科舍省的数据本地化立法使学校、医院、国有公用企业和公共机构无法使用美国企业提供的服务,而这严重阻碍了美国的出口贸易。[②]

但是,这并不意味着美国对数据的跨境流动毫无限制。在美国的外资安全审查机制中,对于国外网络运营商通常会要求其与电信小组（Telecom Team）签署安全协定,要求其国内通信基础设施应位于美国境内,将通信数据、交易数据、用户信息等仅存储在美国境内。[③] 电信小组并非按照法律建立和行事,审查内容无法从公开途径查询。电信小组于 20 世纪 90 年代中期出现,在 9·11 事件后得以进一步发展和加强,

---

[①] Testimony of Robert D. *Atkinson on International Data Flows before the House Judiciary Committee Subcommittee Courts. Intellectual Property and the Internet*, 11.
[②] USTR. 2014 *National Trade Estimate Report on Foreign Trade.*
[③] 石月:《国外跨境数据流动管理制度及对我国的启示》, http://gb.cri.cn/42071/2015/07/23/6611s5041096.htm。

由司法部、国防部、国土安全部以及联邦调查局组成。[①]

因此,在法律层面上美国并不限制数据的跨境自由流动。但在外资安全审查机制中,美国仍然会对进入基础设施市场的外资企业所掌握的数据的流动加以限制。此外,美国对民用和军用相关行业的技术数据的跨境分别依据其《出口管理条例》(EAR)和《国际军火交易条例》(ITAR)实施许可管理。提供数据处理服务的相关主体或者掌握数据所有权的相关主体在数据出口时,必须获得出口许可证。

3. 中国

(1) 法律

我国并没有一部专门规制数据跨境传输的法律,有关数据跨境传输的规定散见于《网络安全法》《保护国家秘密法》《国家安全法》《档案法》《出入境管理法》《刑法》等法律。

《网络安全法》第 37 条规定:"关键信息基础设施的运营者在中华人民共和国境内运营中收集和产生的个人信息和重要数据应当在境内存储。因业务需要,确需向境外提供的,应当按照国家网信部门会同国务院有关部门制定的办法进行安全评估;法律、行政法规另有规定的,依照其规定。"

《保守国家秘密法》第 25 条规定:"机关、单位应当加强对国家秘密载体的管理,任何组织和个人不得有下列行为:……(四)邮寄、托运国家秘密载体出境;(五)未经有关主管部门批准,携带、传递国家秘密载体出境。"第 26 条规定:"禁止非法复制、记录、存储国家秘密。禁止在互联网及其他公共信息网络或者未采取保密措施的有线和无线通信中传递国家秘密。禁止在私人交往和通信中涉及国家秘密。"上述两条对国家秘密的传输作出了严格限制。

《国家安全法》第 25 条规定:"国家建设网络与信息安全保障体系,提升网络与信息安全保护能力,加强网络和信息技术的创新研究和开发应用,实现网络和信息核心技术、关键基础设施和重要领域信息系统及

[①] 蔡雄山:《海外安全:2016 年中国企业国际化法律风险管理报告——全球电信和互联网行业分报告》,http://www.360doc.com/content/16/1006/20/16534268_596244394.shtml。

数据的安全可控；加强网络管理，防范、制止和依法惩治网络攻击、网络入侵、网络窃密、散布违法有害信息等网络违法犯罪行为，维护国家网络空间主权、安全和发展利益。"该条为我国跨境数据传输管理提供了一个基本原则：即"安全可控"原则。数据跨境传输必须明确安全底线，保持对跨境数据传输的可知可控，保障国家安全和社会利益。

《档案法》中对"档案"进行明确等级划分，并对档案的跨境传输分级进行规制。《出入境管理法》则规定："对外国人非法获取的文字记录、音像资料、电子数据和其他物品，予以收缴或者销毁，所用工具予以收缴。"《刑法》分则专章规定"危害国家安全罪"，第111条为"为境外窃取、刺探、收买、非法提供国家秘密、情报罪"。

（2）行政法规

少量行政法规如《档案法实施办法》、《保守国家秘密法实施条例》以及《征信业管理条例》等对数据的跨境传输或者本地化存储作了明确规定，相关条款如下：

表2　　　　　　　　　数据跨境传输相关行政法规

发布时间	文件名称	相关条款
2017.3.1	《档案法实施办法》（2017年修订）	第十八条 各级国家档案馆馆藏的一级档案严禁出境。 各级国家档案馆馆藏的二级档案需要出境的，必须经国家档案局审查批准。各级国家档案馆馆藏的三级档案、各级国家档案馆馆藏的一、二、三级档案以外的属于国家所有的档案和属于集体所有、个人所有以及其他不属于国家所有的对国家和社会具有保存价值的或者应当保密的档案及其复制件，各级国家档案馆以及机关、团体、企业事业单位、其他组织和个人需要携带、运输或者邮寄出境的，必须经省、自治区、直辖市人民政府档案行政管理部门审查批准，海关凭批准文件查验放行
2014.1.17	《保守国家秘密法实施条例》	第二十一条 国家秘密载体管理应当遵守下列规定： （七）携带国家秘密载体外出，应当符合国家保密规定，并采取可靠的保密措施；携带国家秘密载体出境的，应当按照国家保密规定办理批准和携带手续

续表

发布时间	文件名称	相关条款
2013.1.21	《征信业管理条例》	第二十四条 　　征信机构在中国境内采集的信息的整理、加工和保存，应当在中国境内进行。 　　征信机构向境外组织或者个人提供信息，应当遵守法律、行政法规和国务院征信业监督管理部门的有关规定

（3）部门规章及规范性文件

部门规章及规范性文件对跨境数据传输或数据本地化的规定主要包括《人民银行关于银行业金融机构做好个人金融信息保护工作的通知》及《网络预约出租汽车经营服务管理暂行办法》，其主要内容整理如下：

表3　　　　　　　　　数据跨境传输相关部门规章

发布时间	文件名称	发布机关	相关条款
2016.7.27	《人民银行关于银行业金融机构做好个人金融信息保护工作的通知》	中国人民银行	六、在中国境内收集的个人金融信息的存储、处理和分析应当在中国境内进行。除法律法规及中国人民银行另有规定外，银行业金融机构不得向境外提供境内个人信息
2011.1.21	《网络预约出租汽车经营服务管理暂行办法》	交通运输部 工业和信息化部 公安部 商务部 工商总局 质检总局 国家网信办	第二十七条 网约车平台公司应当遵守国家网络和信息安全有关规定，所采集的个人信息和生成的业务数据，应当在中国内地存储和使用，保存期限不少于2年，除法律法规另有规定外，上述信息和数据不得外流

值得关注的是，2014年2月27日，中央网络安全和信息化领导小组成立，这体现出决策层对网络安全的高度重视。近年来，以《网络安全法》出台为代表的网络安全相关立法工作明显加快，随着立法的不断

完善，对于数据跨境传输限制方面的相关规则也将逐渐明确。

除以上已经出台的法律法规外，目前我国有关部门正在研究制定一些与数据跨境传输密切相关的部门规章、国家标准等，例如，2017 年 4 月 11 日，国家互联网信息办公室对外发布了《个人信息和重要数据出境安全评估办法（征求意见稿）》；2017 年 8 月 30 日，全国信息安全标准化技术委员会发布了国家标准《信息安全技术数据出境安全评估指南（征求意见稿）》。

（二）存在差异的原因

欧盟、美国和中国对数据跨境传输规制的差异，大体可以归结为以下两个原因：

一是保护数据安全的观念存在差异。随着互联网的蓬勃发展，各个行业对于互联网的依赖逐渐加深。在互联网为全球带来便利的同时，网络攻击、数据泄露等问题也随之而来。为了应对此类问题，各国在网络安全领域出台立法，其中数据本地化作为一些国家保护网络安全的手段体现在法律之中。

如前所述，欧盟与中国采取较强的数据本地化保护模式。原因在于，欧盟认为美国的个人数据保护体系过于松散，无法对传输至美国的个人数据提供有效的保护。甚至有学者将美国称为数据保护的"狂野西部"（Wild West），是一个法外之地。[①] 这种对美国保护体系的不信任感在"棱镜门"事件曝光后加剧，间接导致了《美国—欧盟安全港协议》被欧盟法院判决无效。

与美欧相比，中国更多的是从维护网络安全和数据主权的目的出发，制定跨境数据流动政策。例如中国《网络安全法》中明确规定负有数据本地化义务的主体为"关键信息基础设施"的运营者，其背后原因在于一旦此类基础设施遭到破坏、丧失功能或者发生数据泄露，可能严重危害国家安全、国计民生、公共利益。其他国家如澳大利亚、加拿大

[①] Mulvenon, James and Abraham Denmark (2010). *Contested Commons*: *The Future of American Power in a Multipolar World* (https：//s3. amazonaws. com/files. cnas. org/documents/CNAS-Contested-Commons _ 1. pdf? mtime = 20160906080539), 17.

等仅在特定领域如医疗、电信、金融中对数据的跨境传输进行限制，原因也是这些基础领域的网络安全对国家、社会的发展至关重要。当然，2017年4月国家网信办发布的《个人信息和重要数据出境安全评估办法（征求意见稿）》将主体范围扩展至"网络运营者"，其具体含义和最终走向仍然有待观察。

二是经济发展情况存在差异。美国和其他国家不同之处在于其信息产业非常发达。世界上最大、最强的产品生产商和服务提供商多是美国企业。在全球前20家云计算服务提供商中，17家的总部位于美国。而数据的自由跨境流动对IT行业的发展至关重要。根据美国国际贸易委员会（International Trade Commission）的预估，降低信息跨境传输的门槛可以使美国提升0.1%到0.3%的GDP。[1]

美国近年来不断在双边条约中推行数据自由贸易政策，其目的也是为了保护美国信息产业的蓬勃发展，以巩固美国的综合国力。此外，由于美国的强势地位，其接受了来自世界各地的大量数据。

相比之下，欧盟、澳大利亚、俄罗斯和中国等国家（地区）的信息产业则没有美国发达。但许多国家（地区）也都意识到了这一领域的发展潜力。例如在中国，互联网经济的重要意义日益凸显。在超7亿的网民数量前，网络技术的迭代式发展和互联网企业的创新应用，让互联网经济成为拉动消费需求的重要力量。数据显示，互联网经济在中国GDP中的占比持续攀升，2014年达到7%，占比超过美国。[2]

为了发展信息产业，欧盟于2015年5月6日正式通过了单一数字市场（Digital Single Market）决议。决议中的主要措施包括：（1）统一市场，降低包裹运输费用，让跨国界的电商交易更便捷；结束欧盟国家之间的地域价格歧视；建立泛欧的版权法；（2）完善欧盟的电信行业规则和视听媒体行业框架；（3）促进数据在欧盟内免费自由流动，建立"欧洲云"（European Cloud）计划，这将使欧洲170万科研人员和7000万科技从业者受益；（4）加强各国政府间电子信息的共享（E-govern-

---

[1] United States International Trade Commission. *Digital Trade in the U. S. and Global Economies*.
[2] 腾讯新闻：《中国进入互联网经济新时代》，http://news.qq.com/a/20151210/023421.htm。

ment），预计每年能节约50亿欧元的信息成本。①

欧盟一向支持数据在成员方之间自由流动，其目的自然是为了促进内部贸易，以保证欧盟内部单一市场的经济稳步增长。从政治经济学的层面分析，面对美国企业的市场份额压力，欧盟、俄罗斯等国出台的限制数据流动政策有一部分原因可能是为了保护内部市场的信息产业发展。

综上所述，各国对数据跨境传输的规制不同主要源于数据保护的观念和经济发展状况的差异。对第三国数据保护的信任程度以及对本国特定领域的重视程度均会影响数据跨境传输的具体制度。在网络时代，各国信息产业的发展存在着极大差异，信息产业大国为了提高经济收益而鼓励数据跨境传输自由，该产业相对落后的国家则会采取相应制度限制数据跨境传输以拉动国内信息产业发展。然而无论是出于何种原因，各国之间不同的规定势必会为不同企业特别是跨国企业的运营带来诸多风险与挑战。

三 限制数据跨境传输的国际规制冲突

如前所述，跨境数据传输是企业在国际经济贸易中的业务需求，而基于国家主权、国家安全、经济发展和个人信息保护等方面的诸多考虑，各个国家和地区通常会在不同程度上对数据的跨境传输进行限制（或称为保护）。如此，需求与限制之间便产生冲突。实践中，需求与限制之间已在以下方面产生了冲突：

（一）企业为开展经营活动向境外传输数据

为开展经营向境外传输数据的活动，大量、频繁出现在跨国公司的经营过程中，可以说是与业务运营密不可分的一种常态情形。

国际贸易和投资必然带来信息随着资金、货物、服务与人员在国家

---

① 虎嗅网：《"脱与不脱"？假如英国退出欧盟，对信息产业有何影响？》，https://www.huxiu.com/article/153378.html。

和地区之间的频繁流动。从贸易带动信息流动的角度来看,自2012年起,中国已超越美国成为全球最大的贸易国,[①] 当今全球有至少130个国家的最大贸易伙伴是中国。[②] 同时,与数据交换、流动直接相关的电子商务发展正进入黄金时期,上海跨境电商公共平台等三家机构共同发布的《2017中国跨境电商指数白皮书》显示,2016年中国电子商务市场交易规模22.97万亿元,其中跨境电商交易规模为6.7万亿元,复合年增长率31.6%。[③]

无论是贸易还是投资,或者是跨境电子商务,都伴随着数据跨境传输的迅猛增长。对于跨境企业的日常运营而言,数据的跨境传输是一种常态。例如,波音公司生产的飞机上往往装有几千个传感器,每个航线过程中都不停产生着大量数据,其中绝大部分数据都是在境外飞行过程中产生的。波音公司通过数据收集系统在全球航线中采集海量数据,用于发现和诊断问题航班,降低运营风险。[④] 我国重型机械生产制造企业三一重工也通过对装备运行信息的实时采集,提供远程跨境诊断服务。[⑤]

数据跨境自由传输的另一端是所谓的"数据主权"。互联网使得国际交流越发顺畅,但是交流不可能毫无边界,在此情况下,主权的内涵和外延都随着技术进步而扩充,有学者则顺应该趋势提出了"数据主权"的概念。齐爱民教授将捍卫数据主权上升为一种原则,即数据主权原则——对内体现为一国对其政权管辖地域内任何数据的生成、传播、处理、分析、利用和交易等拥有最高权力;对外表现为一国有权决定以何种程序、何种方式参加国际数据活动,并有权采取必要措施,以保障

[①] 耿晨:《个人数据跨境流动的国际监管和合作制度研究》,硕士学位论文,华东政法大学,第83页。
[②] 网易新闻:《观点 | 张维为:近130个国家的最大贸易伙伴是中国,我们有这个能力!》,http://3g.163.com/dy/article/D670G2Q50521LU6F.html。
[③] 互联网数据资讯中心:《华院:2017中国跨境电商指数白皮书》,http://www.199it.com/archives/657430.html。
[④] 南方日报:《走进波音:全球巨头们怎么转型?》,http://epaper.southcn.com/nfdaily/html/2016-04/29/content_7541655.htm。
[⑤] 王融:《数据跨境流动政策认知与企业建议》,http://www.sohu.com/a/219667662_455313。

本国的数据权益免受其他国家的侵害。①

我国《网络安全法》第 37 条从境内储存和向境外提供两个方面对个人信息和重要数据进行锁定,从而也对数据跨境传输进行锁定,可以说是我国"数据主权"的具体体现。

(二)企业为配合境外监管向境外传输数据

在实践过程中,国外监管机构履行监管或者调查职能时,可能要求在华经营企业提供特定类型数据,但如果中国法律法规规定该类特定资料属于不可披露或者限制跨境传输的数据,那么国外监管机构履行职能的行为便会和中国法律法规发生冲突。对此,典型案例为美国证券交易委员会(以下简称"SEC")要求五家会计师事务所提供中国在美上市公司审计底稿一案。

2012 年 12 月 3 日,SEC 向法院提起诉讼,指控德勤、安永华明、毕马威华振、普华永道中天四大会计师事务所中国所以及一家名为立信大华的会计师事务所拒绝向 SEC 提交中国客户的审计底稿和相关工作文件,以配合调查在美国涉嫌欺诈被退市的中国概念股。②

一方面,美国《萨班斯–奥克斯利法》第 106 节规定,如果外国会计师事务所发表了意见或提供其他实质性服务,注册会计师事务所基于此签发了全部或部分审计报告,该外国会计师事务所将被视为已同意当该审计报告受到调查时,向公众公司会计监督委员会(以下简称"PCAOB")或 SEC 提供其与此相关的工作底稿。③ 过去几年,中国概念股频频遭到"猎杀",SEC 也开始对这些公司的财务、资信情况展开调查,并要求承担这些公司上市审计工作的会计师事务所配合调查,提交审计工作底稿。

---

① 齐爱民、盘佳:《数据权、数据主权的确立与大数据保护的基本原则》,《苏州大学学报》(哲学社会科学版) 2015 年第 1 期。
② 财经网:《索要工作底稿遭拒"四大"被 SEC 起诉》,http://finance.caijing.com.cn/2012-12-05/112334386.html。
③ 中国安全网:《萨班斯–奥克斯利法》,http://www.securitycn.net/html/securityservice/standard/3431.html。

另一方面，我国《会计档案管理条例》第6条规定，会计凭证（包括原始凭证和记账凭证）应当进行归档，也就是形成会计档案；第25条规定，单位的会计档案及其复制件需要携带、寄运或者传输至境外的，应当按照国家有关规定执行。我国《档案法实施办法》（1999）第19条对档案出境进行了严格的规定，即一级档案严禁出境，二级档案出境必须经国家档案局批准，三级档案及其他国家、集体、个人所有的档案或者具有保密价值的档案出境，必须经省、自治区、直辖市人民政府档案行政管理部门审核批准。综合上述可以看出，我国实行的是底稿保密制度，即审计底稿的跨境传输必须经档案部门批准。此外，证监会、保密局、档案局在《关于加强在境外发行证券与上市相关保密和档案管理工作的规定》，明确要求在境内形成的工作底稿等档案应当存放在境内；如果工作底稿涉及国家秘密、国家安全或者重大利益的，不得在非涉密计算机信息系统中存储、处理和传输；未经有关主管部门批准，也不得将其携带、寄运至境外或者通过信息技术等任何手段传递给境外机构或者个人。

除了以上所述的典型案例之外，在反垄断调查过程中也会存在执法机构调查与外国数据保护规定相冲突的情形。例如，某跨国公司在中国区遭到反垄断执法机构调查，中国反垄断执法机构要求访问其境外服务器以收集证据时，该跨国公司予以拒绝，理由是其总部所在国法律限制其服务器中的数据进行出境传输。

（三）企业为应对境外诉讼向境外传输数据

如今中国企业林立于世界，经营过程中难免会与其他组织或个人发生纠纷。若企业涉诉，不可避免地需要向法院提交资料，甚至需要将资料进行披露，如美国便有"证据开示"程序，在这一程序阶段，诉讼双方，有时还会有外部专家，甚至是非诉讼方都会主动或被要求向对方披露与诉讼标的相关的文件和其他资料。[1] 若这些资料包含不可披露或限

---

[1] 财新网：《"证据开示"程序——中国公司在美诉讼教训》，http://opinion.caixin.com/2013-07-10/100554013.html。

制跨境传输的数据，企业未经批准就进行开示披露，便会面临较大法律风险。

2013年6月，美国威斯康星州马尼托沃克起重机公司向美国国际贸易委员会提出申请，指控三一重工在美国市场销售的履带式起重机产品及部件侵犯了该公司专利与商业秘密，要求启动337调查并发布排除令和禁止进口令。在证据开示阶段，马尼托沃克起重机公司多次提出动议要求三一重工提供若干位于中国境内文件证据、允许马尼托沃克起重机公司到中国境内现场查看三一重工某一型号的起重机，马尼托沃克起重机公司甚至提出动议要求对三一重工进行处罚。①

四 企业应对数据跨境传输要求的策略

数据跨境传输需求与数据保护或限制的平衡是国家顶层设计和政策实施需要考量的重要内容。对企业而言，大数据时代下，平衡点重要性不言而喻。本文试从冲突的主要表现形式入手，分析企业应对数据跨境传输需求与数据保护的方式。

（一）经营活动中的应对

企业应审慎对待《网络安全法》所带来的法律风险，并以合理、合法的措施维护自身因数据应用而带来的商业利益。

1. 密切关注《网络安全法》的后续实施

《网络安全法》授权国务院对关键信息基础设施的具体范围和保护办法进行制定，授权国家网信部门和国务院有关部门就因业务需求确实需要向境外传输时进行安全评估，目前相关配套法规尚在制定之中。企业应对相关配套法规的制定与实施密切关注，并可在必要时通过合法途径提出合理建议和意见。

---

① 冉瑞雪：《中国企业应诉美国337调查2013年度评论》，http://www.patentexp.com/wp-content/uploads/2015/02/%E4%B8%AD%E5%9B%BD%E4%BC%81%E4%B8%9A%E5%BA%94%94%E8%AF%89%E7%BE%8E%E5%9B%BD337%E8%B0%83%E6%9F%A52013%E5%B9%B4%E5%BA%A6%E8%AF%84%E8%AE%BA.pdf。

2. 数据储存本地化

虽然有研究表明,数据安全并不取决于数据在何地储存,而在于储存技术和方法,[①] 但《网络安全法》第37条明确提到,关键信息基础设施的运营者在中国境内收集、产生的个人信息和重要信息应当储存在境内。可能被纳入到关键信息基础设施运营者范围的企业应当考虑将存储相关数据的物理设备置于中国大陆境内,并与境外的设备进行一定的隔离;对于在云端储存数据的企业而言,也需要采取一定的本地化措施。实际上,近年来,以苹果公司为代表的跨国公司纷纷在贵州、内蒙古等地建立云端服务器,以适应《网络安全法》有关限制数据跨境传输和数据本地化的合规要求。

3. 建立企业内部数据安全评估机制

《网络安全法》第37条规定,因业务需要,确需向境外提供(数据)的,应当按照国家网信部门会同国务院有关部门制定的办法进行安全评估。除此之外,《网络安全法》还规定了关键信息基础设施的运营者采购网络产品和服务涉及国家安全时须通过国家安全审查、每年至少一次的网络安全检测评估等义务。相关企业应当及时建立、完善自身的数据安全评估机制,在相关部门安全评估之前先对涉及数据安全的行为进行自我评估。

除《网络安全法》的有关规定以外,企业还应遵守其他涉及数据跨境传输的相关法律、法规及政策。

(二) 配合行政监管的应对

跨国公司面临跨司法辖区的行政监管,而这些行政监管经常涉及来自不同国家政府部门对于数据跨境传输的行政命令,例如反垄断调查、跨国犯罪调查及证券监管部门的调查等。以上文提及的五家会计师事务所提供中国在美上市公司审计底稿一案为例,我们总结有关要点及应对思路如下。

---

① Daniel Castro, *The False Promise of Data Nationalism*, The Information Technology and Innovation Foundation, Dec. 2013, 1.

1. SEC 起诉五家会计师事务所案件相关进程

2014 年 1 月 23 日,SEC 行政审判法官卡梅伦埃利奥特(Cameron Elliot)对四大会计师事务所中国所以及立信大华会计师事务所做出初审判决:暂停其在美国的审计业务 6 个月。① 中国证监会新闻发言人邓舸则对 SEC 暂停全球四大会计师事务所中国所在美业务一事表示遗憾,并希望 SEC 从中美证券监管合作大局出发,作出正确的判断,促进事态得到妥善解决。② 2014 年 2 月 12 日,四大会计师事务所中国所就 SEC 的裁定正式提出上诉。经过一年的谈判,2015 年 2 月 7 日,四大会计师事务所中国所与美国 SEC 达成和解。③

在案件进行的同时,中美两国证监会也在进行持续沟通。据人民网 2013 年 7 月 9 日报道,应 SEC、PCAOB 提出的协查请求,证监会调取了相关在美上市中国概念企业的会计底稿,目前已完成一家公司的会计底稿搜集工作,并已经履行完相关程序,将通知美方准备提供底稿。此举将有效解决中美跨境审计监管的有关纠纷。④ 这也是中国第一次向美国提供审计底稿。

值的欣慰的是,经过这次会计底稿案件的冲突,财政部发布了《会计师事务所从事中国内地企业境外上市审计业务暂行规定》,其中对此类冲突的协调机制进行了规定:"中国内地企业境外上市涉及法律诉讼等事项需由境外司法部门或监管机构调阅审计工作底稿的,或境外监管机构履行监管职能需调阅审计工作底稿的,按照境内外监管机构达成的监管协议执行。"

2015 年 9 月 23 日,中国证监会发布消息,中国证监会与 SEC 和美国期货交易委员会,在多边框架下开展跨境执法合作取得新突破。并且中美双方在审计日常监管合作方面也取得重要进展,"双方初步商定,

---

① 沈祎:《"四大"会计师事务所在美国被罚的背后》,《国际市场》2014 年第 2 期。
② 中国政府网:《证监会回应暂停四大中国分支在美业务》,http://www.gov.cn/jrzg/2014-01/24/content_2575120.htm。
③ 腾讯科技:《四大中国所与 SEC 和解恢复审计资格》,http://finance.qq.com/a/20150207/000731.htm。
④ 人民网:《证监会对境外提供审计工作底稿》,http://finance.people.com.cn/stock/n/2013/0709/c67815-22126457.html。

将以底稿'出境'的方式,对一家中国会计师事务所开展检查试点,通过试点,探索积极有效的日常监管合作方式"。①

2. 案件启示及配合监管的合规思路

SEC 起诉五家会计师事务所案件相关进程从两方面为企业在配合监管过程中应对数据跨境传输的冲突提供重要思路:

一是配合监管并不等于一味顺从。SEC 依据其本国法要求五家会计师事务所提供审计底稿,而五家会计师事务所不提供审计底稿的行为也是基于中国法律法规的规定。会计师事务所完善的合规以及遵守中国法律法规的坚决态度,为后续的和解谈判和两国证监会的沟通赢得了空间。

二是企业在境外机构监管过程中若遇到数据跨境传输的冲突情形,可积极向两国相关部门反映并寻求协调途径。在本案中,中国法律法规并未绝对禁止向境外提供审计底稿,并且《证券法》第179条第2款规定:"国务院证券监督管理机构可以和其他国家或者地区的证券监督管理机构建立监督管理合作机制,实施跨境监督管理。"正是由于中国证监会了解了案件详细情况并接受了 SEC 和 PCAOB 提出的协查请求,才有了中国向美国提供审计底稿的首次实践,SEC 也因为该原因撤销了对德勤会计师事务所的起诉。由此可以看出,企业在跨境数据传输冲突中能够为两国机构的接洽提供重要帮助。

(三)法院诉讼中的应对

美国的证据公示开示要求较为严格,诉讼当事方应在知道可能开始诉讼之时起就保存任何可能与诉讼相关的非保密性证据。此外,美国法律通常假设公司对其处理和控制的数据拥有所有权,因此不必担心证据公示可能会侵犯第三方的隐私权。而欧盟的数据保护法律体系则要求数据主体的权利应当得到充分保障,未经同意不得对外公示。尽管 GDPR 第9条第2款规定的数据处理原则的例外情形中包括"建立、实施和对抗法律请求",但实际上这种例外仅适用于欧盟内部的法院审理的法律

---

① 中国会计视野:《中美审计跨境监管获得新突破》,http://news.esnai.com/2015/0925/120506.shtml。

纠纷。

对于其他国家禁止向他国提供证据的抵触法（Blocking Statute），美国联邦最高法院在 1987 年的 Socidti NationaleIndustrielle Aerospatialev. United States 一案中作出判决，判定即使证据开示会导致外国诉讼当事方违反其本国的抵触法，美国法院也可强制要求其提交相应证据。①

涉及在美诉讼的中国公司需要熟悉美国的证据开示所涉及的范围，并悉心考量其自身的处境及应对措施。中国公司认为自己可以不受（或可不理睬）美国法律的证据开示规定是不明智的。但是中国公司在面临证据开示和数据审查时，可以通过多种方式，避免开示不可披露或者限制跨境传输的数据。

美国的法庭是否会考虑到中国法律的规定，从而缩小对中国公司适用的证据开示范围，这取决于诸多因素。这些因素包括中国公司是否在美有经营场所，以及以下一些考量：（1）涉及的文件或其他信息对诉讼的重要程度；（2）开示请求的明确程度；（3）信息是否源自美国；（4）是否有获取相关信息的其他办法；（5）不提供资料会在多大程度上损害美国的重大利益，以及开示会在多大程度上影响信息所在国的自身利益。② 在应对诉讼的过程中，企业可依照以上因素，对预开示的材料进行分析，在不影响诉讼的情况下，尽可能明确证据开示的范围、排除不必要开示的证据、寻找可替代的数据或者数据来源，以避免开示不可披露或不可跨境传输的数据。

针对外国法院对中国公司提出的证据开示要求，建议中国公司：（1）明确涉案数据的种类以及相应的中国抵触法规定。针对限制跨境传输的数据，企业在应诉前和应诉时都需要和国内相关部门进行有效沟通，并获得跨境传输数据的批准。针对用户个人数据，企业需明确是否已提前征得用户的同意，或在中国境内对可识别到个人的信息进行脱敏处理；（2）明确该外国法院是否对涉案数据有管辖权；（3）积极向外国法院申请保护令以限制公示的数据范围；（4）积极与对方律师或代理

---

① Seth Berman, Cross Border Challenges for e-Discovery, 11 *Bus. L. Int'l* 123, 2010.
② 财新网：《"证据开示"程序——中国公司在美诉讼教训》，http://opinion.caixin.com/2013-07-10/100554013.html。

人进行庭外沟通以缩小申请开示的数据范围。

五 结语

随着信息技术的飞速发展以及各国在数据保护立法方面的不断完善，数据跨境传输可能引发更多的国家间相关法律规定和实际需要的冲突。这种冲突可能使跨国公司进退维谷并影响企业的稳定运营，宏观上影响国家经济的健康发展。因此，在《网络安全法》的后续法规和相关政策制定的过程中，相关部门应当预见到未来在数据跨境传输方面的潜在冲突，并适当在实体和程序方面规划冲突协调机制。

此外，在数据跨境传输的冲突协调方面，美欧之间关于个人信息保护的安全港以及后续的隐私盾安排，为其他国家提供了解决数据跨境传输的范例。当然，在双边或多边贸易协定中也可以安排相似的协调机制。

在经济全球化的今天，数据跨境传输是现实所需，与此相伴的冲突也可能长期存在。对于企业而言，应时刻注意自身的合规制度建设，避免违反国家的有关规定，密切关注法律、法规及相关政策的制定与落实，通过合法的渠道为国家整体的网络安全、数据保护法律体系建设建言献策。

对于立法机构而言，应意识到数据跨境传输对于一国的信息产业乃至互联网时代的国民经济发展具有的重要意义。对于涉及国家、社会公众安全及利益的数据应严格保护，对于其他数据应在保护数据主体的相关权益的前提下，允许一定程度上的自由传输。

尽管存在各种限制数据跨境传输的国际冲突，但在尊重所在国法律监管的前提下，从经济发展和市场运营的实际需求出发，找到合规应对的平衡点。

从数据属性视角看数据商业化中的使用规则[*]

王 磊

(中央财经大学法学院博士研究生)

内容提要 随着网络的进一步扩张,越来越多的信息以数据的形式汇聚在互联网之中,形成大数据,此类数据具有体量大、类别大、价值密度低等特点。而基于数据分析技术的发展,使得利用如此庞杂的数据资源成为可能,因此数据的商业化趋势不可避免。在商业实践中企业对数据利用依据性质可以主要分为身份数据、行为数据、内容数据。数据商业化规则、个人信息保护与数据利用之间的利益平衡、信息流动与不正当竞争之间的边界等是数据商业化的主要问题。因此,需要在把握数据属性及商业规则的基础上,从相关案例中总结经验,考量多方利益进而找到合适的数据商业化利用途径。

关键词 数据商业化 数据权益 数据利用 不正当竞争

当今我们已处于数据爆炸的时代,随着互联网技术的发展,数据之间的交互和共享变得越来越便捷。移动端和云服务的出现,突破了人们使用计算机浏览网络的局限,智能手机等移动通讯设备的高频率使用和社交网络等新沟通方式的出现,使得数据在共享过程中又不断产生新数据。这些数据种类丰富,包含文字、图片、视频、音频等各种形式的信息,数据的爆发式发展也使得大数据产业迎来了新的机遇。《华尔街日

---

[*] 本文为2017年网络法青年工作坊成果。

报》将大数据时代、智能化生产和无线网络革命称为引领未来繁荣的三大技术变革。奥巴马政府在2012年公布了"大数据研发计划"（Big Data Research and Development Initiative），以增强联邦政府收集海量数据、分析萃取信息的能力，迎接新的挑战。我国也将推进大数据发展作为国家战略，布局下一代互联网。① 以数据整合、分析与挖掘为表现形式的数据整合与数据控制能力已经远超以往。越来越多的数据被收集，越来越多的数据产品被利用和加工，而且越来越多的针对数据的产品更为有效地改变我们日常的生活。然而，由于数据的定义和权益界限尚未明确，未明确的数据权属为大数据产业的发展带来了不确定性；同时，由于数据蕴含巨大的商业价值，与之一并产生的地下产业也让有序推进数据开发的主体无法有效保护其数据产生的商业模式带来的利益以及其平台用户的权益。数据纠纷之所以出现，对于各平台公司来说，是出于他们在大数据时代对于自身商业利益进行维护的必要。对数据保护，各平台公司目前除了采取技术对抗措施外，在法律层面主要依据《反不正当竞争法》提出保护诉求。② 本文从数据利用规则角度，通过现阶段已经确定的典型生效判决来分析探究数据商业化利用的基本规则。

一 数据的特性

在谈论数据利用规则之前，我们需要了解数据的概念，本文讨论的数据，区别于在计算机及网络上流通的在二进制的基础上以0和1的组合而表现出来的比特形式的数据，也区分于日常生活中各种纸面统计数据及相关以账号和密码形式存在的数据或虚拟财产，本文中数据，指通过互联网收集的大数据，具有体量大、类别大、价值密度低等特点的身

---

① 2015年10月29日，中国共产党第十八届中央委员会第五次全体会议通过《中共中央关于制定国民经济和社会发展第十三个五年规划的建议》，其中首次提出"实施国家大数据战略，推进数据资源开放共享。完善电信普遍服务机制，开展网络提速降费行动，超前布局下一代互联网"。
② 我国针对《反不正当竞争法》进行过多次修订。2017年8月28日，全国人大常委会审议修订《反不正当竞争法》二审稿，9月初公布二审稿，11月4日修订通过，规定于2018年1月1日起正式施行生效，其中对互联网领域不正当竞争通常适用的第2条进行了修订，并在第12条增设了互联网领域专门的不正当竞争条款。

份数据、内容数据和行为数据。对于数据的定义，可以从多个角度来进行划分，数据其实无处不在，记录信息内容、身边的笔记、通讯录、黄页信息等都是数据，但现阶段商业化的数据是通过互联网和移动端收集的数据，可以分为身份数据、行为数据以及内容数据。

当下社会基于互联网和移动端的发展，使得数据收集和创造变得便捷，且通过互联网数据分析技术的突破性发展，使得分析利用数据和依照分析结构预测成为可能。[1] 数据本身是信息流动的产物，数据分析利用已在网络通信、医疗卫生、农业研究、金融市场、气象预报、交通管理、新闻报道等方面广泛应用。正如 Facebook 的副总工程师杰伊·帕瑞克所言，"如果不利用所收集的数据，那么你所拥有的只是一堆数据，而不是大数据"。[2]

那么，我们对于数据和大数据来看，数据是收集的样本，而大数据是对于数据潜在价值的挖掘和分析，是种类多样的数据集合。从系统论的角度来说明数据的这一特性，数据来源可能是千千万万的用户，但对于数据分析和利用结果，通常是海量数据中极小的一个片段，但这个片段本身却以海量的数据为基础样本分析，这也是"整体涌现性"[3] 的一个体现。分析结果离不开海量的样本数据，但结果价值和方式却高于样本数据。正因为数据本身散乱的来源，因此需要通过大数据分析技术将数据加以"提纯"，而这也是数据本身"价值密度低"，但"商业价值高"的表现方面。

数据可能有很多来源且与许多种信息相关联。但是，它们都具有以下共同特征。

（1）无损性。无损性也是数据本身传播过程中的重要特性。在复制

---

[1] 本文中的数据，指通过互联网收集的大数据，具有体量大、增长速度快、类别大、价值密度低的特点。
[2] 参见维克托·迈尔·舍恩伯格、肯尼思·库克耶《大数据时代》，盛杨燕、周涛译，浙江人民出版社 2013 年版，第 113 页。
[3] 整体涌现性，系统科学把这种整体才具有、孤立部分及其总合不具有的性质称为整体涌现性（whole Emergence）；涌现性就是组成成分按照系统结构方式相互作用、相互补充相互制约而激发出来，是一种组分之间的相干效应，即结构效应。参见［美］冯·贝塔朗菲《一般系统论——基础发展和应用》，林康义等译，清华大学出版社 1987 年版，第 51 页，转引自魏巍、郭和平《关于系统"整体涌现性"的研究综述》，《系统科学学报》2010 年第 1 期。

和传播信息方面,数据与知识产权的性质很像。对于数据提供方和数据使用方来说,数据流转与传统民法中物的流转方式不同,它可以通过多次的复制提供,且不因为多次的提供和交易而减损自身的内容。

(2)多渠道性。数据可以被多个主体获得或使用,有时甚至是同时获得使用。一个主体有可以很容易获得某些数据的渠道,不代表其他主体没有同样或类似的渠道。而且,对于数据来源的不同,以及存在网式、环式或链式的交易结构,对于上下游之间的数据开发和处理方来说,可能又成为各自下游利用方的数据分析样本。

(3)时效性。数据的"时效性"要求很高,数据可能很快过时,因此可能在很短时间内失去价值。数据收集过程中,需要持续性的投入,以保障数据样本更新和时效性。当然,"失去时效"的数据并非没有价值,只是在数据发掘和数据开发的过程中,数据对分析结果的影响可能随着时效性的降低而随之降低。

(4)扩容性。数据利用与开发后形成的衍生数据和分析结果,同样可以反馈回原生数据,并同时丰富原生数据的内容,使得数据本身扩容进而提供更多可分析数据样本。数据的这一特性也体现了数据流动的基本价值,通过数据主体之间的双向和多向流动来创造更多数据。

(5)多样性。同样的数据分析后,产生的内容和分析结果可以完全不同,而这种不同的数据结果导致数据的体量和内容更加丰富。同样的数据可以发展出不同的应用场景,且每个场景之间可以互动互通,也可以各自独立。

二 数据使用中的案例与思考

数据本身的权利体系目前尚存在一定争议,《中华人民共和国民法总则(草案)》(以下简称草案)中曾将数据列入知识产权项下,但在《民法总则》通过稿中将数据与虚拟财产置于第127条中加以规定[1],列

---

[1] 《中华人民共和国民法总则》第127条规定:"法律对数据、网络虚拟财产的保护有规定的,依照其规定。"

于第 126 条"其他民事权利和利益"之后。欧盟委员会在 2015 年 12 月发布了一个提案,有关合同提供数字内容的相关问题①(就是之后的"数字内容提案")。这个提案涉及消费者与数字内容提供者关系的合同问题。数字内容提案强调了"个人数据越来越被市场参与者认识到,具有和货币相当的价值"。相应地,在消费者以个人数据或其他数据,而不是钱来作为对等物进行交易时,这个提案也可适用②。这个提案也规定了(个人)数据的商品化。随后一些学者提出个人数据的"属性化"以及创设一种针对个人的数据财产权(对物权)。③ 这种推论与大数据环境密切相关,因为在大数据分析的框架中,可以对个人数据进行更普遍的分析。

与数据权属探讨的争议不同,对于数据本身代表的利益与价值已达成普遍共识。数据与商业价值本身密不可分,对于商业平台利用的数据④本身,依据其性质不同,可以分为三个部分,一是身份数据,二是行为数据,三是内容数据。其中数据在商业化利用过程中,由于目前没有明确的权利加以保护,通常维权和解决纠纷的做法为适用《反不正当竞争法》第 2 条。大多数竞争法来源于公司具有有形资产的时代,在当时,即使公司没有规定具体细节,他们或多或少也会提供一些有着明确的目的、价值、消费者的商品或服务。但是现在"数据"发展成为了一种新商品。大量的数据可以定义公司的价值,数据可以交易,可以用于利用新的产品或服务。同时,数据本身带来的用户流量,在公司运营和资本市场中体现出巨大的商业价值,各互联网公司平台用户的流量代表

---

① Commission, Proposal for a directive of the European Parliament and of the Council on certain aspects concerning contracts for the supply of digital content, COM (2015) 634 final.
② Ibid., art 3 (1).
③ Rafał Mańko, 'Contracts for Supply of Digital Content. A Legal Analysis of the Commission's Proposal for a New Directive', (EPRS 2016) 15. < http://www.europarl.europa.eu/RegData/etudes/IDAN/2016/582048/EPRS_IDA (2016) 582048_EN.pdf >, 最后访问时间: 2017 年 10 月 5 日。
④ 对于数据的分类,这里讨论的是商业数据中与用户有关的数据,该类数据可以依照性质不同进行划分。此外在数据应用领域中还有一部分是基于公共信息收集的数据,如天气情况、地理信息等形成的数据,这里暂不进行讨论。

了其收集信息的能力。① 为此，下文将通过对实践中发生的案例介绍来具体分析现阶段对于数据的主要纠纷及表现形式。

（一）身份数据——微博诉脉脉不正当竞争案

2013年9月11日至2014年8月15日，北京微梦创科网络技术有限公司（微博服务提供商，以下简称"微博"）与北京淘友天下技术有限公司、北京淘友天下科技发展有限公司（脉脉服务提供商，以下简称"脉脉"）签署《开发者协议》，约定脉脉在合同规定期间可以利用合同中约定的微博系统开放接口（OPEN API），获取微博用户信息资料用于脉脉应用的使用。但在合作过程中微博发现脉脉应用非法获取微博用户教育信息和职业信息等内容。微博于2016年向北京市海淀区人民法院提起诉讼，起诉脉脉在未得到用户授权和微博授权的前提下非法搜集微博用户信息，并将非法获取的信息与自身应用搜集到的信息进行非法关联等行为②，法院一审判决两被告构成不正当竞争，共同赔偿原告微博公司经济损失200万元及合理费用208998元③。北京知识产权法院二审判决④，驳回上诉，维持原判。

作为大数据领域纠纷的首案，微博诉脉脉案对如何归纳和形成数据利用规则具有现实意义。身份数据，是指通过平台提供服务，由接受服务的用户提交的信息所收集而成，或通过收集阶段进行整合分析，通常每个用户在注册阶段，依照各注册字段进行的填写内容，如昵称、姓

---

① Facebook公司2017年第三季度财报显示，截至2017年9月30日，Facebook的平均每日活跃用户人数为11.8亿人，比去年同期增长17%；腾讯公司2017年度第三季度财报显示，微信和WeChat的合并月活跃账户数达到9.8亿，比去年同期增长15.8%，日发送的消息数约达380亿条，同比增长25%，月活跃公众号350万个，而公众号月活跃关注用户数为7.97亿，同比分别增长14%及19%；2017年度微博公司第三季度财报显示，截至9月底，微博平均日活跃用户数较上年同期净增约3300万，达到1.65亿；月活跃用户较上年同期净增约7900万，增长至3.76亿。
② 一审起诉状诉求内容还包括模仿微博"大V"形式，侵害微博经济利益，构成不正当竞争，并且，脉脉以公告形式恶意抹黑微博，构成商业诋毁。
③ 参见"北京微梦创科网络技术有限公司诉北京淘友天下技术有限公司、北京淘友天下科技发展有限公司不正当竞争案"（2015）海民（知）初字第12602号。
④ 参见"北京淘友天下技术有限公司、北京淘友天下科技发展有限公司与北京微梦创科网络技术有限公司不正当竞争上诉案"（2016）京73民终588号。

名、性别、电子邮箱、联系方式、教育背景、职业背景等内容。平台通过字段的性质进行划分，目前针对数据整理和后续分析，通常的做法是形成各数据接口，通过数据接口进行数据分析利用，如 OPEN API 数据开放接口。①

其中微博诉脉脉案件的启示主要在于几个方面：

1. 终审判决中指出"信息资源日益成为重要的生产要素和社会财富"，"在信息时代，数据信息资源已经成为重要的资源，是竞争力也是生产力更是促进经济发展的重要动力"。② 通过法院判决，确认了信息时代的数据包含一定的商业价值，是反不正当竞争法中应当保护的商业利益。

2. 在判决书中强调第三方平台使用授权平台所收集的用户数据的"三重授权原则"，即对于 API 平台在收集用户数据应当经过用户授权，API 数据合作方之间的权限应当经过平台授权，而在 API 中数据调取和使用平台在使用用户数据中应当经过用户的再次授权。

3. 明确了网络平台作为信息提供方可以在用户同意的前提下基于自身经营活动收集并进行商业性使用的用户数据信息主张权利，这进一步认可了数据的重要作用，数据的获取和使用，不仅能成为企业竞争优势的来源，更是数字经济中的重要的基本要素。

（二）行为数据——朱某诉百度隐私权纠纷案

朱某在利用家中和单位的网络上网浏览相关网站过程中，发现利用"百度搜索引擎"搜索相关关键词后，会在特定的网站上出现与关键词有关的广告。2013 年 5 月 6 日，朱某将北京百度网讯科技有限公司（以下简称"百度网讯公司"）诉至南京市鼓楼区人民法院。朱某起诉称，本人长期形成上网浏览网页、看电影等网络生活习惯，百度网讯公司利

---

① 所谓"Open API"是服务型网站常见的一种应用，网站的服务商将自己的网站服务封装成一系列 API（Application Programming Interface 应用编程接口）开放出去，供第三方开发者使用，这种行为就叫作开放网站的 API，所开放的 API 就被称作 Open API（开放 API）。参见谭晨辉、刘青炎：《Open API 出现、起源与现状》，《程序员》2008 年第 7 期。

② 参见"北京淘友天下技术有限公司、北京淘友天下科技发展有限公司与北京微梦创科网络技术有限公司不正当竞争上诉案"（2016）京 73 民终 588 号。

用网络技术，未经朱某的知情和选择，记录和跟踪了朱某所搜索的关键词，将朱某的兴趣爱好、生活学习工作特点等显露在相关网站上，并利用记录的关键词，对朱某浏览的网页进行广告投放，侵害了朱某的隐私权，影响了正常的工作和生活。

一审法院经审理认为，朱某的网络活动踪迹属于个人隐私的范围[①]，百度网讯公司利用 cookie 技术收集朱某信息，并在朱某不知情和不愿意的情形下进行商业利用，侵犯了朱某的隐私权。为此，判决百度网讯公司于判决生效之日起十日内向朱某赔礼道歉（如百度网讯公司未按判决进行赔礼道歉，法院将通过相关媒体公告判决书的内容，由此产生的费用由百度网讯公司承担）；百度网讯公司于判决生效之日起十日内赔偿朱某公证费损失 1000 元；驳回朱某的其他诉讼请求。[②]

随后百度公司提起上诉，在二审法院审理过程中，法院认为百度网讯公司在提供个性化推荐服务中利用的是未能与个人身份信息对应识别的数据信息，该数据化信息的匿名化特征不符合"个人信息"的可识别性要求。[③] 首先，百度网讯公司个性化推荐服务的终端是浏览器，并未定向识别浏览器的网络用户身份，在事实上提供个性化推荐服务并无必要将搜索关键词记录和朱某的个人身份信息联系起来；其次，百度网讯公司利用网络技术向朱某使用的浏览器提供个性化服务不属于《最高人民法院关于审理利用信息网络侵害人身权益民事纠纷案件适用法律若干问题的规定》第 12 条规定的侵权行为；再次，百度网讯公司提供个性化推荐服务并未侵犯网络用户的知情权和选择权。[④] 综上，二审法院判决撤销一审判决，并驳回一审原告朱某全部诉讼请求。

互联网技术一方面给用户带来了便捷，但同时也需要考虑其中与个

[①] 《最高人民法院关于审理利用信息网络侵害人身权益民事纠纷案件适用法律若干问题的规定》中第 12 条第 1 款中规定："网络用户或者网络服务提供者利用网络公开自然人基因信息、病历资料、健康检查资料、犯罪记录、家庭住址、私人活动等个人隐私和其他个人信息，造成他人损害，被侵权人请求其承担侵权责任的，人民法院应予支持"，参见"朱某诉百度网讯侵犯隐私权案"（2013）鼓民初字第 3031 号判决。
[②] 参见"朱某诉百度网讯侵犯隐私权案"（2013）鼓民初字第 3031 号判决。
[③] 参见"百度网讯与朱某侵犯隐私权上诉案"（2014）宁民终字第 5028 号。
[④] 同上。

人隐私之间的边界,朱某与百度网讯公司案是基于互联网个性化推荐服务引发的纠纷,为平台收集数据提供了实践的参考。行为数据是通过对用户在网站或应用程序的用户行为,如使用或浏览方式进行收集整理分析,达到通过行为进行用户画像(personas)[①] 的目的,而用户画像本身是基于一系列用户数据,如用户社会属性、消费习惯、个人喜好等真实数据所形成的数据模型。对于用户画像的利用,最常见的方式是通过对于用户的个人喜好和消费习惯形成不同类型的精准广告推送,达到"千人千面"的效果,而通常主要的做法是通过 cookie 技术进行收集,其中不得以侵犯用户安宁权和选择权为前提,不得侵害用户个人的隐私为红线。

(三)内容数据——大众点评诉百度地图不正当竞争案

大众点评网(www. dianping. com)的运营公司上海汉涛信息咨询有限公司(以下简称汉涛公司)诉称北京百度网讯科技有限公司(以下简称"百度网讯公司")运营的"百度地图"及"百度知道"大量复制大众点评网上的用户点评等信息,给汉涛公司造成重大损失,构成不正当竞争,一审诉至上海市浦东新区人民法院,要求认定不正当竞争行为并赔偿经济损失 9000 万元及其他合理费用 453470 元。[②]

上海市浦东新区人民法院一审审理过程中,对于大众点评网与"百度地图"和"百度知道"提供的服务是否构成竞争关系,以及使用大众点评网的信息是否导致流量减少,进而构成实质性竞争的损害,同时

[①] 用户画像:是指建立在真实数据之上的目标用户模型或用户标签化信息。在交互设计/产品设计领域,通常将用户画像界定为针对产品/服务目标群体真实特征的勾勒,是一种勾画目标客户、联系客户诉求与设计方向的有效工具。参见库珀《交互设计之路》,电子工业出版社 2006 年版,第 10 页;郝胜宇、陈静仁:《大数据时代用户画像助力企业实现精准化营销》,《中国集体经济》2016 年第 4 期。

[②] 此案中另一被告上海杰图软件技术有限公司,在一审判决中被认定不构成共同侵权,因此未承担责任。原告汉涛公司在诉求中同时提出消除影响的诉求,经一审法院审理未获支持,参见(2015)浦民三(知)初字第 528 号。

对 Robots 协议抓取大众点评网的信息与不正当竞争之间的关系[①]进行了认定。经一审法院审理后，认定大众点评网与"百度地图"和"百度知道"提供的服务构成竞争关系，且通过"百度地图"和"百度知道"与大众点评网争夺网络用户，可以认定百度网讯公司与汉涛公司存在竞争关系，且通过技术手段，从大众点评网等网站获取点评信息，用于充实自己的"百度地图"和"百度知道"。百度公司此种使用方式，实质替代大众点评网向用户提供信息，对汉涛公司造成损害。此外，百度网讯公司的搜索引擎抓取涉案信息并不违反 Robots 协议，但这并不意味着百度网讯公司可以任意使用上述信息，百度网讯公司应当本着诚实信用的原则和公认的商业道德，合理控制来源于其他网站信息的使用范围和方式。[②] 基于以上理由，一审法院判决百度网讯公司构成不正当竞争，承担赔偿汉涛公司经济损失 300 万元及为制止不正当竞争行为所支付的合理费用 23 万元，驳回汉涛公司其他诉讼请求。

百度网讯公司在一审宣判后提起了上诉，诉至上海知识产权法院，二审法院经审理认定大众点评网上用户评论信息是经营者付出大量资源所获取的，且具有很高的经济价值，这些信息是汉涛公司的劳动成果。百度网讯公司未经汉涛公司的许可，在其"百度地图"和"百度知道"产品中进行大量使用，这种行为本质上属于"未经许可使用他人劳动成果"。同时提出当某一劳动成果不属于法定权利时，对于未经许可使用或利用他人劳动成果的行为，不能当然地认定为构成反不正当竞争法意义上的"搭便车"和"不劳而获"，这是因为"模仿自由"，以及使用或利用不受法定权利保护的信息是基本的公共政策，也是一切技术和商业模式创新的基础。但是，随着信息技术产业和互联网产业的发展，尤其是在"大数据"时代的背景下，信息所具有的价值超越以往任何时期，愈来愈多的市场主体投入巨资收集、整理和挖掘信息，如果不加节

[①] 在"大众点评诉百度网讯公司不正当竞争案"中，大众点评网未对百度进行 Robots 协议限制，但法院认定其中未进行 Robots 协议限制抓取，并不代表同意使用信息且不构成不正当竞争。参见（2015）浦民三（知）初字第 528 号。

[②] 一审法院对汉涛公司关于百度网讯公司构成虚假宣传的主张、使用"大众点评"等标识构成擅自使用知服务特有名称的内容未予支持，参见（2015）浦民三（知）初字第 528 号。

制地允许市场主体任意地使用或利用他人通过巨大投入所获取的信息，将不利于鼓励商业投入、产业创新和诚实经营，最终损害健康的竞争机制。[1] 经二审法院审理，驳回上诉，维持一审判决。

从大众点评诉百度网讯公司不正当竞争案可以看出，内容数据与身份数据和行为数据的区别，更多关于长时间积累的用户评论（UGC）[2] 所形成的是内容数据信息。内容数据是指基于数据中的信息内容进行数据整理，如各种视频、声音、图片、文字等，与受众产生互动，从而得到了有价值的交互数据。通过对这些交互数据的筛选、挖掘、分析，得到有价值的数据，从而对后期内容的生产和发行形成指导和信息交易。而对于内容数据的应用，其中对于数据的长时间的积累和基于商业模式上对于必要的收集所进行的投入，是竞争和产业发展过程中的必经阶段，因此通过技术利用他人劳动成果的行为，是属于不正当的竞争行为。

三 数据商业化使用的规则

通过对于数据的性质的分析和实际中的案例，应当认识到数据作为数字经济中的新的"生产资料"，应当充分考虑其特殊性，在使用数据的过程中，进行商业化利用应当考虑以下方面：

而在判断使用用户数据信息是否存在滥用和存在不正当竞争，应当考虑以下几个维度[3]：

---

[1] 参见"北京百度网讯科技有限公司与上海汉涛信息咨询有限公司等不正当竞争纠纷上诉案"，(2016) 沪73民终242号。

[2] "User-Generated Content"（UGC）是指"用户生成内容"，除了比较常用的"UGC"以外，还有"User-Created Content（UCC）"、"Consumer Generated Media"等表达方式。UGC这个术语在2005年由网络出版和新媒体出版界最先提出。现在关于UGC还没有一个公认的定义，其中较有影响力的界定是由世界经济合作与发展组织（OECD）在2007年的报告中提出的。该定义描述了三个特性：（1）Internet上公开可用的内容；（2）此内容具有一定程度的创新性；（3）非专业人员或权威人士创作。参见OECD, Participative Web and User-Created Content: Web 2.0, Wikis and Social Networking. http://www.oecd.org/document/40/0, 3343, en_ 2649_ 34223_ 39428648_ 1_ 1_ 1_ 1, 00. html, 最后访问时间：2017年8月20日。

[3] 同上。

（一）数据使用的行为符合产业整体发展

数据收集和使用应当遵守现有商业秩序。市场经济的效能竞争和商业模式的信息流通均以秩序为共同前提。由于数据价值的与日俱增，市场中有越来越多的主体参与到数据的商业化利用中，而在目前数据保护体系尚未完善的情况下，通过反不正当竞争法进行规制只能是个案现象，且由于数据使用具有时效性、隐蔽性，对于通过诉讼手段进行维权的主体来说存在举证责任和证明效力的多方困难，且考量技术进步和保护利益之间应当从全局进行考量。正当的商业目的和数据使用的出发点，应当是创新和发展而非是"搭便车"和"捡便宜"，鼓励市场形成良性竞争机制。

市场经济鼓励的是效能竞争，通过商业模式的升级和创新来提高社会总成本，而非通过阻碍他人竞争、扭曲竞争秩序来提升自己的竞争能力。[1] 如果经营者是完全攫取他人劳动成果，提供同质化的服务，单纯通过技术抓取进而降低对于数据信息的积累的投入与时间成本，这种行为对于创新和促进市场竞争没有任何积极意义，且从长远来看必然导致积极投入进行数据信息积累的企业利益得不到保护进而侵害整个数据产业的利益，破坏产业生态的行为必然会伤害消费者和社会的整体利益。

（二）数据的商业性使用应当结构化考虑权益分布

《民法总则》将数据与虚拟财产置于"其他民事权利和利益"之后，对数据权属的认定尚处于模糊阶段。数据权益往往与知识产权、人格权、财产权、隐私权等密切相关，多重属性决定了其需要多层次的规制，尽管权益尚未明确，但从实践中数据应用的场景已经在不断创新和突破，对此应当考虑如何进行结构化分析，即符合现有权利体系保护内容与尚未明确的商业权益可以并行不悖，且应当以不侵害个人权益为前

---

[1] 在 2017 年 8 月的 HiQ 诉领英案（Case No. 17-cv-03301-EMC）中，HiQ 公司在联邦地区法院加利福尼亚北区申请初步禁令获得支持，其中数据的利用方式是通过数据进行后台分析，且案件本身基于反垄断层面加以考量，而非大众点评与百度网讯案中的前台重现与复制，且 HiQ 诉领英案中并未进行实体性判断，仅对禁令的必要性进行了分析。

提和红线。

在大众点评与百度网讯案中，大众点评为用户数据信息的获取付出了巨大的劳动，具有可获得法律保护的权益，而百度公司的竞争行为亦具有一定的积极效果，在此情况下应当对两者的利益进行一定平衡。应当充分地考虑数据收集积累过程中的投入，并对商业利用的方式加以必要的限制，如在使用数据信息的方式、展示形式等方面进一步明确并获得相应的授权，这里的授权不应当局限于数据的平台授权，如涉及著作权或个人信息等内容应当一并加以考虑。

基于互联网的公开共享特性，非法的数据收集行为往往具有隐蔽性和维权难的特点。第三方借由网络爬虫等工具攫取他人劳动成果，在不经授权的情况下对平台数据进行非法抓取和利用，将阻碍他人进行正当的商业行为，破坏现有商业秩序，制造数据行业恶性竞争和交易乱象。此外，对于数据在商业利用上的许可，应当充分考虑平台的授权。企业可以在数据商用的过程中对数据进行加工，以剥离可能与其他权属产生冲突的成分。例如在数据商业化利用中，对数据信息进行脱敏后产生的数据权益，可以有效规避如基于个人收集的数据在商业化利用对个人用户造成的侵害和数据滥用。

（三）技术创新应当考虑合理性边界

"技术中立"是数据行业或新兴产业在发展过程中经常为自身辩解的重要理由，但并不是任何技术本身都可以作为豁免法律责任的依据。例如搜索引擎中垂直搜索和现阶段数据抓取中的爬虫技术，在应用层面的合理性以及商业模式是否构成不正当竞争，并不因为技术或算法没有人为干预而豁免其应用层面可能存在的不正当行为。更有甚者，通过"技术"手段来进行如对合法商业环节的突破和破解，更是互联网行业需要打击的黑灰产业链。

技术作为一种工具手段在价值上具有中立性，但这并不意味着可以通过技术进而突破原有的商业模式来进行违背商业道德的恶性竞争，在信息技术大发展的今天，在商业模式上的"同理心"同样重要，即技术提供者或使用方是否在应用技术之初就存在对侵害他人合理商业模式的主观故意。技术在商业模式中的作用，是创新性的突破的"助手"，还是侵权和恶意竞争的"帮凶"，在于应用技术的主体。主体不能仅仅以技术中立的名义突破竞争和商业的合理界限。

四 结语

对于数据商业利用的规则目前通常以个案的形式出现，尚缺乏明确有效的法律指引，但对于数据产业本身发展的创新性和多样性，同时考虑到法律制定的严谨性、程序性和权威性，法律不可能一次性规定出所有的数据信息保护的适用规则和侵权后的惩罚措施，而且就目前社会发展进程而言，一旦发生数据信息侵权现象，由于法律的相对滞后性，需要有强大的技术支持来进行数据删除等相关数据维护工作。强调对于个人信息数据的保护，并非禁止合理使用个人数据，对于数据的使用，更多的应从商业化利用的基本使用规则角度来进行讨论，即数据的利用更多地应当考虑其财产属性和商业利用价值，但应当充分考虑数据自身特性及原有权利，并进行结构化区分对待。

数据作为数字经济时代的重要资源，其商业利益与保护的范围并不是一成不变，它会随着社会的发展、技术的变革甚至个人授权的变更等因素而发生相应的变化，切勿僵硬地适用保护政策，也不要因为需要保护就矫枉过正。同时对于数据的使用，在考虑商业化使用的前提，必然需要考虑商业各方主体在数据生成中的作用，如对于基础数据的加工、对于衍生数据或数据规则的利用（征信服务），为此各方平台提供了大量的人工和物料的投入，同时为了维护平台或数据的有效运营提供了必要的物质条件，因此在对此类数据进行处理的情况下，需要考虑个人信息及隐私与商业数据开发之间的利益平衡，同时也要考虑信息流动与不正当竞争之间的边界。

（责任编辑：孙南翔）

网络社会的被遗忘权研究[*]

郑志峰

（西南政法大学民商法学院讲师、
人工智能法律研究院自动驾驶研究中心主任，博士）

内容提要 在数字技术和网络全球化的帮助下，记忆成为常态，遗忘却成为例外，互联网"永久记忆"的时代已经到来。此种背景下，欧盟提出被遗忘权显得务实而又必要。被遗忘权根植于欧盟现有的数据保护框架，又融入数字时代的背景，但本质上并非一项新的权利。美国在被遗忘权问题上与欧盟分歧巨大，认为欧盟被遗忘权与美国言论自由的基本价值格格不入，其背后反映的是两者对待个人隐私保护的差异。实践中，被遗忘权也面临诸多难题，包括被遗忘权的效力内容和范围的界定、公共人物等特殊主体的考量、申请审查制度的构建、通知义务的配置等。网络全球化让被遗忘权超越地理界限，成为各国都需应对的难题。我国作为正在崛起的互联网发展大国，应积极予以回应，在借鉴欧盟先进经验的基础上，合理界定其法律定位和具体构造。

关键词 被遗忘权 隐私权 个人信息权 言论自由

一 问题的提出：遗忘与记忆的反转

有史以来，对于我们人类而言，遗忘一直是常态，记忆才是例外。

---

[*] 本文为2017年网络法青年工作坊成果。

然而，由于数字技术与全球网络的发展，这种平衡已经被改变了。今天，在广泛流行的技术的帮助下，遗忘已经变成例外，而记忆却成了常态。① 完善的数字记忆，在带给人们极大便利的同时，也造成了新的困扰。过去，人们犯错不用担心未来会受此羁绊，因为尴尬的信息通常只存在特定的社区，并随着时间的经过而被遗忘。② 但现在，互联网记住了你的一切，我们的过去正像刺青一样刻在我们的"数字皮肤"上，③ 遗忘成为奢侈品，一个"永久记忆"的时代已经到来。④

为应对这一问题，2012 年初，欧盟在新的个人数据保护草案中提出了一项新的权利——被遗忘权（the right to be forgotten），⑤ 意图赋予人们删除那些不充分、不相关或过时不再相关的数字信息的权利，帮助人们摆脱尴尬的过去。2014 年 5 月 13 日，"谷歌西班牙案"⑥ 尘埃落定，被遗忘权正式接受欧盟司法实践检验。案件的大体情况是：西班牙公民马里奥·格斯蒂亚·冈萨雷斯先生，1998 年因为断供而被迫拍卖房屋，巴塞罗那《先锋报》对此进行了报道。2009 年，当冈萨雷斯先生用谷歌搜索自己名字时，发现《先锋报》的有关报道依旧存在。冈萨雷斯先生认为，自己的债务问题早已解决，这些信息是完全过时的，对自己的生活造成困扰。随后，他向谷歌和《先锋报》提出了删除请求，但遭到了拒绝。2010 年 3 月，冈萨雷斯先生向西班牙数据保护局投诉，要求《先锋报》删除报道，谷歌西班牙公司删除报道的搜索链接。2010 年 9 月，西班牙数据保护局裁定，《先锋报》的报道取得了社会事务劳动部的同意，是完全合法的，因而无须删除，但谷歌西班牙公司必须要移除

---

① 参见［英］维克托·迈尔—舍恩伯格：《删除：大数据取舍之道》，袁杰译，浙江人民出版社 2013 年版，第 6 页。
② See Laura Lagone, "The Right to Be Forgotten: A Comparative Analysis", *Fordham University School of Law*, Dec. 7, 2012, p. 1.
③ See J. D. Lasica, "The Net never forgets", *Salon*, Nov. 26, 1998.
④ See Jeffrey Rosen, "The Web Means the End of Forgetting", *N. Y. Times Mag*, July 25, 2010.
⑤ 欧盟 2012 年提出了新的个人数据保护法草案，试图取代 1995 年施行的个人数据保护指令。2016 年 4 月，欧盟最终通过了这一草案，预期 2018 年对各成员方正式生效。See Article 17, General data protection regulation 2012; Article 17, General data protection regulation 2016。
⑥ See Case C-131/12, Google Spain SL and Google Inc. v. Agencia Española de Protección de Datos and Mario Costeja González.

相关搜索链接。谷歌方面表示不服，向西班牙高级法院提起诉讼。西班牙高级法院对此拿捏不准，将该案件提交给欧盟司法法院。2014年5月13日，欧盟司法法院最终裁定，谷歌西班牙公司败诉，必须要移除相关搜索链接。随后，谷歌方面执行了判决，并出台了在线申请程序，正式接受欧盟用户的被遗忘权申请。

  一石激起千层浪，欧盟司法法院判决后，被遗忘权迅速成为网络最热门的话题，各国学者对之展开激烈辩论。几个月下来，对该案判决的评论数已经超过欧盟1995年《个人数据保护指令》生效以来任何一个案件。[1] 一方面，有学者纵情欢呼，称该判决是拓展欧盟基本权利的极具意义的"宪法性时刻"，[2] 被遗忘权是前所未有的"最重要的权利"；[3] 另一方面，有学者则认为所谓的被遗忘权是对"言论自由基本原则的违反"，是"荒谬的"[4] 和"极度不道德的"。[5] 这种截然对立的态度，在欧盟与美国之间尤其明显。[6] 2016年4月，欧盟最终通过新草案，被遗忘权正式纳入法律框架，有关争议进一步加剧。面对这些争议，我们不禁要追问：究竟被遗忘权在互联网时代应该有着怎样的法律定位？美国与欧盟为何分歧如此之大？被遗忘权究竟是赋予人们重新开始机会的"最重要的权利"，还是言论自由的"潘多拉盒子"？被遗忘权在实践中又将遭遇怎样的难题？我国又该如何应对被遗忘权？

---

[1] See Christopher Kuner, The Court of Justice of the EU Judgment on Data Protection and Internet Search Engines: Current Issues and Future Challenges, Studies of the Max Planck Institute Luxembourg for International, European and Regulatory Procedural Law, Nomos/Brill 2015, September 15, 2014, p. 1.
[2] See Indra Spieker genannt Döhmann and M. Steinbels, Der EuGH erfindet sich geradeneu, Verfassungsblog, May 14, 2014.
[3] See Eric Posner, "We all have the right to be forgotten", *Slate*, May 14, 2014.
[4] See Stewart Baker, "Contest! Hacking the right to be forgotten", *The Washington Post*, June 7, 2014.
[5] See Sophie Curtis and Alice Philipson, "Wikipedia founder: EU's right to be forgotten is 'deeply immoral'", *The Telegraph*, Aug. 6, 2014.
[6] See Rory Cellan-Jones, "US v Europe-a cultural gap on the right to be forgotten", *BBC News*, May 15, 2014; Steven C. Bennett, "The 'Right to Be Forgotten': Reconciling EU and US Perspectives", *Berkeley Journal of International Law*, Vol. 30, Iss. 1, 2012, pp. 161–195.

二 被遗忘权的缘起：旧酒与新瓶的结合

最早基于数字技术和网络全球化的背景，提出被遗忘权概念的是被誉为"大数据时代预言家"的英国牛津大学互联网学院教授维克托·迈尔－舍恩伯格先生。2007年2月，他的记者朋友肯尼思·库克耶打电话咨询其关于无处不在的计算机技术与隐私的新视点时，维克托教授给他讲述了关于遗忘的重要性。随后，记者朋友将他的观点写进报道中，迅速被媒体和学者们获知，并得到来自各方的支持。①

欧盟一向注重个人数据和隐私保护，在认识到数字技术"永久记忆"的种种威胁后，被遗忘权的概念很快进入欧盟官员的视野。2010年6月，在美国的一次商会会议上，时任欧盟信息社会和媒体委员会专员的薇薇安·雷丁女士就表示，她职位的"最高目标"就是确保人们对个人信息有一个高水平的保护和控制，并强调"用户必须能有效地控制他们的网络信息，并且能随时更正、撤销或删除它们"，这项权利就是后来的"被遗忘权"。② 2010年12月，欧盟委员会宣布，将更新1995年的《个人数据保护指令》，并有意在新草案中引入被遗忘权。③ 2012年1月，欧盟发布新的《一般数据保护法》草案，其中第17条明确提出了被遗忘权，并用9个条款详细阐释了被遗忘权的适用情形、例外限制、数据控制者的义务等。④ 2016年4月，欧盟最终通过了这一草案（General data protection regulation 2016，以下简称新法案），其中第17条正式确立了被遗忘权。⑤

尽管被遗忘权是一个与网络有关的新名词，但它根源于现有的隐私

---

① 参见［英］维克托·迈尔—舍恩伯格：《删除：大数据取舍之道》，袁杰译，浙江人民出版社2013年版，第235页。
② See Steven C. Bennett, "The 'Right to Be Forgotten': Reconciling EU and US Perspectives", *Berkeley Journal of International Law*, Vol. 30, Iss. 1, 2012, p. 162.
③ See Communication from the Commission to the European Parliament, the Council, the Economic and Social Committee and the Committee of the Regions, A comprehensive approach on personal data protection in the European Union, COM (2010) 609 final of November 4, 2010, p. 8.
④ Article 17, General Data Protection Regulation 2012.
⑤ Article 17, General Data Protection Regulation 2016.

概念。① 从词源上看，其概念雏形可以追溯到20世纪80年代法国的遗忘权，即罪犯在服刑之后，有权要求淡出公众视野，新闻媒体不得再对其过往犯罪或服刑事实进行报道。② 从权利内容看，被遗忘权强调赋予主体删除那些不充分、不相关或过时不再相关的个人数据的权利，与欧盟现有数据保护框架中的删除权（right to erasure）、更正权（right to correction）、反对权（the right to object）等都有着密切联系，本质上是"新瓶装旧酒",③ 并非一项新的权利。正如雷丁女士所说："被遗忘权将建立在已有的规则之上，目的是为了更好地应对网络隐私风险。"④ 因而，我们在理解被遗忘权时，必须将其与欧盟已有的数据保护规则联系在一起。

20世纪互联网技术兴起，欧盟各国就意识到了数据保护的重要性。1995年欧盟《个人数据保护指令》出台前，法国、德国、荷兰、英国等就各自陆续颁布了《数据保护法》，其中许多条款都与被遗忘权有关。如德国1977年《数据保护法》中的删除权，规定当数据收集的目的不再、数据的储存没有获得主体同意或主体希望数据被删除时，控制者必须将数据删除。⑤ 这里的删除权与被遗忘权就非常相似。又如法国1978年《数据保护法》第36条中的更正权——当数据是不准确、不完整、含混不清或存储期限届满等情形时，主体享有修改、补充、澄清、更新以及毁损的权利，也与被遗忘权有相通之处。另外，第38条还规定"数据控制者必须要通知第三方，数据已经被更

---

① See Emily Shoor, "Narrowing The Right To Be Forgotten: Why The European Union Needs To Amend The Proposed Data Protection Regulation", *Brooklyn Journal of International Law*, Vol. 39, No. 1, 2014, p. 492.

② See Jeanne Hauch, "Protecting Private Facts in France: The Warren & Brandeis Tort Is Alive and Well and Flourishing in Paris", *Tul. L. Rev.*, Vol. 68, 1994, p. 1261.

③ See Gabriela Zanfir, Tracing the right to be forgotten in the short history of data protection law: The "new clothes" of an old right, the Computers, Privacy and Data Protection conference, Brussels, Jan. 22 – 24, 2014, pp. 1 – 21.

④ See Viviane Reding, The EU Data Protection Reform 2012: Making Europe the Standard Setter for Modern Data Protection Rules in the Digital Age, Innovation Conference Digital, Life, Design, Munich, Jan. 22, 2012.

⑤ Section 26, Bundesdatenschutzgesetz 1977.

正或毁损",这与新法案中数据控制者的通知义务一样。[①] 此外,英国1984年《数据保护法》第24条的修改和删除权(a right to rectification and erasure)、[②] 荷兰1989年《数据保护法》第33条的删除权,[③] 都构成被遗忘权的制度基础。

1995年《个人数据保护指令》出台,欧盟在个人数据保护方面步入新的阶段,其中许多条款都可被看作是"弱化版的被遗忘权条款"。[④] 如第6条第(1)款第(e)项的目的限制原则,即个人数据的处理不得超越数据收集的目的;[⑤] 第7条中的同意规则,规定数据的收集处理必须经主体同意,并且主体总是应被容许撤回他们的同意,[⑥] 这都构成被遗忘权适用的具体情形。[⑦] 此外,与被遗忘权最为相关的条款,是第12条(b)款中的删除权和第14条中的反对权,前者规定当数据的收集不符合指令时,特别是在数据不完整、不准确的情形下,主体享有更正、删除或屏蔽的权利,后者规定主体在特定情形下有反对数据收集的权利,这构成被遗忘权的直接制度来源。[⑧]

显然,被遗忘权根植于欧盟现有数据保护框架内,核心精神是增强个人数据保护,但又融入数字时代的背景。下面,我们就对2016年欧盟新法案中的"被遗忘权"条款进行具体分析:[⑨]

1. 权利主体。被遗忘权的权利主体指向任何自然人,不包括公司等法人或其他组织。此外,新法案特别提及了未成年人,认为未成年人在同意个人数据收集时,并没有充分认识到数据收集的危险性,对于他们

---

① Article 36 – 38, Loi relative a l'informatique, aux fichiers et aux libertés 1978.
② Article 24, Data Protection Act 1984.
③ Section 33, Wet Persoonsregistraties 1989.
④ See Meg Leta Ambrose and Jef Ausloos, "The right to be forgotten across the pond", *Journal of Information Policy*, Vol. 3, 2013, p. 7.
⑤ Article 6 (1) (e), Data Protection Directive 1995; Article 17 (1) (a), General Data Protection Regulation 2016.
⑥ Article 29 Data Protection Working Party, Opinion 15/2011 on the Definition of Consent, July 13, 2011.
⑦ Article 7, Data Protection Directive 1995; Article 17 (1) (b), General Data Protection Regulation 2016.
⑧ Article 12 (b), 14, Data Protection Directive 1995.
⑨ Article 17, General Data Protection Regulation 2016.

要求删除数据的申请，应重点给予保护。

2. 适用情形。主体有权要求数据控制者删除相关数据并阻止数据的进一步传播，其情形包括五种：（1）目的不再，当个人数据收集或处理的目的已经不再必要时；（2）撤回同意和期限届满，即数据主体根据第6条第（1）款第（a）项撤回同意的，或者数据储存期限届满，没有任何法律基础支持数据继续处理的；（3）法庭或有关机构做出删除的最终裁定或决定；（4）反对，即数据主体根据第19条反对数据的处理，除非数据的处理对保护主体的根本利益至关重要，或是为了公共利益等原因；（5）数据违法收集的情形。

3. 被遗忘权的限制。被遗忘权并非绝对的权利，新法案也详细规定了限制情形：（1）言论自由的行使；（2）符合欧盟或成员方保留数据的义务；（3）公共卫生目的；（4）出于历史、统计和科学研究的目的；（5）数据控制者无需删除，但需以一种不能被任何人通常获取、收集和改变的方式来限制数据处理的情形，具体又包括六种：a. 主体对数据的准确性提出质疑，但控制者在特定时间内能够更正的；b. 数据控制者不再需要保留个人数据去完成特定目的，但需要保留它们作为证据的；c. 数据的收集不合规范，但主体反对删除，仅要求限制它们的使用；d. 法庭或有关机构做出限制数据处理的最终裁定或决定；e. 主体要求把数据转移到另一个系统的；f. 本法生效前就已经安装，不容许删除的特定储存技术的情形。

4. 数据控制者的义务。当主体行使被遗忘权时，数据控制者应该采取一切合理措施去删除数据。如果数据没有正当理由被公开或传送给第三方，原始数据控制者还应通知第三方，确保数据被删除。控制者应该告知主体，相关第三方可能采取的措施。

5. 法律责任。为了更好地保障被遗忘权得到执行，新法案规定了较为严格的法律责任。任何人不遵守被遗忘权的规定，或没有落实机制保证时限，或没有采取必要的措施通知第三方的话，监管机构可以处以最高2000万欧元或者企业全球年营业额的4%的罚款。这对于谷歌或脸谱这样的全球性互联网巨头来说，是十分高昂的。

三 被遗忘权的价值争议：隐私与自由的冲突

自欧盟 2012 年在新草案中提出被遗忘权以来，各方争议不断。这种分歧在欧盟与美国之间尤为明显。总的来说，欧盟对待被遗忘权更为积极。欧盟官方明确将被遗忘权纳入新草案，并于 2016 年正式通过该草案。"谷歌西班牙案"也证实了欧盟的这一立场，时任欧盟司法专员的雷丁女士更是称该判决是"欧洲个人数据保护的一次显著胜利"。[①]欧盟成员方也多持肯定态度。[②] 早在 2012 年新草案出台前，一些成员方已经在尝试确立被遗忘权。如法国，2010 年 10 月 13 日，在国务秘书的召集下，包括搜索引擎在内的一些互联网企业一起签署了一项关于被遗忘权方面的宣言。[③] 尽管此宣言还不是法律，但已经彰显法国政府确立被遗忘权的决心。而欧盟民众，对被遗忘权更是热情高涨。2012 年新草案出台前，据民调显示，欧盟有 75% 的民众希望享有被遗忘权，以便能按照自己意愿删除网络个人信息。[④] "谷歌西班牙案"后，谷歌出台了在线申请程序，欧盟每天都有上千人申请行使被遗忘权。[⑤]

与此不同的是，美国对待被遗忘权的态度并不那么友好。华盛顿方面早前就对被遗忘权表示强烈批评，认为其可能会伤害经济，影响犯罪活动的打击。[⑥] 谷歌首席隐私法律顾问也明确表示，被遗忘权是欧盟官

[①] See Rory Cellan-Jones, "EU court backs 'right to be forgotten' in Google case", *BBC News*, May 13, 2014.

[②] 欧盟成员方对于被遗忘权还是比较积极的，但英国除外。2014 年 7 月 23 日，英国上议院发布对欧盟被遗忘的评估报告，指出被遗忘权在原则上具有误导性，实践中也不可行。See the House of Lords, EU Data Protection law: a "right to be forgotten"？, July 23, 2014, p. 22.

[③] Secrétariat d'Etat chargé de la Prospective et du Développement de l'économie numérique, Charte du droit à l'oubli dans les sites collaboratifs et les moteurs de recherche, Oct. 13, 2010.

[④] See EuropeanCommission, DataProtection: Europeans share data online, but privacy concerns remain, new survey, Brussels, June 16, 2011.

[⑤] 从 2014 年 5 月 29 日起，截止到 2015 年底，谷歌就已收到 348085 项行使被遗忘权的申请，评估的网址总数高达 1234092 个。其中，同意移除的网址数占 42%。

[⑥] See Ella Ornstein, "US Lobbyists Face Off with EU on Data Privacy Proposal", *Speigel Online*, Oct. 17, 2012.

员们的"胡思乱想",与美国的基本价值——言论自由冲突。[1] 著名学者杰弗里·罗森教授更是直言,"被遗忘权是互联网言论自由接下来十年最大的威胁"。[2] 在美国看来,被遗忘权赋予主体删除网络数据的权利,其对象不仅包括自己公开的数据,还指向第三方发表的言论,这自然与言论自由冲突。实践中,被遗忘权的具体执行,主要是由用户直接向网络服务商提出申请,网络服务商承担审查义务,这让谷歌等互联网公司从中立服务方变成了审查者。可预见的结果是,谷歌等互联网公司为避免高额罚款必定会宽泛对待用户的删除申请,最终对言论自由产生寒蝉效应,减少"意见市场"。[3] 尽管欧盟2016年新法案对被遗忘权设置了言论自由的例外,但并没有给出具体的标准,究竟例外的范围是宽是窄还不明朗。[4] 此外,美国学者还担心,欧盟法院在处理个人数据保护和言论自由时,会偏向前者。[5]

美国与欧盟在被遗忘权问题上的巨大分歧,背后体现的是两者对待个人隐私保护的差异。总的来说,欧盟国家更注重个人隐私保护,认为隐私权关系人格尊严,是一项"基本权利",政府应给予高度重视;而美国通常认为隐私是一项"基本价值",相比较隐私,他们更倾向于保护言论自由。[6] 惠特曼教授就曾经指出,欧洲国家与美国对待隐私的差异,体现了西方关于隐私的两种文化,即尊严(dignity)与自由(liberty)。一方面,欧洲国家更多地将隐私理解为人格尊严,认为其主要的危险在于大众传媒;另一方面,美国则倾向于将隐私与言论自由联系在

---

[1] See Peter Fleischer, Foggy Thinking About The Right To Oblivion, Blogspot, Mar. 9, 2011.

[2] See Jeffrey Rosen, "The Right To Be Forgotten", 64 *Stan. L. Rev. Online*, Vol. 61, Feb. 13, 2012, p. 88.

[3] 意见市场理论(the marketplace of ideas)由霍姆斯1919年首次提出,主张意见也存在市场,容许各种信息在意见市场中竞争,真相自然会慢慢浮现。See Stanley Ingber, "The Marketplace of Ideas: A Legitimizing Myth", *Duke. L. J*, Vol. 1, 1984, pp. 1–91.

[4] See Ashley Messenger, "What Would A 'Right to Be Forgotten' Mean for Media in the United States?", *Comm. Law*, Vol. 29, 2012, p. 31.

[5] See Jasmine E. McNealy, "The Emerging Conflict Between Newsworthiness and the Right to Be Forgotten", *N. Ky. L. Rev.*, Vol. 39, 2012, p. 123.

[6] See Laura Lagone, "The Right to be Forgotten: A Comparative Analysis", *Fordham University School of Law*, Dec. 7, 2012, p. 1.

一起，认为其最大的威胁来自政府。① 有学者认为，这其中可能的原因是，欧洲国家经历了"盖世太保"和"东德秘密警察"事件，这两者都是借助个人信息来维系他们的控制，因而欧盟人民非常注重个人隐私的保护；而美国并没有经历此类事件，相反，他们是在反对英国政府的浪潮中独立的，他们更加看重言论自由。② 欧盟重视隐私保护，将隐私权写入《欧盟基本权利宪章》，而美国则用《宪法》第一修正案重申了言论自由的重要性。正是这种差异，让欧盟与美国在被遗忘权问题上态度截然对立，具体又体现在以下方面：

1. 罪犯的隐私保护。欧盟和美国在罪犯的隐私保护上非常不同。德国、法国、西班牙等欧盟国家更重视罪犯的隐私保护，服刑完毕的罪犯，有权淡出公众视野，媒体不得再旧事重提。如德国，2009年，一对德国兄弟沃尔夫冈·沃勒和曼弗莱德·劳勃针对维基百科提起诉讼，原因是维基百科词条中提到了两人1990年杀害著名演员沃尔特·赛德马耶的犯罪记录，德国法院最后支持了他们的删除请求。③ 在西班牙，数据保护局也曾多次命令谷歌删除一些过时的新闻搜索链接，因为后者披露了当事人以往的犯罪记录，侵犯了他们的隐私。甚至，西班牙还设有一个专门的司法档案中心，负责保证所有司法判决在公开前，隐去当事人的真实姓名。④ 此外，英国、法国、意大利等都有类似规定和判例。⑤

---

① See James Q. Whitman, "The Two Western Cultures of Privacy: Dignity versus Liberty," *The Yale Law Journal*, Vol. 113, 2004, p. 1219.
② See Adam Liptak, "When American and European Ideas of Privacy Collide", *N. Y. Times*, Feb. 28, 2010.
③ See John Schwartz, "Two German Killers Demanding Anonymity Sue Wikipedia's Parent", *N. Y. Times*, Nov. 13, 2009.
④ 只有西班牙宪法法院（Tribunal Constitucional）和欧盟司法法院的判决才会以真实的姓名公开。在特定时间过后，犯罪记录将储存在独立的系统，而查询相关犯罪记录也是有权限限制的，只有西班牙法院和警察能够看到。这也充分保障了罪犯的隐私权。See Pere Simón Castellano, "The right to be forgotten under European Law: a Constitutional debate", *Lex Electronica*, Vol. 16, No. 1, 2012, pp. 15 – 16.
⑤ 如英国的"玛丽·贝尔案"，1965年，年仅11岁的玛丽（Mary）杀害了另外两个孩子。1980年，重获人身自由的她，以一个新的身份重新开始生活，但新闻媒体对此很感兴趣，披露报道其过往的犯罪记录。法庭认为，相比新闻媒体的言论自由，原告的隐私权利更为重要。意大利也有类似司法实践。See Ashley Messenger, "What Would A 'Right to Be Forgotten' Mean for Media in the United States？", *Comm. Law*, Vol. 29, 2012, pp. 29 – 31.

而在美国，通过"考克斯广播公司诉科恩案"等案件，联邦法院确立一项规则，即新闻媒体有责任报道政府的活动（包括司法程序），披露真实犯罪记录的行为受到《宪法》第一修正案的保护，除非原告能证明存在比言论自由更高的利益。① 在"盖茨诉探索通信公司案"中，原告曾因帮助谋杀而被定罪。出狱多年后，被告的一家电视台播出了有关原告谋杀犯罪的纪录片，原告主张隐私受到侵犯，于 2004 年提起诉讼。在庭审中，原告要求法庭考虑其犯罪行为已时隔多年，但法庭拒绝采纳，认为联邦法院此前的规则是建立在公共记录本身的性质上，而不是记录的新旧。② 换言之，在美国，媒体真实合法地披露他人犯罪记录的行为受到《宪法》第一修正案的保护，即使犯罪记录是非常古老的或者被提及的人物并非案件的主要当事人也是如此。③

2. 时间因素。在美国，公共利益（如新闻价值）通常并不会随着时间的经过而减弱，这与被遗忘权存在根本矛盾。④ 事实上，美国也很少有成功的例子证明，一项报道随着长时间的过去而被认为是侵犯隐私。如 2010 年末，原告哈维·普利茨针对《加利福尼亚日报》的主编拉杰什·斯里尼瓦萨提起诉讼，原因是后者拒绝删除关于他儿子的报道，造成他和他妻子精神痛苦。这篇报道已经超过四年了，主要是讲述原告儿子查尔斯在旧金山一家脱衣舞俱乐部喝得烂醉的事情。后来，原告儿子被所在足球俱乐部停职，不久因为私人原因离开，最后于 2010 年 6 月去世。死后一个月，原告联系了被告，要求后者删除网站上关于他儿子的报道，但遭到了拒绝。诉讼中，法官对原告表示同情，但认为

---

① 这些案件包括 Cox Broadcasting Corp. v. Cohn 420 U. S. 469 （1975）；Oklahoma Publishing Co. v. District Court for Oklahoma County 430 U. S. 308 （1977）；Landmark Communications, Inc. v. Virginia. 435 U. S. 829 （1978）；Smith v. Daily Mail Publishing Co 443 U. S. 97 （1979）；Florida Star v. B. J. F. , 491 U. S. 524 （1989）；Bartnicki v. Vopper 532 U. S. 514 （2001） 等。See Jasmine E. McNealy, The Emerging Conflict Between Newsworthiness and The Right To Be Forgotten, Northern Kentucky Law Review, Vol. 39, 2012, p. 123.

② See Gates v. Discovery Commc'ns, 101 P. 3d 560 (Cal. 2004) .

③ See Ashley Messenger, "What Would A 'Right to Be Forgotten' Mean for Media in the United States?", Comm. Law , Vol. 29, 2012, p. 34.

④ See Jasmine E. McNealy, "The Emerging Conflict Between Newsworthiness And The Right To Be Forgotten", Northern Kentucky Law Review, Vol. 39, No. 2, 2012, p. 128.

其没有足够的理由去起诉被告。① 此外，在"西迪斯案"②中，一名男子儿童时期曾因智力超群而受到媒体大量关注，20年过去，法院裁定该事情仍具有新闻价值。

然而，欧盟的态度很不一样，时间的流逝会让个人信息变得过时而不再相关，主体因而可以主张删除。"谷歌西班牙案"中，冈萨雷斯先生正是基于此点赢得了诉讼。此外，欧盟还存在许多类似例子。如在西班牙，1991年，一名叫吉多蒂·胡果的整容医生，与他的病人发生一起纠纷，病人指责胡果医生整容技术低劣，这件事情被登上了报纸。21年过去，当胡果医生用谷歌搜索自己名字时，这篇报道仍然出现在搜索结果的第一页。胡果医生认为这些报道是过时的，造成了他名誉和经济损失。最后，西班牙数据保护局支持了他的删除请求。③

3. 网络服务商的法律定位。在欧盟，谷歌等互联网公司在个人数据和隐私保护方面承担较重的法律义务。实践中，谷歌等互联网公司经常被判定为侵犯隐私权。如在"谷歌西班牙案"之前，西班牙数据保护局就已经受理了80多件要求谷歌删除相关数据搜索链接的请求。④ 而在意大利，谷歌三名高管甚至因为容许一份虐待残疾儿童的视频放置在You-Tube上而被判刑。⑤ 显然，欧盟把个人数据和隐私保护的重点义务对象对准了网络服务商。此次，在被遗忘权问题上，新法案为谷歌等网络服务商设置了过重的审查义务，并规定了严苛的法律责任，延续了欧盟的一贯立场。

而在美国，搜索引擎等网络服务商是中立的第三方，并不承担对网络内容进行主动审查的义务。1996年的《通讯正当行为法案》第230条规定，任何网络服务商都无须为公开、传播第三方发布的言论负责，只

---

① See Purtz v. Srinivasan, No. 10CESC02211（Fresno Co. Small Cl. Ct. Jan. 11, 2011）.
② See Sidis v. F-R Publishing Corp113 F. 2d 806（2d Cir. 1940）.
③ See Greg Sterling, "Google Confronting Spain's 'Right To Be Forgotten'", *Search Engine Land*, March 8, 2011.
④ See Paul Sonne, "Max Colchester and David Roman, Plastic Surgeon and Net's Memory Figure in Google Face-Off in Spain", *Wall St. J*, Mar. 7, 2011.
⑤ See Benny Evangelista, "Italian court convicts Google execs over video", *San Francisco Chronicle*, Feb. 25, 2010.

要他们没有对言论的创造和发展提供帮助。① 依据该法案，美国基本免除了谷歌等互联网公司对用户发表的言论所引起的侵权责任，在数字时代有效地贯彻了言论自由的精神。欧盟被遗忘权迫使谷歌等互联网公司去主动审查网络言论的内容，势必对言论自由产生寒蝉效应。有学者认为，欧盟之所以力推被遗忘权，对谷歌等公司设置严苛的法律责任，主要是欧盟没有像谷歌、脸谱这样的本土性网络巨头，通过被遗忘权，既可以合法手段和形式达到牵制美国网络巨头信息控制能力的目的，顺便还能满足欧盟民众对被遗忘权的呼声，可谓一箭双雕。②

尽管美国对被遗忘权存有诸多异议，但绝非全然不可接受。一方面，美国人民有"被遗忘"的需求，③ 且也存在支持的案例。如在1931年"梅尔文诉里德案"④ 中，原告是一名家庭主妇，曾经当过妓女，被错误地指控谋杀，后来在审判中被无罪释放。7年后，她的故事被拍成电影《红色和服》。尽管法庭没有具体提及被遗忘权，但支持了原告的请求，认为被告使用原告真实姓名不当地侵害了原告回归社会的权利。⑤ 另一方面，美国已经在践行被遗忘权。如2012年3月29日，联邦贸易委员会发布《快速变革时代消费者隐私保护：针对企业界和政策制定者的建议》，其中就提出要给予消费者"被遗忘权"的建议。⑥ 2013年，加利福尼亚州更是首推"橡皮擦"法案，要求脸谱、推特、谷歌等社交媒体巨头允许未成年人擦除自己的上网痕迹，以避免因年少不慎而引发的后续性问题。⑦ 此外，宽恕和遗忘作为人类的基本价值，也已经深入

---

① Artice 230, Communications Decency Act.
② 参见陈昶屹《"被遗忘权"背后的法律博弈》，《北京日报》2014年5月21日。
③ 如美国的消费者团体就要求谷歌引入欧盟被遗忘权，以便充分保护消费者的消费数据安全。See Liam Tung, "US consumer group asks Google to import Europe's right to be forgotten", *Zdnet*, Oct. 17, 2014.
④ See Melvin v. Reid 297 P. 91 (Cal. Ct. App. 1931).
⑤ See Steven C. Bennett, "The 'Right to Be Forgotten': Reconciling EU and US Perspectives", *Berkeley J. Int'l Law*, Vol. 30, 2012, p. 170.
⑥ FTC, Protecting Consumer Privacy in an Era of Rapid Change: Recommendations For Businesses and Policymakers, 2012, p. 24.
⑦ See Kathleen Miles, "Teens Get Online 'Eraser Button' With New California Law Los Angeles", *Huffingtonpost*, Sep. 24, 2013.

到美国法律制度当中,包括破产制度、征信、刑法在内,都体现了被遗忘权的精神。[1] 正因如此,美国许多学者都在尝试性地提出解决或妥协的办法,[2] 相信欧盟与美国不久会达成某种折衷协议。

四 被遗忘权的现实难题:规范和实践的审视

被遗忘权除遭遇损害言论自由的质疑外,还存在诸多实践难题。特别是"谷歌西班牙案"后,被遗忘权如何执行成为众人关注的焦点。

(一)被遗忘权的效力问题

1. 被遗忘权的内容效力。被遗忘权意图赋予主体权利去删除那些过时、不相关或不再相关的数据,进而实现"被遗忘"的目的。然而,这个目标可能并不现实。一方面,实践中,主体行使被遗忘权主要针对的是谷歌等搜索引擎,要求删除的只是基于特定名字的搜索链接。如"谷歌西班牙案",冈萨雷斯先生仅能要求谷歌删除基于其名字的搜索链接,文章本身并没有被删除。当人们用其他关键词进行搜索或直接进入《先锋报》网站进行搜索时,依旧可以找到那篇文章。而主体要删除原始网站上的文章,特别是新闻报道性质的数据,必须要有充足的理由。另一方面,退一步说,就算原始网站同意删除相关数据,但依然没有完事。因为其他用户在之前的浏览过程中很可能已经复制或下载了这些数据,之后会发生什么就很难预测了。欧洲网络信息安全局就曾表示,被遗忘权在理论上可能是合理的,但其执行充满技术困难,其中最为核心的问

---

[1] See Steven C. Bennett, "The 'Right to Be Forgotten': Reconciling EU and US Perspectives," *Berkeley J. Int'l Law*, Vol. 30, 2012, pp. 167 – 168.

[2] 许多美国学者都在寻求折中的方法,如有学者主张将被遗忘权的适用范围限制在非表达性内容上 (non-expressive content),这样就避免了与言论自由冲突的问题;有学者主张只有采取合同规制 (contracting) 的方式,才能解决欧盟与美国的冲突;而有的学者则主张欧盟与美国双方需在实体与程序规范上进行协调。See Laura Lagone, "The Right to Be Forgotten: A Comparative Analysis", *Fordham University School of Law*, Dec. 7, 2012, pp. 22 – 24; Robert Kirk Walker, "The Right to Be Forgotten", *Hastings Law Journal*, Vol. 64, 2012, pp. 278 – 284; Steven C. Bennett, "The 'Right to Be Forgotten': Reconciling EU and US Perspectives", *Berkeley J. Int'l Law*, Vol. 30, 2012, pp. 168 – 192.

题是，不可能阻止网络用户未经授权地复制数据。① 换言之，在互联网时代，数据一旦上网，永远都不可能删除。② 从这个角度看，被遗忘权至多是一种淡化记忆的措施，是一项"抑制和删除信息获取渠道的权利"，③ 而不能真正彻底地删除数据，实现"被遗忘"的目的。

  2. 被遗忘权的范围效力。"谷歌西班牙案"后，谷歌出台了在线申请程序，正式接受欧盟用户的删除申请，但其删除效力的范围仅限于欧盟境内。具言之，谷歌只是删除了欧盟境内的搜索链接，当用户用美国站点的谷歌搜索时，相关的搜索链接依旧存在。实践中，人们也总能通过切换搜索站点的方式找到自己想要的数据。英国东英格利亚大学法学讲师保罗·伯纳尔就说道："谷歌西班牙案"后，人们使用谷歌更为灵活了，如果你在谷歌英国站点（Google.co.uk）上搜索不到需要的资料时，就可以使用美国站点（Google.com）搜索。④ 在网络全球化的背景下，这无疑让被遗忘权的实施效果大打折扣。近日，欧盟第29条数据保护工作组就欧盟司法法院在"谷歌西班牙案"中所立规则的适用出台了"指导意见"，要求谷歌将被遗忘权的执行效力范围扩至全球，而不是仅限于欧盟，如此才能真正实现被遗忘权的目的。⑤ 然而，尽管一个全球性的适用可能更加符合被遗忘权的精神，但实践中几乎是不可能做到的，因为其他国家基于独立主权不会同意。此外，单个国家做出的删除链接的决定，如若能够施加给其他国家，那将是十分危险的。故此，一个仅仅适用于欧盟的态度可能更为可行。⑥

---

① See "Problems with the EU's proposed 'right to be forgotten'", *Info Security*, Nov. 20, 2012.
② See Juricadujmovic, "You will never, ever be 'forgotten' on the Internet", *MarketWatch*, May 30, 2014.
③ See Juliette Garside, "Right to be forgotten is a false right, Spanish editor tells Google panel", *The Guardian*, Sept. 9, 2014.
④ See Gary Price, "European Union Wants Google to Remove 'Right to Be Forgotten' Material From All Google Search Sites Worldwide", *INFO docket*, Nov. 26, 2014.
⑤ 欧盟第29条数据保护工作组（Artice 29 Data Protection Working Party）是根据1995年《个人数据保护指令》第29条成立的组织，主要是为欧盟数据保护提供建议等。Artice 29 Data Protection Working Party, Guidelines On The Implementation Of The Court Of Justice Of The european Union Judgment On "GOOGLE SPAIN AND INC V. AGENCIA ESPAÑOLA DE PROTECCIÓN DE DATOS（AEPD）AND MARIO COSTEJA GONZÁLEZ" C-131/12, 26 November 2014, p. 2.
⑥ See Luciano Floridi, "The right to be forgotten-the road ahead", *the Guardian*, Oct. 8, 2014.

（二）被遗忘权的权利主体层面

1. 公共人物。欧盟新法案规定被遗忘权适用于所有自然人。实践中遭遇的问题是，公司高管、政府官员等公共人物是否也享有被遗忘权？他们行使被遗忘权有没有特别限制？被遗忘权提出时，人们就担心其可能成为某些有劣迹的公共人物用来抹去过往不光彩历史的工具。"谷歌西班牙案"后，谷歌也确实收到了一些公共人物要求删除过往不光彩历史的申请，并有支持的例子。如近日，BBC 记者罗伯特·派斯顿发现，其在 2007 年发表的关于美林证券公司 CEO 斯坦·奥尼尔因深陷次贷危机而被免职的文章被谷歌从搜索结果中删除；英国《卫报》记者也发现其六篇报道被谷歌从搜索结果中删除，其中三篇是关于英格兰足球联赛裁判沃克尔操作比赛的报道。随后，英国 BBC、《卫报》《每日邮报》等都对谷歌的删除行为表示强烈不满。[①] 显然，公共人物在被遗忘权问题上需要谨慎对待。"指导意见"认为，被遗忘权的主体包括公共人物，当他们要求删除的数据涉及个人健康、家庭成员等私人性质的信息时，毫无疑问，他们也能通过被遗忘权寻求保护。但最为一般的规则是，如果申请者是公共人物，他们申请删除的信息通常不被视为私人信息，除非有强烈的证据证明这些信息是私人的。[②]

2. 罪犯与恐怖分子。实践中，公众不仅担心政府官员等公共人物会滥用被遗忘权，也害怕罪犯和恐怖分子会滥用被遗忘权。近日，英国文化部长萨吉德·贾维德先生就警告说，罪犯们正在利用被遗忘权来删除他们过往的犯罪历史记录，即使他们当中许多人之后还犯有其他罪行或者累犯，恐怖分子也在要求谷歌删除那些报道他们行动的文章。[③] 这不禁让人深思，罪犯和犯罪分子能否享有被遗忘权？有人主张，被判刑的

[①] 参见李立娟《英媒谴责谷歌滥用"被遗忘权"》，《法制日报》2014 年 7 月 8 日。
[②] Artice 29 Data Protection Working Party, Guidelines On The Implementation Of The Court Of Justice Of The european Union Judgment On " GOOGLE SPAIN AND INC V. AGENCIA ESPAÑOLA DE PROTECCIÓN DE DATOS（AEPD）AND MARIO COSTEJA GONZÁLEZ" C-131/12, 26 November 2014, p. 2.
[③] See Nicholas Watt and Mark Sweney Sajid Javid, "Terrorists and criminals are exploiting 'right to be forgotten'", *The Guardian*, Nov. 11, 2014.

罪犯有权回归社会，被遗忘权理应适用于他们，并且无须考虑犯罪的严重性，只要其犯罪记录不涉及公共利益。但有学者提出质疑，认为被遗忘权的适用应考虑具体情形。对于恋童癖者或性犯罪的罪犯，被遗忘权不应该适用，因为受害的女孩或未成年人的利益高于这些罪犯的权利。[①]也许较为妥当的办法是，与公共人物一样，恐怖分子和罪犯除非能证明其要求删除的是私人性质的数据，否则不能主张被遗忘权。至于贾维德先生警告说罪犯和恐怖分子正在大肆滥用被遗忘权的糟糕局面，目前还没有证据支持此种说法。具体理由有：（1）"谷歌西班牙案"本身并没有涉及罪犯和恐怖分子，冈萨雷斯先生只是一个普通的商人。欧盟司法法院的规则也清晰地表明，只有那些过时或不再相关的信息才能删除，并且不能涉及公共利益。（2）依据欧盟司法法院的判决，主体申请删除的并不是故事本身，只是基于特定名字的搜索链接，因而罪犯和恐怖分子通过被遗忘权"漂白过去"的可能性不大。[②]（3）谷歌在审查被遗忘权申请时有一定判断标准，从谷歌最近的透明度报告看，被删除的主要是社交媒体的网页，很少涉及新闻报道。而示例中有关犯罪分子的删除申请，谷歌也没有同意。[③]

（三）被遗忘权的义务主体方面

1. 义务主体的范围。"谷歌西班牙案"中，冈萨雷斯先生原本要求删除的对象包括《先锋报》和谷歌，最后只有谷歌承担了删除义务，《先锋报》不在其列。我们不禁要追问：（1）被遗忘权是否仅适用于搜索引擎公司，其他类型的网络服务商能否适用？从欧盟新法案第17条来看，被遗忘权的义务对象是所有的数据控制者，包括搜索引擎和其他

---

① See Juliette Garside, "Right to be forgotten is a false right, Spanish editor tells Google panel", *The Guardian*, Sep. 9, 2014.
② See Paul Bernal, "To suggest terrorists are using the right to be forgotten online is absurd", *The Guardian*, Nov. 13, 2014.
③ 在个人要求谷歌从搜索结果中移除的网址总数中，排名前十的基本是社交网站，包括Facebook、Badoo、Twitter等。而在给出的示例中，某位男士要求删除20个链接，原因是这些链接指向的文章提到了其利用职务便利实施金融犯罪而被捕一事。对此，谷歌并没有同意其删除请求。http://www.google.com/transparencyreport/removals/europeprivacy/，2015—04—15。

互联网公司。"谷歌西班牙案"中,西班牙数据保护局之所以没有要求《先锋报》删除报道,是基于言论自由的例外,而非否定其适用被遗忘权的可能。故而,当条件满足时,其他类型的网络服务商也能成为被遗忘权的义务主体。(2)搜索引擎有内部与外部之分,被遗忘权对于网站内部的搜索引擎是否也适用呢?如微博,它并非专门的搜索引擎,但有自己内部的搜索功能,被遗忘权是否也能适用?对此,"指导意见"认为,网站内部的搜索引擎并不产生与外部搜索引擎相同的效果。一方面,用户通过网站内部搜索引擎只能搜索特定网站内的消息;另一方面,内部网站的搜索结果并不能建立一个"完整的形象",不会对主体产生严重影响。因而,被遗忘权并不适用内部搜索引擎,特别是新闻网站的内部搜索工具。[1]

2. 审查义务的配置。被遗忘权实践中,非常重要的一个问题是应该由谁来审查主体的删除申请。有学者认为,被遗忘权涉及七类主体,分别是信息指向的主体(冈萨雷斯先生)、出版者(《先锋报》)、搜索引擎(谷歌西班牙)、搜索引擎使用者(公众)、国家数据保护机构(西班牙数据保护局)、国家司法机关(西班牙高级法院)以及欧盟司法法院。其中,最有资格去管理或屏蔽信息的应该是出版者,他们若参与删除信息,可以更为高效,并且不会创造任何"史翠珊效应"。[2]然而,实践中,欧盟将审查被遗忘权申请的重担几乎全部放在搜索引擎身上,出版者仅仅是被告知搜索链接被删除了,甚至这种通知义务都在被讨论中,这让各界多有质疑。因为,对被遗忘权申请的审查涉及各种基本权利的平衡,包括言论自由和隐私等重要权利,这个任务对法院、数据保护机构以及研究机构来说都是极具艰难的,显然不适合由私人性质的搜

---

[1] Artice 29 Data Protection Working Party, Guidelines On The Implementation Of The Court Of Justice Of The european Union Judgment On "GOOGLE SPAIN AND INC V. AGENCIA ESPAÑOLA DE PROTECCIÓN DE DATOS (AEPD) AND MARIO COSTEJA GONZÁLEZ" C-131/12, 26 November 2014, p. 8.

[2] 史翠珊效应(Streisand effect)为互联网出现后新生现象之一,指试图阻止大众了解某些内容,或压制特定的网络信息,结果适得其反,反而使该事件为更多的人所了解。See Luciano Floridi, "Right to be forgotten: who may exercise power, over which kind of information?", The Guardian, Oct. 21, 2014.

索引擎公司来完成。判决把搜索引擎变成了法官，让其负责去衡量一个主体的隐私权是否高于另一个主体的言论自由权，这个任务过于沉重了。① 退一步说，就算谷歌具备了相应的审查能力，我们也不应完全信任，否则可能会出现谷歌操纵被遗忘权的危险。如近来有情况显示，谷歌在处理被遗忘权申请时存在"过度阐释"的问题。② 在最近的伦敦会议中，③ 来自牛津大学互联网学院的卢西亚诺·弗洛里迪教授主张，主体必须首先向出版者提起申请，只有申请失败了才能向搜索引擎提请删除链接；若仍然失败了，才能向国家数据保护局或司法机关请求帮助；最后才可以向欧盟司法法院请求。④ 这一观点，颇值得赞同。

3. 通知义务。主体向数据控制者主张被遗忘权时，数据控制者承担通知义务，包括第三方和公众两方面。根据欧盟新法案的规定，数据控制者在同意主体删除申请后，应该通知所有的第三方。但民主与技术中心认为，在开放的互联网场域，要数据控制者去确定并通知所有的第三方几乎是不可能完成的任务。⑤ 另外，通知原始网站还可能会引起二次曝光的问题。即在某些案件中，通知会让主体申请移除的内容重新公开，产生的不利影响甚至会超过信息本身。⑥ "指导意见"认为，欧盟1995 年《个人数据保护指令》中并没有条款规定搜索引擎必须要通知原始网站，因而谷歌并非一定要履行通知义务。但当搜索引擎需要充分

---

① See Justin Brookman, Euro Security Experts Deem "Right to be Forgotten" Impossible, Center for Democracy and Technology, Dec. 4, 2012.
② See Matthew Weaver, "Google 'learning as we go' in row over right to be forgotten", the Guardian, July 4, 2014.
③ 在谷歌行政官埃里克·施密特（Eric Schmidt）带领下，由十人组成的谷歌伦理咨询委员会（ethics advisory council）发起了一个跨越七个欧洲城市的咨询会，去讨论数据保护问题，其中最重要的是就被遗忘权的实施展开讨论。See Julia Powles, "Google's grand European tour aims to map out the future of data ethics", the Guardian, September 10, 2014.
④ See Luciano Floridi, "Right to be forgotten: who may exercise power, over which kind of information?", The Guardian, Oct. 21, 2014.
⑤ 民主与技术中心（The Center for Democracy & Technology）是成立于美国华盛顿区的一个非盈利性的组织，它们的宗旨是促进互联网的开放、创新和自由发展。See The Center for Democracy & Technology, CDT Analysis of the Proposed Data Protection Regulation, Mar. 28, 2012.
⑥ See David Smith, "Update on our response to the European Google judgment", the Guardian, August 7, 2014.

了解申请的具体情况时，在采取所有必要的措施保护主体权利的前提下，可以联系原始网站。① 而在通知公众层面上，实践中也有争议。"谷歌西班牙案"后，人们用谷歌搜索"马里奥·格斯蒂亚·冈萨雷斯"，会被通知"一些结果可能在欧盟数据保护法下已经被移除了"。这个通知看上去并无多大问题，与处理版权侵权时发出的通知相似。然而，公开某人的某些信息已经被删除链接的事实可能会制造麻烦。因为，其潜台词是某人通过努力要求谷歌删除了一些私人信息，这不禁让人浮想联翩，最终对个体造成伤害。② 而如果不通知，虽然更符合欧盟司法法院的判决精神，但会让公众陷入一无所知的状态，即不仅你无法得到你想要的信息，甚至你都没有被告知你不能得到这些信息。结果是，你可能认为这些信息并不存在，就像一个渔夫没有钓到鱼，就认为河里没有鱼一样。③ 这显然存在巨大风险。

五　被遗忘权的中国应对：借鉴与本土化并重

（一）基本立场：积极对待被遗忘权

1. 数字化技术和网络全球化让被遗忘权成为各国都需应对的难题。维克托教授在《删除：数字时代遗忘的美德》一书的中文版序中说道：互联网的全球化意味着，完整的数字化记忆以及"记忆成为常态"所带来的诸多挑战，不仅存在于伦敦和旧金山，在北京和上海也同样令人关注。跨越了地理上的界限，完整的数字化记忆正在挑战着我们所有人。④ 维克托教授的这一观点无疑是正确的，被遗忘权绝不仅仅是欧盟与美国

---

① Artice 29 Data Protection Working Party, Guidelines On The Implementation Of The Court Of Justice Of The european Union Judgment On "GOOGLE SPAIN AND INC V. AGENCIA ESPAÑOLA DE PROTECCIÓN DE DATOS (AEPD) AND MARIO COSTEJA GONZÁLEZ" C-131/12, 26 November 2014, p. 10.
② See Elizabeth Smythe, "Will the 'right to be forgotten' ruling affect candidate background checks?", *The Guardian*, July 25, 2014.
③ See Luciano Floridi, "Google ethics tour: should readers be told a link has been removed?", *the Guardian*, Sep. 29, 2014.
④ 参见［英］维克托·迈尔—舍恩伯格：《删除：大数据取舍之道》，袁杰译，浙江人民出版社2013年版，序第5页。

需要讨论的话题。实践中，阿根廷、日本、俄罗斯等都在积极应对被遗忘权问题。[1] 我国已经进入互联网时代，根据最新的《中国互联网络发展状况统计报告》显示，截至 2015 年 12 月，我国网民规模已达 6.88 亿，互联网普及率为 50.3%。此种背景下，数字化永久记忆带来的遗忘难题将不可避免。事实上，2016 年 6 月，北京海淀区法院就审结了全国首例"被遗忘权案件"。[2] 此外，欧盟将被遗忘权规则适用于所有在欧盟境内经营的自然人和企业，这意味着任何想要进入欧盟市场的企业都需要应对被遗忘权问题。"谷歌西班牙案"后，谷歌、雅虎、微软等美国互联网巨头都在积极出台相关在线申请程序，以便应对欧盟被遗忘权问题。[3] 我国百度、阿里巴巴、腾讯等互联网巨头要想实现"走出去战略"，进入欧盟等实施被遗忘权的国际市场，必须要积极回应。

2. 被遗忘权面临的利益冲突并非不可调和。自欧盟提出被遗忘权之日起，各方就担心其与言论自由、公众知情权、公共安全等公共利益冲突。其中，尤其担心被遗忘权会给言论自由制造寒蝉效应。然而，被遗忘权面临的此种利益冲突并不可怕，也不陌生，在过往名誉权、隐私权等传统人格权的保护过程中，我们就一直在处理类似的利益冲突问题，这也为实现被遗忘权与言论自由等公共利益之间的利益衡量提供了宝贵经验。被遗忘权从来都不是一项任意、绝对的权利，一方面，其行使有着各种限制条件，在主体上严格区分公共人物和一般公民，严防政府官

---

[1] 在阿根廷，被遗忘权问题已经引起诸多关注，"弗吉尼亚·达昆哈诉雅虎和谷歌案"让被遗忘权成为阿根廷司法界必须正视的难题，学者对于被遗忘权的讨论也日渐炙热。在日本，被遗忘权也成为学界和司法界关注的焦点。2014 年 10 月 11 日，一名男子在用谷歌搜索自己名字时，发现总共约有 230 条消息暗示其参与过去的一起刑事犯罪，随后对谷歌公司提起诉讼，东京地区法院裁定谷歌败诉，要求谷歌删除其中的 120 条消息的搜索链接。而在俄罗斯，自 2016 年 1 月 1 日起，俄罗斯公民将享有被遗忘权。See Edward L. Carter, "Argentina's Right To Be Forgotten", *Emory International Law Review*, Vol. 27, Iss. 1, 2013, pp. 23 – 39；[日] 杉谷眞：『忘れてもらう権利―人間の「愚かさ」の上に築く権利』, *Law & Practice* No. 7, 2013, pp. 153 – 176；曲颂：《俄罗斯重视保护公民互联网隐私》，《人民日报》2016 年 1 月 8 日。

[2] 虽然最终结果是原告败诉，但这充分说明，我国公民对于网络被遗忘权有需求。参见李源《全国首例"被遗忘权"案审结》，《中国妇女报》2016 年 6 月 3 日；王融：《没有"删除权"何谈"被遗忘"》，《上海法治报》2016 年 6 月 22 日。

[3] See Chris Merriman, "Bing and Yahoo join Google in 'right to be forgotten' takedowns", *The Inquirer*, Dec. 1, 2014.

员等公共人物利用被遗忘权来抹去过往不光彩历史,侵害公众知情权,在客体上也仅限于那些过时不再相关的个人信息,不会出现蓄意"改写历史"的窘境;另一方面,法律还为被遗忘权设置了各种例外,言论自由、公共卫生、科学研究等都是限制被遗忘权的重要事项。此外,被遗忘权的合理行使,不仅不会伤害公共利益,反而有助于公共利益的实现。如维克托教授就认为,被遗忘权的行使有利于言论自由的实现。因为在一个言行被永久记录的数字时代,人们不得不时刻担忧和检讨过往的举动,这种对过去的恐惧必然导致主体"谨言慎行",这才是言论自由的最大威胁。如果我们不得不担心,关于我们的所有信息,将会被保留的比我们的寿命更长,我们还会对琐碎的流言飞语发表我们的观点吗?我们还会轻松地分享个人的经历吗?我们还敢做出各种政治评论吗?显然,未来可能遭遇到的悲剧会对我们现在的行为产生寒蝉效应。[1]而被遗忘权赋予人们删除那些过时不相关信息的权利,将人们从过去的恐惧中解放出来,增强了言论自由的能力。再比如,被遗忘权也有助于公众知情权的行使。在信息海量的大数据时代,公众知情权不仅体现在信息的数量上,更要关注信息本身的质量,即信息的准确性问题。被遗忘权帮助主体删除那些过时不相关、无涉公共利益的个人信息,使得留存下来的资讯更符合主体现有的状态,减少了误导性信息,提高了信息的准确度,有利于公众知情权的维护。简言之,被遗忘权可能遭遇的各种利益冲突并不可怕,通过法律、政策、技术等手段完全可以控制和调和。

3. 被遗忘权在我国存在直接的法律基础。互联网技术的迅猛发展,使得保护网络个人数据安全的呼声日益强烈。目前,我国有近40部法律、30余部法规,以及近200部规章涉及个人信息保护,其中不乏类似被遗忘权的条文。2009年《侵权责任法》第36条就规定,被侵权人有权通知网络服务商采取删除、屏蔽、断开连接等必要措施,其中就有被遗忘权的影子。2012年12月通过的《全国人民代表大会常务委员会关

---

[1] 参见[英]维克托·迈尔—舍恩伯格:《删除:大数据取舍之道》,袁杰译,浙江人民出版社2013年版,第10、18页。

于加强网络信息保护的决定》，其中第 8 条规定，个人在网络信息受到侵害时，有权要求网络服务商采取删除等其他必要措施予以制止，也同样与被遗忘权有所关联。2013 年 2 月 1 日，工信部颁布的《信息安全技术、公共及商用服务信息系统个人信息保护指南》（以下简称《指南》）开始实施。《指南》将个人信息的处理过程分为收集、加工、转移、删除 4 个主要环节，其中，在删除阶段，主体有权要求删除其个人信息，情形包括具有正当理由、收集目的不再、期限届满、数据控制者破产或解散时无法履行个人信息处理目的等，并规定若删除措施会影响执法机构调查取证时，可采取适当的存储和屏蔽措施，这与欧盟被遗忘权已然十分相似。此外，被遗忘权根植于现有的隐私概念，而我国对于隐私权的保护已经较为成熟，被遗忘权有其存在的土壤。总言之，被遗忘权在我国是有直接法律基础的。

（二）被遗忘权的具体构造

1. 从概念上看，被遗忘权应改为删除权。被遗忘权本身并不是一个清晰的法律概念，其英文表述为"right to be forgotten"，学者们常常将其与"right to oblivion""right to delete""right to erasure"，甚至是"right to forget"混用。① 笔者认为，"被遗忘权"的概念并不能反映该权利的本质，改为删除权更为妥当。理由有：（1）被遗忘权的重点不在于"遗忘"，而在于"删除"，删除权更贴合权利实质；②（2）欧盟 2012 年新草案第 17 条使用的概念也并非"the right to be forgotten"（被遗忘权），而是"the right to be forgotten and erasure"（被遗忘和删除权）。2013 年，欧盟对新草案进行一读后，已将其改为"the right to erasure"（删除权）。而在 2016 年最终通过的版本中，欧盟虽然将"right to forgotten"（被遗忘权）增加进来，但放在"the right to erasure"（删除权）旁边括号内；（3）被遗忘权概念本身充满感性色彩，容易让人将其与"改

---

① See Napoleon Xanthoulis, "The Right to Oblivion in the Information Age: A Hu-Man-Rights Based Approach", *Us-China Law Review*, Vol.10, 2013, p.86. 转引自郑文明《个人信息保护与数字遗忘权》，《新闻与传播研究》2014 年第 5 期。
② 参见郑文明《数字遗忘权的由来、本质及争议》，《中国社会科学报》2014 年 12 月 3 日。

写历史""审查""限制言论自由"等联系在一起。① 有学者就指出,"被遗忘权"是一个不幸的极端标语化的名字,不足以反应它的法律渊源和实践影响。② 因此,笔者建议将之改为删除权。

2. 在法律性质上,被遗忘权应属于个人信息权的范畴,并非独立的新型具体人格权。对于被遗忘权的性质界定,学者们认识也不一致。意大利学者把其归入人格身份权(the right to personal identity),③ 瑞士则将之视为人格权的一种,④ 美国有的学者认为其是一项财产权,⑤ 有的学者则认为是隐私权。⑥ 笔者认为,被遗忘权涉及对象主要为个人信息,保护的是主体的人格尊严,因而具有人格权的属性,但不宜界定为独立的新型具体人格权。一则我国尚无这方面的司法和理论准备,二则被遗忘权主要是个人信息保护的一种手段,将其归入个人信息权的范畴更为合适。⑦ 个人信息权实质就是个人对自身信息资料的一种控制权或自决权(informational self-determination right),具体又体现为自我决定和排除干涉两个方面,前者指权利人对于个人信息进行积极主动的商品化利用,以获取经济利益的行为,表现为主动利用型权利;后者则指在他人未经许可收集、利用其个人信息时,权利人有权请求行为人更改或者删除其个人信息,以排除他人的非法利用行为或者使个人信息恢复到正确

---

① See Paul A. Bernal, "A Right to Delete?", *European Journal of Law and Technology*, Vol. 2, No. 2, 2011, p. 2.
② See Julia Powles and Luciano Floridi, A manifesto for the future of the "right to be forgotten" debate, ICO Blog, July 22, 2014.
③ See Giorgio Pino, The Right to Personal Identity in Italian Private Law: Constitutional Interpretation and Judge-Made Rights, *The Harmonization Of Private Law In Europe*, M. Van Hoecke and F. Ost, eds., Hart Publishing, Oxford, 2000, pp. 225 – 237.
④ See Franz Werro, "The Right to Inform v the Right to be Forgotten: A Transatlantic Clash", *Georgetown Public Law Research Paper*, No. 2, 2009, p. 291.
⑤ See Julie E. Cohen, "Examined Lives: Informational Privacy and the Subject as Object", *Stan. L. Rev.*, Vol. 52, 2000, p. 2000.
⑥ See Napoleon Xanthoulis, "The Right To Oblivion In The Informationage: A Human-Rights Based Approach", *Us-China Law Review*, Vol. 10, 2013, pp. 97 – 98.
⑦ 杨立新教授也主张被遗忘权不宜作为一项独立的人格权,认为在理论上,应当将被遗忘权作为个人信息权的内容。但考虑到司法实务的现实,目前宜将被遗忘权作为隐私权的内容,依据现有法律,以保护隐私权的法律规定对其进行保护,并认为这是一个两全其美的选择。参见杨立新、韩煦《被遗忘权的中国本土化及法律适用》,《法律适用》2015 年第 2 期。

的状态，是一种被动防御型权利。换言之，个人信息权主体除了被动防御第三人的侵害之外，还可以对其进行积极利用。[①] 被遗忘权赋予主体请求数据控制者删除网络社会中过时不相关信息的权利，以维护个人信息安全，属于个人信息权中消极防御权的一种。[②] 此外，实践中需要注意的是，被遗忘权常常被用来保护个体的名誉和隐私，但三者并非一回事。一方面，被遗忘权与名誉权不同，名誉权针对的通常是不真实的信息，而被遗忘权针对的可以是真实但可能不再相关或过时的信息；另一方面，被遗忘权与隐私权也有差异，隐私权涉及的往往是没有公开的私人的真实信息，而被遗忘权一般针对的是已经在互联网上公开的信息。

3. 具体构造的设想。被遗忘权的具体构造主要涉及三个方面，包括权利主体、义务主体以及信息客体的界定。概言之，即解决究竟谁能就何种信息对谁主张权利的问题。[③]（1）在权利主体上，应区分三个层次：一是区分自然人与公司等法人组织，被遗忘权应只适用于自然人，不包括后者；二是区分公共人物与一般主体，对于前者应该持更为严格的标准，防止公共人物利用被遗忘权抹去过往不光彩记录；三是区分成年人与未成年人，对于未成年人应重点保护。（2）在义务主体上，被遗忘权的义务主体应为所有数据控制者，既包括谷歌、雅虎、百度等搜索引擎，也包括 Facebook、微博、亚马逊、阿里巴巴等其他类型的互联网公司。但对于搜索引擎和原始网站应做区分，前者要求删除的仅仅是搜索链接，而后者则是内容本身。当然，不同义务主体负担的审查义务有所不同，对于搜索引擎而言，由于其并非内容的创造者，也无法进行实质审查，因而其负担的审查义务理当更小，只需对权利主体的申请进行形式审查即可；而对于原始网站，由于其是内容的创造者，其与权利主

[①] 参见王利明《论个人信息权的法律保护——以个人信息权与隐私权的界分为中心》，《现代法学》2013年第4期。

[②] 个人信息权兼具积极主动利用和消极被动防御两个方面，在利用方面，个人信息权更多地展现其财产属性的一面，体现了人格权商品化利用的趋势；在防御方面，个人信息权则主要表现为维持个人信息内容的完整和正确，保障个人人格利益和人格尊严，体现其人格权的属性。需要说明的是，被遗忘权仅仅是个人信息权中防御权的一种，后者还包括更正权、补充权、封锁权等。参见王利明《人格权法研究》，中国人民大学出版社2012年第二版，第634页。

[③] See Luciano Floridi, "Right to be forgotten: who may exercise power, over which kind of information?", *The Guardian*, Oct. 21, 2014.

体的删除申请之间有着直接的利益冲突,故而对于拒绝权利主体删除申请的情形,理当负担更重的审查和说理义务。(3)适用客体,被遗忘权适用客体应为任何可以识别主体的个人信息,包括隐性数据和显性数据,前者主要是文字、照片等,后者则是通过"小甜饼"(Cookies)等技术储存的信息,包括用户的浏览器记录、输入法记录、网购行为、网络交易记录、视频观看记录、即时聊天信息、网络游戏记录等。[①] 同时,应区分敏感数据和一般数据,对于前者保护应该更强。当然,这只是被遗忘权的初步设想,诸如被遗忘权的审查、例外、执行等还需学者们的共同努力。

(三)进一步的思考

被遗忘权只是网络时代个人信息保护的一个小插曲,目的是为了更好地实现个人对信息的控制。在互联网技术日新月异的今天,个人信息保护势必会面临更多的挑战。对此,我们应以被遗忘权为契机,完善个人信息保护的法律规制。

1. 尽快制定《个人信息保护法》。当前我国涉及个人信息保护的法律虽然众多,但仍缺乏一部专门的《个人信息保护法》。这种立法上的缺失,不利于国民个人信息的保护,影响我国互联网事业的发展,也让我国在国际贸易中处于被动。当前国际贸易中,欧盟和美国在个人信息保护上常年处于主导地位,惯于以自己的标准来影响国际贸易,这种人为的贸易壁垒,对我们显然不利。[②] 为此,我们应在2012年《全国人民代表大会常务委员会关于加强网络信息保护的决定》的指导精神下,尽快制定《个人信息保护法》,以期维护我国信息安全。

2. 成立专门的数据保护机构。专门的数据保护机构在保护个人信息方面作用巨大,欧盟各国都有自己专门的数据保护机构。一则可以为

---

① 参见朱巍《大数据时代,被遗忘的"被遗忘权"》,《法治周末》2014年11月25日。
② 特别是欧盟,自1990年以来,在全球隐私保护中扮演着十分重要的角色。1995年的《个人数据保护指令》,就为公司信息处理建立了国际性的标准。正如《华尔街杂志》所说,"欧盟的隐私规则越来越在塑造全球商业运行模式"。See David Scheer, " For Your Eyes Only—Europe's New High-Tech Role: Playing Privacy Cop to the World", *Wall St. J.* , Oct. 10, 2003.

《个人信息保护法》的实施制定细则,二则可以监督数据控制者的行为,接受数据主体的申诉与仲裁救济。此外,在对外方面,还可以代表我国参与国际双边或多边有关个人数据保护的谈判。

3. 加强数字技术建设。个人信息保护是一件综合性工程,不仅涉及法律政策,还包括技术层面。如面对数字化永久记忆的种种挑战,为保障人们享有被遗忘的权利,维克托教授就尝试性地提出定义数据储存的期限,一旦储存期限届满,数据将自动删除。[①] 显然,这一对策就需要数字技术的支撑。总之,在个人信息保护方面,技术建设与法律政策同样重要,以技术对抗技术将成为今后个人信息保护的方向。

(责任编辑:刘明)

---

① See Victor Mayer-Schönberger, Useful Void: The Art of Forgetting in the Age of Ubiquitous Computing, Working paper RWP07-022, John F. Kennedy School of Government, Harvard University, April 2007, p. 17.

Interntiona Governance
国际治理

《国际电信规则》审议与修订的法律分析[*]

王春晖[**]

(南京邮电大学教授)

内容提要 《国际电信规则》是国际电联重要的国际电信多边条约,对其审议和再修订不仅涉及《国际电信规则》在全球电信新趋势下的功能和定位,还涉及国际电联未来职能范围变化等重大问题。近期,国际电信联盟理事会召开理事会工作组会议和专家组会议,审议了2012年修订的《国际电信规则》。通过全面解析和评论各成员方对《国际电信规则》的主要观点可以发现,在国际电信新趋势下,《国际电信规则》面临着三大问题,即,发达国家与发展中国家之间"数字鸿沟"不断拉大;各成员方都面临着日益严峻的网络与信息安全问题;国际上缺乏普遍有效的网络安全与个人隐私保护的国际规则。《国际电信规则》的再修订应围绕上述问题,并对世界电信的未来发展起到前瞻作用。

关键词:国际电信联盟 国际电信规则 电信网络安全 个人隐私保护

---

[*] 本文原载《南京邮电大学学报》(社会科学版) 2017 年第 4 期。
[**] 作者系国际电联《国际电信规则》中国工作组专家,直接参与了联合国 ITU《国际电信规则》专家组 (EG-ITRs) 对 ITR 的审议,并牵头撰写了"中华人民共和国关于审议与修订《国际电信规则》(ITRs) 的建议" EG-ITRs 3/2 (Rev. 1) -C。

国际电信联盟（International Telecommunication Union，简称：ITU）是联合国主管信息通信技术事务（ICT）的重要专门机构，也是联合国机构中历史最长的国际组织之一，拥有 193 个成员方和 700 多家私营部门实体和学术机构。《国际电信规则》（*International Telecommunication Regulation* 简称：ITR）是 ITU 重要的国际多边法律文件，是各成员方及其国民进行国际信息通信交往的行为准则，是成员方在处理国际信息通信关系时，应当遵循的国际法律规则。

目前，ITU 旗下有两个版本的 ITRs[①]，即 1988 年版和 2012 年修订版。随着全球信息通信技术的飞速发展，两个版本的内容均已不能满足互联网时代国际信息通信发展的需要，2014 年 ITU 全权代表大会（PP-14）通过决议，决定对 ITR 的适用性进行定期审议。为此，ITU 专门成立了 ITR 专家工作组（EG-ITRs），定期对 ITR 进行审议。对 ITR 的审议和再修订不仅涉及 ITR 在全球电信新趋势下的功能和定位，还涉及 ITU 未来职能范围变化等重大问题。

2017 年 9 月 11—22 日，ITU 理事会在瑞士日内瓦召开理事会工作组会议（CWGs）和 ITR 专家组（EG-ITRs）第二次会议，对 ITR 进行审议。我国高度重视 ITR 的审议和修订，委派 ITR 中国工作组专家参加了本次大会，笔者有幸代表中国全程参加了本次 ITR 专家组会议。ITR 专家组第二次会议对部分成员方提交的议案进行了讨论，形成了提交 2018 年 ITU 理事会的 ITR 专家组最终报告基本框架。与会的成员方代表同意，在最终报告的框架中应重点考虑国际电信发展新趋势下 ITR 实施中可能出现的问题和障碍。同时，本次的理事会工作组会议（CWGs），还涉及 OTT 业务[②]和互联网公开磋商两大议题。会议议程的安排顺序是：ITR 专家组会议在前，中间是有关 OTT 的讨论，最后是互联网公开磋商会议。

---

① 这里的 ITRs 复数表示的两个版本，即 1988 年在澳大利亚墨尔本通过的 ITR 和 2012 年在阿联酋迪拜重新修订的 ITR，本文中出现的 ITR 指 2012 年的修订版。
② OTT 是"Over The Top"的缩写，来源于篮球等体育运动，有"过顶传球"之意，这里专指互联网企业利用电信运营商的网络向用户提供各种互联网应用服务，OTT 服务商直接面向用户提供服务和计费，使电信运营商沦为单纯的"传输管道"，无法触及管道中传输的巨大价值。

由于美国及其盟国对 ITR 的审议和互联网议题存在截然不同观点，尤其在涉及互联网的问题上，与其他成员方之间的意见表现为严重分歧，致使 ITR 专家组会议和互联网公开磋商会议的讨论热度都不很高，但在 OTT 的相关议题讨论时，各成员方表现出很高的热度，仅向 OTT 会议提交的文稿就多达 71 篇，参加 OTT 会议的代表除了来自 ITU 成员方，还有世界著名互联网公司、国际化电信运营商和知名咨询公司。总的感觉，这三个阶段的会议呈现出一个"橄榄形"模式（Purchasing Model），即两头小，中间大。

一 ITR 专家组第二次会议提案综述

国际电联理事会 ITR 专家组第二次会议共收到 20 分提案文稿，分别来自 ITU 成员方和部分国际化电信运营商。美国最先在大会上表达了对 ITR 的立场，即垄断时代的 ITR 对于提供并运营国际电信业务而言至关重要。目前，电信垄断的环境对大多数国家而言已不复存在，因此利用 ITR 公约解决对国际电信业务可能造成影响的理论基础亦随之消失。在讨论有关 ITR 审议最终报告的结构时，美国认为，考虑到在所审议的每个议项上不可避免地出现意见和分歧，报告应涵盖各个问题的所有观点，但应避免得出结论或提出建议。

澳大利亚基本遵从美国的观点，认为 ITR 应聚焦于国际电信网络的互连互通问题，不应涉足那些与互联网等相关的其他事宜。澳大利亚表示，开展 ITR 的修订工作将分散国际电联及其成员用于其他重点领域的宝贵资源。奥地利、捷克共和国、丹麦、拉脱维亚、立陶宛、荷兰、斯洛文尼亚、瑞典和英国联合向本次 ITR 专家组会议提交了一份文稿，基本观点是，ITR 依然应该关注相关的国际公共电信业务而不应延伸至国内电信业务或其他通信相关的服务、基础设施或网络问题，其中包括与互联网相关的问题。他们了解到，其他一些国家有不同的观点，因此 ITR 达成全球共识的可能极为困难。但这份文稿同时表示，他们将致力于强化一个以协商一致为基础的国际电联，而且他们深信应避免分歧。

日本在提案中提出，日本在国际电信市场和日本运营商的业务市场均实现了市场开放和有利竞争的格局。日本在向大会提交文稿之前对日本的电信市场和运营商进行了调研，调研结果显示：在竞争激烈的市场中，不论是2012年版ITR还是1988年版ITR，日本运营商都无须适用，因为他们主要使用的是商业协议，这些商业协议对国际电信业务的提供和运营所需的每个细节都作了规定。从这个角度来看，日本认为，在日本目前竞争激烈的电信市场和日本运营商的业务市场中，ITR的主要价值已无法得到体现。日本表示，不应频繁修订ITR，如果一再修订ITR，在新的ITR达成共识并完成修订之前，运营商均会产生强烈的不安全感。这种不安全感会直接或间接地影响运营商的投资和长期的业务规划等，因为他们无法预期未知的新ITR可能造成的影响。

墨西哥在其提交的文稿中指出，ITR中的一些内容只要能促进规则的一致性、建立对国际电信业务的信任，在国际电信行业环境下就仍具有现实意义。但墨西哥认为，不应召开新一届国际电信世界大会（WCIT）来修订2012年ITR，理由是正如其他主管部门所述，再召开一届WCIT不仅不能达成共识，还可能引起与会者之间更大的分歧，产生无助于签署新文本的结果。

巴西在其提交的文稿中对国际电联声誉影响表现出担忧，巴西指出目前包括巴西在内的89个国家签署了WCIT-12的最后文件，但两极分化的情况显而易见：发达国家无一签署。WCIT-12未能达成共识，起草的协议即使对89个缔约方也几乎不具有效影响。国际电联作为合作共识的有效构建者和国际合作的促进方，其声誉受到损害，而许多重要的利益攸关方丧失了对国际电联的信任。

巴西认为，由于ICT以令人难以置信的速度发展和演变，而这种变化和演变往往会产生新的监管挑战，甚至是新的行业领域，因此规范日新月异电信行业的ITR也应当与时俱进；巴西建议：为了使ITR适应这种新变化，各成员方应致力于国际合作。巴西指出，ITR作为国际电联的重要法律文书之一，应得到有关各方和国际电联的频繁审议，这一审议应根据以上适应这种新变化的准则，研究ITR短期、中期和长期的可适用性。

委内瑞拉在提案中则认为，ITR应作为在全球层面促进电信业务发展的工具，应当制定国际电信准则，以便成员方和经授权的运营机构能在最优条件下实现相互交流，并尊重每个国家对其电信实行监管的主权。因此，ITR 应当适应全球电信市场的现状，并有利于当今电信市场的演进和竞争以及国际电信市场的动态和不断变化的环境。

委内瑞拉指出，当今的电信业务明显地进入融合期，技术进步使得电信基础设施的使用不断增加，既为行业提供了机遇，同时也带来了挑战。随着技术的发展，各国正在评估其电信的监管政策和侧重点，以期创造一个更有利的发展环境。委内瑞拉认为，1988 年版和 2012 年版 ITRs 之间不存在矛盾，后者构成了前者的延伸。委内瑞拉将在 2018 年全权代表大会（PP-18）上建议对 2012 年版的 ITR 进行修订，推进相关工作的开展，并建议继续研究 ITR 以做出最终的更新，一旦 2018 年全权代表大会（PP-18）决定召开一届国际电信世界大会，即可提交给该大会。

俄罗斯、亚美尼亚、白俄罗斯和吉尔吉斯斯坦联合向大会提交了一份名为"提高 ITR 专家组（EG-ITR）的工作效率"的文稿。俄罗斯建议，为确保提交理事会 2018 年会议的最终报告及时完成，理事会 2017 年会议应建议成员方和部门成员向 EG-ITR 提交的文稿以已纳入以下内容的最后报告为基础：第 1 节：对 2012 年版 ITR 的未来考虑，第 1.1 小节：新电信/ICT 趋势对 2012 年版《国际电信规则》的影响，以及第 1.2 小节：未来或许需要审议的 2012 年版 ITR 条款；第 2 节：2012 年版 ITR 的适用性，第 2.1 小节：2012 年版 ITR 的法律分析、第 2.2 小节：2012 年版 ITR 在迅速演进的国际电信环境中的适用性问题；第 2.3 小节：2012 年版 ITR 和 1988 年版 ITR 签署方之间在 1988 年和 2012 年版 ITR 条款的实施中可能存在的义务冲突。

沙特阿拉伯在其提交的文稿中强调了 ITR 的重要性，沙特阿拉伯指出，如今的信息社会，我们所从事的一切活动均以 ICT 为基础，因而需要一部与时俱进的多边条约做出规定，来确保以稳妥、安全和价格可承受的方式实现相互连通的世界，并确保以公平、高效的方式提供国际服务。技术融合与新技术的出现已经极大地改变了局面，因此必须对 ITR 进行审查，以体现出其重要性。

部分电信运营商作为国际电联部门成员也向本次 ITR 专家组会议提交了相关文稿，加拿大的 Bell Mobility、日本的 KDDI、墨西哥的 América Móvil、英国的 BT 和美国的 AT&T 在联合向大会提交的文稿中表示，根据他们共同的运营经验，ITR 已不适用于或不契合当今竞争激烈的国际电信市场环境。他们认为，1988 年版和 2012 年版 ITR 的规定适应监管需求的时代已经一去不复返了。1988 年版 ITR 处于垄断的运营商时代，而这些垄断的运营商通常为国有企业，这是达成政府间条约的基础。二十年来，国际和国内电信市场发生了重大的结构和技术转型。今天，各国都出现了多家相互竞争的私营运营商，形成不需要 ITR 这类条约性文书约束的竞争格局。日本的 NTT DOCOMO 公司也提出类似的观点，即考虑到各国技术发展的程度与市场成熟度不同，不应在条约层面制定详尽规则。因此，NTT DOCOMO 认为，没有必要对 ITR 进行修订。

白俄罗斯的 Beltelecom RUE 和俄罗斯的 PJSC "MegaFon" 和 PJSC "Rostelecom" 公司则建议，为了创造一个有利于相互促进、透明、可竞争和可预期的政策、监管和法律环境，发展电信/ICT 提升社会信息化水平，为最终用户提供信息福利，应强调所有成员方采用 2012 年版 ITR 的重要性。他们提议，国际电联理事会和 PP-18 通过审查 2012 年版 ITR 的决定，审查导致成员方之间差异最多的规定，并基于该项工作之成果举办第 20 届国际电信世界大会（WCIT-20），以期通过单一的一份 ITR 文本。

二　两大阵营观点分歧对立

从各成员方向大会提交的提案以及在 ITR 专家组审议和讨论中表达的观点看，明显呈现两大对立阵营，一是以美国及其盟国为代表的反方阵营，包括美国、英国、加拿大、澳大利亚、日本等发达国家，他们集中的观点是，目前电信垄断环境已不复存在，当前的国际电信市场均实现了开放和有利竞争的格局，对大多数国家而言，利用 ITR 公约解决对国际电信业务可能造成影响的理论基础已经不存在；二是以中国、俄罗斯、沙特阿拉伯、委内瑞拉、巴西等发展中国家为代表的正方阵营，这些国家坚持认为，ITR是国际电联重要的基本法律文件之一，随着ICT的进步，全球的电信业务出现了新趋势，这个新趋势就是电信业务与互联网业务基本趋于融合的趋势，尤其是OTT的迅猛发展，完全颠覆了传统电信的疆域。因此，ITR的审议应当关注全球电信业的新趋势，ITR应当与时俱进。

中国代表在ITR专家组审议中指出，ITR（2012）是国际电联重要法律文件之一，其法律性质是一个"万国电信规则"（Telecommunications regulations of Nations），具有国际公法的属性，它是国家在其信息通信发展与相互交往中形成的，主要用来调整国家之间电信规则的国际电信法律文件。中方认为，2012年版的ITR与1988年版的ITR完全不同，1988年的时候，全球的电信业基本处于垄断时期，且采取政企合一的模式，因此1988年的ITR是电信垄断时期的产物；但是随着ICT的进步和发展，许多国家破除了垄断，多数电信企业从国家企业变为混合所有企业或私营企业，全球电信业进入了新的发展时期，电信监管模式也随之逐步变革，因此审议具有国际电信公法性质的ITR（2012），应当关注新电信时代带来的新趋势，ITR的审议应当与"新趋势"同步，使其成为指导各国在新电信时代的行动指南。

事实上，ITR专家组审议和讨论的问题存在明显分歧和对立，但从分歧和对立中也看到了融合和统一，虽然美国及其盟国极力反对在ITR审议中涉及互联网的内容，而全球电信面临的主流新趋势是，电信业与互联网已经完全深度融合，因此讨论全球电信业的发展和规制，必谈及互联网和OTT，尤其全球面临着日益严重的网络安全问题，这对矛盾双方相互包含、相互渗透，已经形成了"你中有我，我中有你"的全球大格局。

以本次理事会工作组会议（CWGs）讨论的OTT议题为例，OTT之所以成为会议的热点，就是由于互联网公司越过基础电信企业，发展基于开放互联网的各种视频、语音和数据服务业务，实质上就是互联网业务，而且这种OTT业务与目前电信运营商所提供的通信业务不同，OTT服务商没有自己的网络，而是利用了基础电信运营商的网络，但服务则由运营商之外的互联网服务商（OTT）提供，即OTT在基础电信运营肥沃的田地里随意种植和收割。目前，各国基础电信运营商不甘心沦落为纯粹的"管道工"，也在积极从事这类OTT互联网新业务，这就是全球电信业面临的主流新趋势。由此可见，ITR的审议将无法绕开OTT以及各国电信运营商所从事的互联网新业务，这就是ITR审议中两大阵营观点的对立与统一。

在讨论ITR专家组提交2018年理事会的最终报告框架（Structure of the Final Report to Council 2018）时，俄罗斯、沙特阿拉伯、古巴等国提出，ITR专家组应当按照1379号决议的授权范围，在2012年版ITR的审议中，应考虑信息通信业发展的新趋势、新议题和存在的障碍。中方在大会发言中积极支持俄罗斯、沙特阿拉伯、古巴的提议并指出，ITR的审议应当从各国电信运营商在新电信时代的新趋势作为切入点，重点关注电信互联网新业务中出现的电信网络安全和基础电信设施的保护，关注"新趋势"下的侵害个人隐私信息、信息通信网络犯罪、网络黑客攻击以及利用信息通信从事网络恐怖主义活动等，上述行为已经成为全球的公害，应当在2012年版ITR的框架下得到积极的反映和有效的规制。

尽管美国、英国、澳大利亚、日本等国反对在最终报告框架中出现"新趋势"的表述，然而，鉴于全球电信发展出现的"新趋势"（国际互联网业务与电信业务的深度融合）是铁的事实，在多数国家的坚持下，上述国家最终同意将全球电信业出现的"新趋势、新问题和新障碍"列入本次ITR专家组会议提交2018年理事会最终报告框架之中。可见，分歧、对立和斗争，总是和同一性相联系、为同一性所制约。

在ITR的审议中，我们要看到各方存在的分歧和斗争，然而我们更应当看到，这些分歧和斗争都是在相互联结的关系中进行的，对立面的彼此是相通的，包含着互相转化的趋势，这就需要相互对立的各方不能彼此孤立地看待2012年版ITR的内容及其作用，而是要展望全球电信业发展的未来，引导各成员方积极维护ITU的宗旨，正视全球电信业面临的新趋势，重构一部全新的、未来的、有价值的、对全球电信发展和安全具有重要指导意义的ITR。

第71届联合国大会在"联合国系统在全球治理中的核心作用"议

题下通过关于"联合国与全球经济治理"决议,要求"各方本着'共商、共建、共享'原则改善全球经济治理,加强联合国作用",同时重申"联合国应本着合作共赢精神,继续发挥核心作用,寻求应对全球性挑战的共同之策,构建人类命运共同体"。[1]这一原则有助于构建国际团结,将各国聚拢在一起,并制定出将指引未来全球经济治理的原则。ITU 作为联合国主管信息通信技术事务(ICT)的重要专门机构和平台,在全球进入数字经济时代,各成员方应当遵循联合国决议确定的"共商、共建、共享"的国际准则,正视全球电信领域出现的重大新趋势,秉持"求大同存小异"的理念,寻找各国的共同利益,化解或搁置分歧意见,在保留现有 ITR 精华部分的基础上,对 ITR 提出修改、补充和完善,制定一部与时俱进的绝大多成员方都接受的 ITR。

三 国际电信新趋势下 ITR 面临的主要问题

随着互联网融入人类社会的程度日益加深,国际电信业出现了新趋势,即全球的电信业务与互联网业务趋于融合的状态,电信中的大多数新业务均与互联网业务深度融合。尤其是在移动互联网环境下,互联网企业 OTT 的兴起和广泛的应用,给全球的电信运营商带来了前所未有的冲击。目前,互联网企业的 OTT 业务,在文字和语音信息传送功能的基础上,又增加了视频与语音通话功能,以中国最大的 OTT 社交应用平台微信为例,2017 年微信的活跃用户已达到近 10 亿人,而中国的 3G、4G 用户总数才为 9.78 亿户。[2]这种免费的 OTT 应用对运营商的传统通信业务产生了极大的替代作用,电信运营商的语音业务、短信和彩信等传统增值业务收入连年下滑。

在电信运营商与 OTT 的博弈和斗争中,一些世界级互联网巨头,包括 Amazon、Google、Microsoft 以及 Facebook 等极力宣扬和推动"Network Neutrality"(网络中立)。"网络中立"这一概念最早出现在 20 世纪 30 年代的美国电信法,主要含义是任何电话公司不得阻碍接通非本公司用户的电话,即网络的非歧视原则。在互联网时代,尤其是移动互联网的广泛应用,"网络中立"原则指在法律允许的范围内,电信运营商应当平等对待所有互联网内容和访问，保证网络数据传输的"中立性"。2015年，美国联邦通信委员会（FCC）无视电信运营商的争议和反对，强行通过了网络中立保护命令，强调保持互联网的开放性和公平性；2017年，特朗普新政府的FCC决定通过投票撤销奥巴马时代确立的"网络中立"原则。2017年12月14日，美国联邦通信委员会以3对2的投票，推翻奥巴马政府时期推出的"网络中立"规定。联邦通信委员会对此发表声明称：奥巴马政府2015年推出的"网络中立"规定"减少了网络服务提供商在网络方面的投资，并阻碍了主要为乡村消费者服务的小型网络服务提供商的创新行为"。声明还表示，宽带上网将重新归类为"信息服务"，而移动宽带上网将重新归类为"私人移动服务"，不再被当作公共事业。[3]

不可否认，全球的OTT浪潮已经势不可当，各国电信运营商在这一全球电信新趋势环境下，都在积极谋求自身发展机会。一方面，电信运营商不甘心沦为纯粹的"管道工"，积极探索基于通信网络重新组织OTT产业价值环，确保电信运营商在OTT产业价值环中处于中心和主导地位；二是积极与OTT进行战略合作与联盟，建立包括OTT服务商、互联网系统集成商、内容提供商、应用软件提供商、电信设备生产商等在内的新型利益相关者（new stakeholders）关系。2016年，全球9大电信运营商，英国的BT、德国的Deutsche Telekom、印度的Reliance Jio Infocomm、卢森堡的Millicom、法国的Orange、加拿大的Rogers、瑞典的TeliaSonera、意大利的TIM和俄罗斯的MTS联合宣布，成立Partnering Operator Alliance（合作运营联盟），共同挖掘互联网企业为电信业带来的增长潜力。由此，出现了电信运营商从抵制OTT，逐步转向与OTT的战略合作趋势，因为电信运营商逐步认识到，与OTT的合作不仅能够产生"双赢"的格局，而且能够驱动电信运营商的新业务"创新"。目前，电信运营商不仅探索与OTT公司进行战略层面的合作，而且还在合作的基础上开始提供自己的基于互联网的OTT新业务。

以互联网为代表的全球电信新趋势以及通信信息技术（ICT）的日新月异，给人类带来了巨大机遇和便利，同时也带来了不少新的课题和挑战。目前，国际电信业的发展凸显不平衡、国际电信规则缺失、信息通信秩序不合理，发达国家与发展中国家之间的"数字鸿沟"不断拉大，根据联合国宽带可持续发展委员会发布的2016年《宽带状况报告》，随着移动电话在最贫穷国家的日益普及，数字鸿沟出现了转移，从语音转移到互联网，到2016年年末仍然有39亿人无法上网，占全球人口的53%。[4]

尤其应当关注的是，在全球电信业与互联网深度融合下的新趋势，各成员方面临的最大问题是日益严重的网络与信息安全，诸如世界范围内频繁出现的侵害个人隐私信息、信息通信网络犯罪、网络黑客攻击、利用信息通信从事恐怖主义活动等，而OTT在对电信运营商形成巨大威胁的同时，其整个产业链的网络安全和侵犯隐私问题也日益凸显。各国电信监管机构都在积极探索在新电信趋势下的信息通信监管，其中涉及的重点就是网络安全和隐私保护。目前，国际上缺乏普遍有效的对网络安全和个人隐私保护的国际规则，对此ITR应当发挥积极有效的国际多边治理作用，这是各成员方面临的共同问题和责任，也是ITR面临的主要问题和责任。ITU各成员方有义务相互协作，共同努力，优化和完善ITR的重要规则，建立可行的全球电信新秩序，让全球的信息通信网络更有秩序、更安全、更健壮，这也是ITU的宗旨和使命。

四 ITR的适用性与审议（修订）之建议

目前的2012年版ITR是ITU成员方在"国际电信世界大会（WCIT-12）"上对1988年版ITR进行广泛审议的基础上修订而成的，ITR是一项有约束力的全球性条约，旨在促进信息通信业务的互连互通，并确保公众使用这些业务的效能、有用性和可用性。[5]

（一）1988版ITR与2012版ITR的修订比较及法律分析

国际电联于2012年12月3—14日在阿拉伯联合酋长国迪拜举办了第12届国际电信世界大会（以下称：WCIT-12），151个成员方约1600名代表参加本次大会，大会共收到成员方提交的1275份提案，这一里程碑式的大会最重要的成果是对1988版的ITR进行了修订，并通过新修订的 2012 版 ITR。目前，已有 89 个国家签署了修订后的 2012 年版 ITR，但是截至 2017 年 10 月，在上述 ITR 签字国中，只有 7 个国家批准了这项公约。

2012 版 ITR 是在全球电信业进入互联网时代审议和修订的，在对新版 ITR 审议的时候，俄罗斯、中国、沙特、苏丹、阿联酋以及多数非洲和阿拉伯国家共同联合向大会提出了一项议案，要求成员方对互联网的规范和管治享有平等的权利，但是遭到了美国、加拿大及其盟国的强烈反对，他们不但反对 ITR 涉及互联网管治等内容，还竭力限制 2012 年修订的 ITR 不致突破 1990 年生效的 ITR（1988 年版）的基本规则。由于国际电联的决策程序主要采取"协商一致"原则（consensus），致使 2012 年 ITR 的修订仅仅把 1988 年版 ITR 中某些过时的部分加以删除，同时也补充了一些新的内容，但是无法满足和适应国际电信业日益发展新趋势的需要，有待于各成员方在"求同存异"原则的指导下，协同努力继续对 2012 年版的 ITR 进行不断地实质性审议、修订和完善。

经过对 2012 年修订的 ITR（以下称："新版 ITR"）与 1988 年版的 ITR（以下称："旧版 ITR"）进行分析比较，发现主要有以下变化：

1. 新版 ITR 在"序言"中增加"尊重人权"的义务，即"成员方确认其承诺：在实施本《规则》时，尊重并恪守人权义务"[1]。早在 1948 年联合国通过的《世界人权宣言》就强调，任何人的私生活、家庭、住宅和通信不得任意干涉，他的荣誉和名誉不得加以攻击。人人有权享受法律保护，以免受这种干涉或攻击。同时 ITR 专条（Article 12）设立了残疾人"无障碍获取"（Accessibility）国际电信服务的规定，即"成员方应参照相关 ITU-T 建议书，促进残疾人获取国际电信服务"[2]。

在人类进入互联网时代，保障信息通信权应该是一项基本人权，这也是 ITU 使命的核心。信息通信权不仅要保障人的信息通信自由，更重要的是对个人隐私和个人电子信息的保护，但这些内容在 2012 版 ITR

---

[1] 原文：Member States affirm their commitment to implement these Regulations in a manner that respects and upholds their human rights obligations.
[2] 原文：Member States should promote access for persons with disabilities to international telecommunication services, taking into account the relevant ITU-T recommendations.

的具体条款中没有得到充分体现。

2. 新版ITR将旧版ITR中涉及电信垄断时期的运营主体进行了全面修正。旧版ITR是在全球电信业高度垄断时期出台的，当时主要采用的是政企合一、独家经营的电信管理体制，因此旧版ITR中的电信运营主体统称为"各主管部门"（administrations）；新版ITR是在国际电信业全面引入竞争的背景下修订的，因此将ITR法律权利和义务承载的主体修改为："经授权的运营机构"（authorized operating agencies）。这意味着：尽管世界的电信业实现了政企分开，进入了全面竞争的时代，但是各国对电信业务的经营仍实行许可制度，即经营电信业务，必须依照本国的通信法，由信息通信主管机构授权并颁发电信业务经营许可证。

新版ITR对"经授权的运营机构"进行了解释，即包括适用于经某成员方授权或认可并开设、运营和从事公众国际电信业务的运营机构。这显然应当包括从事OTT业务的互联网运营机构。

3. 新版ITR增加了国际移动漫游的透明度和竞争以及降低国际电信互联费用等相关内容。针对国际移动漫游费的不透明以及国际电信互联等费用高的问题，新版ITR要求，成员方须加强措施，确保经授权的运营机构及时向最终用户提供免费、透明、最新和准确的国际电信业务信息，包括国际漫游价格及相关条件。[①] 在确保向到访的国际漫游用户提供满意的电信服务质量的基础上，成员方须努力促进国际漫游业务领域的竞争，为维护最终用户的利益，鼓励成员方制定可促进漫游价格竞争的政策。新版ITR还要求，成员方为建立区域电信业务交换点创造有利环境，以提高质量，增加网络连接性和恢复能力，促进竞争并降低国际电信互联费用。

4. 新版ITR增加了网络安全和遏制垃圾信息的内容。针对全球面临日益严重的网络与信息安全问题，新版ITR增加了有关维护电信网络安全和遏制群发垃圾信息的规定。新版ITR要求，成员方须各自和共同努力确保国际电信网络安全和健壮，以实现网络的有效利用，避免技术性

---

① 原文：Member States shall foster measures to ensure that authorized operating agencies provide free-of-charge, transparent, up-to-date and accurate information to end users on international telecommunication services, including international roaming prices and the associated relevant conditions, in a timely manner.

损害,并实现公众国际电信业务的和谐发展。[①] 对于未经同意群发垃圾信息的问题,新版 ITR 要求,成员方应开展国际的合作,努力采取措施,防止未经用户同意群发电子信息,并尽可能减少其对国际电信业务的影响。

从以上条款可以看出,新版 ITR 就电信网络安全和禁止垃圾信息的规定只是引出了一个原则性的条款,并没有对网络安全和治理垃圾信息提出实质性安排。当前,信息通信网络安全已经成为攸关各国主权和安全的全球性问题,ITR 的以上规定明显无法适应当前日趋严重的电信网络安全和个人隐私保护等问题,应当进行全面修订。

5. 新版 ITR 增加了提供国际主叫线路标识(CLI)的规定。鉴于国际电信诈骗问题的严重性,国际电联非常重视基于来电显示的诈骗问题,并列入多项议题进行讨论,在 WTSA-12 第 65 号决议(主叫方号码传送、主叫线路识别和始发标识)以及 WTSA-12 第 29 号决议(迂回呼叫程序)、PP-06 第 21 号决议(国际电信网络上的迂回呼叫程序,确定提供国际电信业务的始发地点以及所得收入的分摊)中均有强调。[6] 对此,新版 ITR 规定,成员方须在考虑相关 ITU-T 建议书的情况下,努力确保提供国际主叫线路标识(CLI)。

此外,新版 ITR 还增加了其他新规定,其中包括国际电信业务收取费用征收财政税时,仅限于向该国用户付费的国际电信业务收取,以及鼓励成员方运营商对国际电信网络的投资,并为国际电信网络所承载的业务量制定具有竞争性的批发价格等。特别是增加了有关节能和电子废物处理的规定,国际电信领域的电子垃圾问题十分严重,不仅造成环境污染,还威胁着居民的身体健康,对此新版 ITR 规定,鼓励成员方在考虑相关 ITU-T 建议书的基础上,采取节能和处理电子废物的最佳做法等。

[①] 原文:Member States shall individually and collectively endeavor to ensure the security and robustness of international telecommunication networks in order to achieve effective use thereof and avoidance of technical harm thereto, as well as the harmonious development of international telecommunication services offered to the public.

（二）新旧 ITRs 的潜在冲突及新 ITR 的法律适用性

在 ITR 专家组（EG-ITRs）第二次会议讨论时，有国家和电信运营商提出关于新版 ITR 与旧版 ITR 在法律上存在潜在冲突和 ITR 的适用性等问题，对此 ITR 专家组会议决定在 ITR 专家组提交 2018 年理事会的最终报告框架中对以上问题进行分析。

1. 关于潜在冲突的问题。笔者认为，国际法上的法律冲突或称法律抵触，主要指国际私法领域对同一涉外民事法律关系，由于各国民事法律制度的不同，尤其是在行使管辖权时所发生的法律适用上的冲突。因此，新版 ITR 与旧版 ITR 不存在法律上的冲突，两者的法律关系是，前者是对后者的补充和完善，两者处于并行运行的状态，但前者的时效性和适用性应优先于后者。

ITR 的修订本身属于一项国际立法活动，是对旧版 ITR 不适用部分的变更、删除或补充，其直接目的是为了适应国际电信业发展新趋势的需要而不断完善旧版 ITR 的一项长期性立法活动。如果说存在"潜在冲突"（potential conflicts）的话，主要是国际政治各行为主体的冲突，他们为了追求和维护各自所确认的利益和目标而发生的矛盾和对抗。笔者以为，这种矛盾和对抗集中在两大方面：一是部分 ITU 成员方观念上的冲突和偏见，以美国为代表的一些发达国家，他们拥有 ICT 时代最先进的技术、设施、人才和工具，尤其是美国是互联网技术的发源地和 ICCAN 的控制国，他们担忧 ITR 的修订会涉及互联网的管理，所以他们极力宣扬"ITR 无用论"；二是那些发展中国家，他们未曾拥有先进的 ICT 技术、尚未建设现代的电信基础设施、ICT 人才极度缺乏，他们与发达国家的"数字鸿沟"正在不断拉大，无法享有平等的信息通信权，他们亟须一部能反映当代电信新趋势，且与时俱进的 ITR，以此推动不发达国家电信业的发展和缩小当代发达国家和发展中国家在信息技术领域中存在的差距。

2. 关于 ITR 法律规范的适用性问题。ITR 法律规范的适用性主要指，在新版 ITR 生效后，通过将其归入相应的国际信息通信法律事实，然后根据 ITR 法律规范关于国际信息通信法律关系之规定，进而能够形成指引和调整通用的国际信息通信法律关系和法律秩序。以美国为代表的发达国家以及电信运营商之所以宣扬新版"ITR"无用论或过时论，主要是基于新版 ITR 内容的适用性落后于当今电信发展的新趋势，比如美国提出，在非垄断时代，ITR 解决对国际电信业务可能造成影响的理论基础已经消失；日本的观点是，当今的国际电信运营商之间主要使用的是商业协议，无须适用 ITR 进行调整；澳大利亚则表示，开展 ITR 的修订工作将分散国际电联及其成员用于其他重点领域的宝贵资源；一些发达国家的电信运营商，如加拿大的 Bell Mobility，日本的 KDDI 和 NTT DOCOMO，墨西哥的 América Móvil，英国的 BT 和美国的 AT&T，均表示：根据他们共同的运营经验，ITR 已不适用于或不契合当今竞争激烈的国际电信市场环境。然而，发展中国家则一致的呼声是，当今电信业务与互联网正进入明显的融合期，ITR 应当进行修订以适应国际电信发展的新趋势。

综合以上发达国家的所谓"ITR 不适用论"的观点，主要集中在一个方面，即国际电信业的垄断时期已经一去不复返，各国的电信运营商进入竞争时代，国际电信运营商之间的关系主要以合同的方式调整，而不是 ITR。可见，发展中国家与发达国家在 ITR 修订立场上的对立和分歧主要表现在：前者要求"与时俱进"；后者坚持"墨守成规"。笔者认为，继续维持 ITR 这种尴尬局面是逆时代潮流。

首先，如果 ITR 继续维持这种"墨守成规"的现状，将导致如下危害：（1）与国际电联 150 多年以来"协商一致"（consensus）决策机制格格不入；（2）对成员方之间的广泛合作产生消极影响和负面作用，不利于解决当前全球电信新趋势下所面临的各种挑战；（3）国际电联内部存在重大意见分歧，全体成员方无法对国际电联的重要法律支柱性 ITR 文件达成一致，导致全球电信规则-ITR 有名无实，成为"僵尸规则"；（4）国际电联中部分发达国家在新 ITR 框架中回避日益严重的全球网络安全、日渐扩大的"数字鸿沟"、国际 OTT 平台化导致的新垄断等重大问题，致使国际电联的作用和整体声誉受到一定程度的损害。

其次，ITR 的"与时俱进"将带来如下利益：（1）"与时俱进"的 ITR，有利于各成员方面应对和解决国际电信新趋势下出现的新挑战、新问题、新矛盾，并有助于确立和规范国家及各行为主体在新国际电信环境下应遵循的基本国际准则和国际信息通信行为规则，以维护国际电信业的安全、稳定与繁荣；（2）"与时俱进"的ITR，有利于促进和构建成员方之间的相互理解和国际合作机制，平等参与和共同决策国际电信领域所面临的重大问题和各种挑战；（3）"与时俱进"的ITR，有利于全球信息通信业的健康稳定发展，并显示各成员方共同推动全球电信和信息网络快速增长和持续发展的历史担当；（4）"与时俱进"的ITR，有利于缩小发达国家和发展中国家不断增大的"数字鸿沟"，建立发达国家对发展中国家提供ICT帮助的国际义务，使得信息通信技术和服务普惠全人类；（5）"与时俱进"的ITR，有利于改变目前ITR停滞不前的尴尬局面，对于维护国际电联的国际声望，积极推动全球信息通信的可持续安全发展有着至关重要的意义。

（三）ITR审议与修订之建议

目前，ITRs的两个版本均已无法适应和满足日新月异的国际电信发展新趋势，在实际使用中不可避免地暴露诸多的问题和不适应症，面对ITR的不适用性，各成员方面临两条可选择的道路：一条是积极顺应时代，修改和完善ITR，以适应国际新电信时代安全和发展的需要；二是"墨守成规"或逆潮流而动，继续让ITR保持目前尴尬的状态。但是"世界潮流，浩浩荡荡，顺之则昌，逆之则亡。"[6]

1. 关于ITR的审议。当今世界，以互联网为代表的ICT技术日新月异，引领了国际社会生产的新变革，在这个大背景下，全球的电信业务出现了前所未有的新趋势，电信业务与互联网业务趋于深度融合的状态。ITR的审议应当面对这种势不可当的新电信趋势下出现的各种矛盾、障碍、危机，诸如全球范围内的网络恐怖主义、网络黑客犯罪、个人隐私信息侵权、国际关键基础信息通信设施的保护、欠发达国家"数字鸿沟"的不断扩大、OTT平台的单寡头垄断等，这些国际层面的问题不是哪一个国家可以单独解决的，必须在ITU这个国际大平台上共商国际信息通信发展的未来，通过各成员方的共同协商和努力方能有效解决。

因此，各成员方不应回避问题，更不应仅考虑到本国的利益，而是要勇敢地面对全球信息通信发展的未来，本着"求同存异"的原则，不断地缩小分歧，扩大共识，把国际信息通信发展的过去、现实和未来联系起来去研究和审议 ITR。

2. 关于 ITR 的再修订。ITR 的再修订应针对 2012 版 ITR 不适应国际电信新趋势的内容进行补充或完善，具体应当集中突出两大特征和聚焦三大问题：突出两大特征：一是对世界电信面临的问题具有现实的指导意义；二是对将来世界电信的发展具有前瞻预测作用；聚焦三大问题：一是日益严重的全球信息通信网络安全；二是全球信息通信用户的隐私信息保护；三是不断扩大的全球"数字鸿沟"。

（1）ITR 的修订应当对全球电信业 OTT 化（互联网化）所面临的"日益严重的全球信息通信网络安全"做出规制。当前，国际信息通信网络安全与稳定已经成为攸关各国主权、安全和发展利益的全球关切。目前，ITU 公布的以安全为重点的国际标准就有七十多项（ITU-T 建议书）。[7]然而，ITR 在国际信息通信网络安全治理规则上却严重缺失，这是 ITR 在国际电信新趋势下最大的缺位。为此，作为联合国主管信息通信技术事务的专门机构-ITU 及其成员方有义务推动 ITR 在全球信息通信网络安全的合作、治理和监管上有所作为。

2015 年 9 月 22 日，中国国家主席习近平在接受美国《华尔街日报》书面采访时强调，互联网这块"新疆域"不是"法外之地"，同样要讲法治，同样要维护国家主权、安全、发展利益。[8]美国联邦通信委员会（FCC）主席汤姆·惠勒（Tom Wheeler）也曾指出，互联网是这个星球上最有威力，分布最广泛的平台。它太过重要，不能够没有任何规则加以监管，不能让这个竞赛场地上没有裁判存在。[9]

事实上，在网络安全和打击网络犯罪方面，世界上唯一的互联网强国——美国也表现出与各国的合作愿望。2017 年 10 月 6 日，在华盛顿举行的"首轮中美执法及网络安全对话"上，中美双方均表示愿意改进与对方在打击网络犯罪方面的合作，包括及时分享网络犯罪相关线索和信息，及时对刑事司法协助请求做出回应，包括网络诈骗（含电子邮件诈骗）、黑客犯罪、利用网络实施暴力恐怖活动、网络传播儿童淫秽信息等。[10] 可见，以美国为代表的发达国家并不完全排斥国际网络安全的合作治理，它们所担心的是国际组织对互联网的管制，因此，ITR 的修订应主要关注国际信息通信网络安全的治理，而不是管制。在新版 ITR 的具体修订方面，笔者建议：

①新版 ITR 应在"序言"（PREAMBLE）中体现"安全与发展"并重的理念，增加"维护电信网络安全与稳定"① 的表述，具体条款为："本《国际电信规则》（以下称《规则》）各项条款在充分承认各国监管其电信活动主权的同时，对国际电信联盟《组织法》和公约进行了补充，旨在实现国际电信联盟协调发展世界电信设施、维护电信网络安全与稳定（增加部分），促进电信业发展以及最有效运营的宗旨。"②

②新版 ITR 应对信息通信关键基础设施及其重要数据的安全保护做出规定。目前的新版 ITR 仅在第六条"网络的安全性和健壮"（Security and robustness of networks）6.1 项下规定：成员方须各自和共同努力确保国际电信网络的安全和健壮性，以实现网络的有效利用，避免技术性损害，并实现公众国际电信业务的和谐发展。③

新版 ITR 6.1 所指的国际电信网络是传统的电信网络，即由终端、传输和交换等设备所组成的国际信息通信"管道"；而新电信趋势下的 OTT 已经重新架构了基于"云、管、端"一体化的新型信息通信平台；云平台、移动设备与宽带网（包括 4G、5G 移动网）的深度融合正在改变着全球人类获取信息通信的方式。新版 ITR 只关注国际电信网络（管

---

① 译文：to uphold security and stability in telecommunications Network.
② 译文：While the sovereign right of each country State to regulate its telecommunications is fully recognized, the provisions of the present Regulations supplement the International Telecommunication Regulations (hereafter referred to as "Regulations") complement the Constitution and the Convention of the International Telecommunication Union, with a view to attaining the purposes of the International Telecommunication Union in promoting the development of telecommunication services and their most efficient operation while harmonizing the development of facilities for worldwide telecommunications and upholding security and stability in telecommunications Network.
③ 译文：6.1 Member States shall individually and collectively endeavour to ensure the security and robustness of international telecommunication networks in order to achieve effective use thereof and avoidance of technical harm thereto, as well as the harmonious development of international telecommunication services offered to the public.

道）的安全和健壮，忽视了国际新电信趋势下基于"云、管、端"构成的信息通信关键基础设施及其重要数据的安全，应当予以补充和完善。

笔者建议，在ITR第六条增加一款列为6.2款，明确规定：成员方须各自并共同努力加强信息通信关键基础设施及其重要数据的安全与保护。①

（2）ITR的修订应当关注全球信息通信用户的隐私信息保护。新版ITR专门在第七条设置了"未经请求的群发电子信息"（Unsolicited bulk electronic communications），即成员方应努力采取必要措施，防止未经请求的群发电子信息的传播，并尽可能减少其对国际电信业务的影响。②鼓励成员方就此开展合作。③当前，信息通信用户的个人隐私信息泄露问题日益严重，已经成为世界性的难题。随着移动智能终端的广泛普及，移动互联网应用程序（APP）已成为OTT业务的主要载体，在APP高速增长的背后，存在着大量窃取、分析和使用户个人隐私信息、恶意扣费、诱骗欺诈等损害用户权益的行为。2017年9月，在日内瓦ITU召开的CWG互联网工作组公开磋商会上，一些国家提出，由于OTT应用服务吸引了大量的稳定用户，越来越多的用户信息被OTT服务商收集、存储、分析及使用。OTT服务商在网络安全和用户隐私保护中的作用愈发凸显，迫切需要加强对OTT业务网络安全问题的重视，保证业务安全稳定运行，同时保证用户的隐私得到妥善保护。

笔者建议，在ITR第七条增加一款列为7.2，将原来的7.2改为7.3款，即7.2成员方应努力采取措施制止利用电信网络侵害个人隐私的行为，④ 7.3鼓励成员方就此开展合作。⑤

---

① 译文：6.2 Member States shall individually and collectively endeavour to shore up the security and protection of critical information & telecommunication infrastructure as well as the important data in the infrastructure.
② 译文：7.1 Member States should endeavour to take necessary measures to prevent the propagation of unsolicited bulk electronic communications and minimize its impact on international telecommunication services.
③ 译文：7.2 Member States are encouraged to cooperate in that sense.
④ 译文：7.2 Member States should endeavour to take measures to curb telecommunication network-enabled infringement of individual privacy.
⑤ 译文：7.3 Member States are encouraged to cooperate in that sense.

(3) ITR 的审议与修订应当关注全球不断扩大的"数字鸿沟"。当前，一些发展中国家和欠发达国家，他们未曾拥有先进的 ICT 技术、尚未建设现代的电信基础设施、ICT 人才极度缺乏，他们与发达国家的"数字鸿沟"正在不断拉大，无法享有平等的信息通信权。根据世界银行与联合国贸发会议于 2016 年 2 月 1 日联合发布的《2016 年世界发展报告——数字红利》，世界最贫困的 20% 的家庭中，有 70% 有手机；许多家庭拥有手机先于厕所和清洁用水。《2016 年世界发展报告——数字红利》封面上这张图片记录了：一个位于非洲东北部亚丁湾西岸的国家——吉布提，很多人都买了手机，然而由于通信设施落后，他们不得不到海边寻找与其接壤的索马里电信运营商基站的信号。这些欠发达国家尤其渴望一部能反映当代电信新趋势，且与时俱进的 ITR，以此推动和帮助不发达国家发展信息通信技术和缩小当代发达国家与不发达国家之间在信息技术领域中存在的"数字鸿沟"。

笔者建议，在 ITR 第十二条之后增加一条"成员方应为广大发展中国家提升信息通信能力提供力所能及的援助，弥合发达国家与发展中国家之间的'数字鸿沟'"[1]，该条作为第十三条，第十三条改为第十四条，以此顺延。

随着电信业务与互联网业务的加速融合，在全球许多国家和地区，移动用户更为期望高速的、可靠的和无缝的无线互联网移动宽带业务，其中包括 Internet 接入、移动视频、不断丰富无线应用平台。因此，传统的普遍服务体制和信息通信基础设施的投入也应当随着国际电信新趋势的变化和竞争进行调整，以积极适应国际电信新时代发展的需求。

国际电联的使命是使电信和信息网络得以增长和持续发展，并促进普遍接入，以便世界各国人民都能参与全球信息经济和社会并从中受益。根据 ITU 于 2017 年 11 月 15 日发布的第九版年度《衡量信息社会报告》，笔者认为，ITR 应当改革传统的普遍服务体制，将电信运营商对网络设施投入和构建高速移动的新一代信息基础设施，纳入国际电信普

---

[1] 译文：Member States should make efforts to assist developing countries with the ICT capacity and to bridge the digital divide between developing and developed countries.

遍服务的目标，化解和缩小不断扩大的数字鸿沟，使电信新趋势下的国际电信发展更平衡、更充分。

结　语

国际信息通信新趋势下出现的问题、障碍和矛盾，应通过统一的国际信息通信规则去解决。只要各成员方正视上述问题和事实，从全球的角度和视野看待 ITR 对全球电信安全与发展的重要作用，客观全面地面对和分析 ITR 存在的问题，坚持"共商、共建、共享"的原则，保持"对话"而不"对抗"的包容胸怀，ITR 这种尴尬的局面一定会得到彻底的改变，一部全新的、与时俱进的 ITR 将应运而生。

2018 年 1 月，国际电联 ITR 专家组（EG-ITRs）在日内瓦召开第三次专家组会议，继续审议 ITR。在本次会议上，中国提出了"两大主张"和"三项建议"，两大主张：一是 ITR 应当突出对世界信息通信具有普遍指导意义的"发展与安全"并重的原则，二是 ITR 应当对世界信息通信的发展与安全具有前瞻预测和引领作用；三项建议，一是建议治理日益严重的全球信息通信网络安全，二是建议关注全球信息通信用户的隐私信息保护，三是建议缩小不断扩大的全球"数字鸿沟"。[12]

ITR 的审议和修订进程中不会一帆风顺，必然会有曲折，但一定不会停滞，更不会倒退。笔者坚信，ITR 会不断地波浪式前进，它将为新电信时代而前进，它将为国际电信业的发展和安全而前进，它将为 ITU 各成员方共同的使命和责任而前进。

参考文献

[1] 人民网：《第 71 届联合国大会通过决议 要求推进共商共建共享的全球经济治理》（2017 年 9 月 12 日），http：//world. people. com. cn/n1/2017/0912/c1002 - 29530691. html.

[2] 工信部运行监测协调局：《2017 年 1—2 月份通信业经济运行情况》（2107 年 3 月 28 日），http：//www. miit. gov. cn/newweb/n1146285/n1146352/n3054355/n3057511/n3057518/c5549791/content. html.

[3] 中国信息产业网：《联合国宽带委员会发布最新的世界国别宽带接入状况数据》（2016 年 9 月 23 日），http：//www. cnii. com. cn/internation/201609/22/content_1782190. htm.

[4] 国际电信联盟（ITU）:《国际电信世界大会》（2012年12月3-14日），http://www.itu.int/zh/wcit-12/Pages/default.aspx.

[5] 参见《ITU电信标准化局第91号通函（TSB Workshops/JZ)》。

[6] 新华网:《习近平在纪念孙中山先生诞辰150周年大会上的讲话》（2016年11月11日），http://news.xinhuanet.com/politics/2016-11/11/c_1119897047.htm.

[7] 国际电联:《第17研究组概览》（2017年8月29日-9月6日），https://www.itu.int/zh/ITU-T/Pages/default.aspx.

[8] 新华网:《习近平接受〈华尔街日报〉采访》（2015年9月22日），http://news.xinhuanet.com/world/2015-09/22/c_1116642032.htm.

[9] 高伟东:《美国制订网络监管新规》,《经济日报》2015年3月13日，第15版。

[10] 中国新闻网:《首轮中美执法及网络安全对话取得四大成果》（2017年10月6日），http://www.chinanews.com/gj/2017/10-06/8347237.shtml.

[11] 世界银行:《2016年世界发展报告：数字红利》（2016年3月16日），http://www.shihang.org/zh/events/2016/03/01/seminar-on-the-world-development-report-2016.

[12] 国际电联:《中华人民共和国关于审议与修订《国际电信规则》（ITRs）的建议EG-ITRs 3/2（Rev.1)-C》（2018年1月6日），https://www.itu.int/md/S18-CLEGITR3-C-0002/en.

（责任编辑：孙南翔）

Research Report
研究报告

网络信息法学研究机构建设和发展报告(2004—2017)

周 辉

(中国社会科学院法学研究所助理研究员)

内容提要 近年来,互联网正在经历与经济、文化、社会等各方面深度融合的过程,尤其在推进网络安全和信息化工作、推动实施国家大数据战略、加快建设数字中国等战略的指引下,网络信息法学研究迎来了全新的发展机遇,也面临着更高的时代要求。网络信息法学研究机构的建设对于前沿理论研究、学科建设与人才培养都有着极为重要的意义。本报告旨在梳理网络信息法学研究机构的建设和发展现状,发现问题并提出建议,为推动网络信息法学研究助力。

关键词 网络信息法学 法学研究机构 学科建设

随着网络技术的快速发展、信息经济的迅速增长,在网络强国、数字中国、智慧社会建设深入推进的背景下,网络信息法学研究迎来了前所未有的创新发展新机遇。本报告通过对既有网络公开文献的整理和对部分机构负责人的采访,对国内科研院校网络信息法学研究机构(以下简称"研究机构")的建设和发展现状做了梳理和研究,以期能在摸清现状、找准问题的基础上更好地推动和繁荣网络信息法学研究。

一 网络信息法学研究机构建设和发展现状

根据本报告的统计,国内已有 23 所科研院校[①]围绕网络信息法学科建设和研究投入资源、整合力量、组建团队。截至 2017 年底,已有 33 个网络信息法学相关研究机构成立或开展工作,详见表 1。

表 1 网络信息法学相关研究机构(2017)

序号	成立时间	研究机构名称
1	2004 年 4 月	北京大学法学院互联网法律中心
2	2008 年 11 月	西安交通大学信息安全法律研究中心
3	2008 年 12 月	中国政法大学传播法研究中心
4	2009 年 5 月	北京师范大学互联网政策与法律研究中心
5	2009 年 8 月	北京邮电大学互联网治理与法律研究中心
6	2013 年 9 月	北京大学电子商务法律与发展研究基地
7	2014 年 10 月	北航工业和信息化法治研究院
8	2015 年 1 月	中国政法大学犯罪大数据研究中心
9	2015 年 1 月	贵州省社会科学院大数据政策法律创新研究中心
10	2015 年 2 月	中国信息通信研究院互联网法律中心
11	2015 年 4 月	四川大学法学院法律大数据实验室
12	2015 年 7 月	中国政法大学电子证据研究中心
13	2015 年 9 月	重庆大学国家网络空间安全与大数据法治战略研究院
14	2015 年 10 月	吉林大学司法数据应用研究中心
15	2015 年 12 月	中国政法大学互联网金融法律研究院
16	2016 年 10 月	天津大学法学院互联网政策与法律研究中心
17	2016 年 11 月	浙江大学光华法学院互联网法律研究中心
18	2016 年 12 月	中国信息通信研究院工业和信息化法律服务中心
19	2017 年 1 月	东南大学"人民法院司法大数据研究基地"

---

① 考虑到中国社会科学院法学研究所与中国社会科学院大学是两个独立的法人实体,本报告按两所机构进行统计。本报告的研究机构统计,如有遗漏,欢迎指正补充,作者邮箱 zhouhui@cass.org.cn。

续表

序号	成立时间	研究机构名称
20	2017年1月	中国政法大学互联网与法律规制研究中心
21	2017年2月	中国社会科学院法学研究所网络与信息法研究室（筹）
22	2017年5月	北方工业大学金融科技与信息安全法治研究所
23	2017年5月	北京师范大学刑事法律科学研究院互联网刑事法治国际研究中心
24	2017年5月	上海财经大学网络与大数据法治研究中心
25	2017年6月	华东政法大学"互联网+法律"大数据平台
26	2017年6月	广西民族大学广西网络与大数据法治战略研究院
27	2017年9月	中国社会科学院大学互联网法治研究中心
28	2017年9月	中国人民大学法学院未来法治研究院
29	2017年12月	北京大学法律人工智能实验室
30	2017年12月	中国政法大学网络法学研究院
31	2017年12月	西南政法大学人工智能法学院
32	2017年12月	清华大学法学院法律与大数据研究中心
33	2017年12月	中国政法大学法学院大数据和人工智能法律研究中心

从表1可以看出，网络信息法学研究机构的建设和发展呈现以下特点：

（一）近三年发展明显提速

国内最早的网络信息法学研究机构是北京大学法学院互联网法律中心。北京大学法学院互联网法律中心于2004年4月成立。但直到2008年才有第二个网络信息法学研究机构。2010年至2012年间，网络信息法学研究机构的建设没有新的增长。经过2013年和2014年的缓慢发展——每年各增加一个研究机构，2015年网络信息法学研究机构出现爆发性增长——仅2015年就增加8个研究机构，2017年更是增加15个研究机构。2015年至2017年新增的研究机构数量共计26个，占本报告统计总数的78.79%。

网络信息法学研究机构的大量设立与近些年国家经济社会发展的新形势密切相关，如国家发出"大众创新、万众创业"号召[①]、大力发展电子商务[②]、提出"互联网+"行动计划[③]、促进大数据发展[④]和信息化发展[⑤]、加快人工智能发展[⑥]等。习近平总书记2016年4月19日在网络安全和信息化工作座谈会上发表重要讲话，强调加快网络立法进程、加强对大数据的管理，更为网络信息法学研究机构的建设发展指明了正确方向、提供了强大动力。

（二）个别院校内部存在差异化建设、多元化发展情况

仅中国政法大学一家就有七个不同的研究机构。单是2017年12月，中国政法大学就成立了中国政法大学网络法学研究院、中国政法大学法学院大数据和人工智能法律研究中心两个研究机构。

院校名称	研究机构	
	设立时间	名称
中国政法大学	2008年12月	中国政法大学传播法研究中心
	2015年1月	中国政法大学犯罪大数据研究中心
	2015年7月	中国政法大学电子证据研究中心
	2015年12月	中国政法大学互联网金融法律研究院
	2017年1月	中国政法大学互联网与法律规制研究中心
	2017年12月	中国政法大学法学院大数据和人工智能法律研究中心
	2017年12月	中国政法大学网络法学研究院

---

① 李克强总理2014年11月出席首届世界互联网大会时指出，互联网是大众创业、万众创新的新工具，并于2015年3月5日在十二届全国人民代表大会第三次全体会议上所做的政府工作报告中首次提出"互联网+"行动计划。《国务院关于大力推进大众创业万众创新若干政策措施的意见》，2015年6月16日发布。
② 《国务院关于大力发展电子商务加快培育经济新动力的意见》，2015年5月7日发布。
③ 《国务院关于积极推进"互联网+"行动的指导意见》，2015年7月4日发布。
④ 《国务院关于印发促进大数据发展行动纲要的通知》，2015年9月5日发布。
⑤ 中共中央办公厅 国务院办公厅印发《国家信息化发展战略纲要》，http://www.gov.cn/gongbao/content/2016/content_5100032.htm。
⑥ 《国务院关于印发新一代人工智能发展规划的通知》，2017年7月20日发布。

续表

院校名称	研究机构	
	设立时间	名称
北京大学	2004 年 4 月	北京大学法学院互联网法律中心
	2013 年 9 月	北京大学电子商务法律与发展研究基地
	2017 年 12 月	北京大学法律人工智能实验室
北京师范大学	2009 年 5 月	北京师范大学互联网政策与法律研究中心
	2017 年 5 月	北京师范大学刑事法律科学研究院互联网刑事法治国际研究中心
中国信息通信研究院	2015 年 2 月	中国信息通信研究院互联网法律中心
	2016 年 12 月	中国信息通信研究院工业和信息化法律服务中心

虽然存在一个院校多个网络信息法学研究机构的情况，但在这种情况下，不同研究机构一般依托在不同的法学二级学科下、由不同的教师负责，在研究具体方向和侧重点上也一般存在差异。

相对特殊的是中国信息通信研究院的两个研究机构：中国信息通信研究院互联网法律研究中心是中国信息通信研究院设立的专业法律研究机构，挂靠中国信息通信研究院政策与经济研究所；中国信息通信研究院工业和信息化法律服务中心与中国信息通信研究院政策与经济研究所是一个机构两块牌子。

（三）"官产学"合作助力研究机构发展

一方面，网络信息法学研究机构的建设具有显著的开放性，是"官产学"可以合作的重要平台；另一方面，网络信息法学是一个面向实践、面向未来的新的前沿、交叉学科，研究机构的发展也离不开政府和产业的支持。目前，有 11 个研究机构（占本报告统计总数的的三分之一）或者属于有关部门在科研院校设立或与科研院校共建的研究机构，或者属于科研院校与企业合作成立或共建的研究机构，详见下表。

序号	研究机构名称	合作情况
1	北京大学法学院互联网法律中心	依照雅虎—方正讲席教授协议成立
2	北航工业和信息化法治研究院	工业和信息化部设立
3	吉林大学司法数据应用研究中心	吉林省高级人民法院共建
4	中国政法大学互联网金融法律研究院	华兴控股集团共建
5	浙江大学光华法学院互联网法律研究中心	阿里巴巴集团共同成立
6	中国信息通信研究院工业和信息化法律服务中心	工业和信息化部批准组建
7	东南大学"人民法院司法大数据研究基地"	最高人民法院设立
8	北方工业大学金融科技与信息安全法治研究所	联动优势科技有限公司共建
9	北京大学法律人工智能实验室	北京国双科技有限公司等合作设立
10	中国政法大学网络法学研究院	腾讯公司共建
11	西南政法大学人工智能法学院	科大讯飞股份有限公司、四川元贞实业有限公司、成都恒图科技有限公司等共同成立

二 网络信息法学研究机构建设和发展中的主要问题

(一) 学科建设仍是短板

就报告目前统计的研究机构来看，只有三个院校有网络信息法学相关独立二级学科并培养相关方向研究生的研究机构：依托于中国社会科学院法学研究所网络与信息法研究室（筹）的网络与信息法学（硕士、博士）、依托于北京大学电子商务法律与发展研究基地的电子商务法学（硕士）[1] 以及中国政法大学在学校层面设立的二级学科"网络法学"[2]。其他多数研究机构侧重研究，但在学科建设和研究生培养方面尚未见有质的发展。

---

[1] 依托于北京大学法学院互联网法律中心，该校法学（知识产权法）专业博士研究生有独立的"互联网法"方向。

[2] 2015 年自主设置目录外二级学科论证及申报材料（网络法学），http://xxgk.cupl.edu.cn/index.php/cupl‐08‐2016‐4370/。

（二）地区发展显著不平衡

北京科研院校的研究机构明显具有起步早、数量多的优势。北京的研究机构有 21 个，占本报告统计总数的 63.63%。同一院校设有多个研究机构的情况全部集中于北京。

北京作为首都，在政治、教育、科研等多方面具备其他城市无法比拟的资源。腾讯、阿里巴巴、百度、360、京东、美团、滴滴、今日头条、新浪、搜狐、网易等主要互联网企业的总部大多在北京，总部在其他城市的企业也一般将北京作为"双中心"之一，从而为北京的科研院校提供了近距离的研究样本和便利的交流机会。这些因素共同促成了北京网络信息法学研究机构的建设和发展优势。

此外，值得关注的是，作为网络信息产业发展前沿的广东却尚未见有正式成立网络信息法学研究机构。

三 建议

习近平总书记在"4·19"讲话中和在十九届中央中央政治局第二次集体学习时，对推进网络安全和信息化工作、推动实施国家大数据战略、加快建设数字中国，提出许多重要论断：以信息化推进国家治理体系和治理能力现代化，运用大数据提升国家治理现代化水平。这对加快网络信息立法进程和加强网络信息法学研究提出了新的更高要求。

面对新的时代任务，站在新的历史起点上，网络信息法学研究机构建设和发展未来应当在既有成绩的基础上，重点做好以下工作：

第一，大力加强学科理论建设。无论是作为交叉型学科，还是复合型学科，网络信息法学都需要超越传统法学理论资源，对网络信息领域不断涌现的新问题、新现象、新业态、新应用、新风险等作出科学分析、给出解决方案。网络信息法学研究机构是网络信息法学学科建设的主力部队，需要承担起学科理论建设的重要使命。所有研究机构在承接课题项目进行对策性研究的同时，更要重视和加强学科理论构建；在关注每年的新热点、新概念、新话题的同时，更要注意保持定力，通过对实践中的问题及时总结分析，创新方法论，研究长远、系统的理论解决方案。

第二，积极申请独立二级学科，加快系统性人才培养。从网络信息经济社会发展实践来看，国家依法治理、产业合规发展、科研院校教学都有明显的人才缺口。高校研究机构在条件允许的情况下，应积极申请独立二级学科。通过设计系统性的课程，培养专业化的网络信息法治人才。不同研究机构可以利用互联网技术、运用互联网思维，共同合作打造网络信息法系列专题课程，通过课程共享，加快人才培养。

第三，深入推进研究机构间交流、协作，广泛开展政产学研媒多方合作。目前网络信息法学研究机构已经形成一定数量规模，但是大多仍都处于起步发展阶段，与技术日新月异背景下日益复杂的网络信息法治实践相比，单个机构的研究力量多显单薄，研究广度更难全覆盖。为了取长补短、形成合力，发挥不同研究机构的不同优势，研究机构之间可以在研究会等平台框架下加强交流、协作。此外，研究机构一方面要增强问题意识，多与政府、产业部门合作，更直接地了解实践问题；另一方面也要加强与媒体的交流，在拓展自身影响力的同时，及时解读政策、澄清问题，助推国家和社会治理。

（责任编辑：林华）

我国网络音乐市场的现实困境与法律制度完善

赵一洲

（加利福尼亚大学洛杉矶分校娱乐传媒与知识产权法硕士）

内容提要 政府对音乐盗版问题管控的加强与企业的巨大资金投入有效促进了我国网络音乐市场的繁荣与发展。然而，国内各大网络音乐服务商对版权资源的激烈争夺乃至垄断使我国音乐市场陷入新的困境。目前，我国现有的著作权法体系明显滞后于技术的发展与网络音乐市场的需要，进一步加深了国内网络音乐市场的竞争乱象。良好的市场秩序需要完善的制度设计，音乐作品因其自身天然具有的特殊性，更需要著作权法给予特别的关注。我国亟须改造、完善现行著作权法中有关音乐作品与录音制品的规定，抑制信息网络环境下权利人对音乐版权专有许可的滥用，完善音乐作品的法定许可制度，加强著作权集体管理组织的影响力，以实现音乐创作者与社会公益间的利益平衡，为我国音乐产业的健康发展与社会文化繁荣营造公平、健康、有序的优质环境。

关键词 中国网络音乐市场 音乐版权 独家专有许可 法定许可 集体管理组织垄断

引 言

音乐的创作、传播与消费具有很强的特殊性，因而音乐作品也成为人类社会中被传播利用得最为广泛而频繁的创造性智力成果。因此，对音乐作品的法律保护，也需要配以精密的法律制度设计，以确保音乐作品创作者与大众消费者间实现利益平衡。"纵观著作权制度发展史，音乐著作权制度始终是矛盾和争议最大的领域，著作权立法变革与制度创新也总是首先在涉及音乐作品的部分出现。"[1] 实践证明，符合音乐作品自身特点与音乐产业发展规律的版权法制度设计，对音乐市场的发展与成熟具有不可替代的积极作用。而缺乏有效法律规制的音乐市场，则会损害音乐创作者与广大受众的切身利益。互联网的迅速发展，进一步变革了音乐作品的传播与消费方式，给版权法律制度设计提出了更高的要求。我国的音乐消费市场已全面进入网络时代，但滞后于现实技术与市场需求的著作权法制度，则一定程度上加深了我国网络音乐市场的治理困境。如何从顶层制度设计入手，积极推动著作权法制度的更新与完善，是解决当下我国网络音乐市场现实弊病迫切需要明确的问题。本文认为，只有认清我国网络音乐版权市场的竞争负面效应，及时完善相应的版权法律制度，才能还音乐市场以稳定、公平、合理的竞争秩序，使音乐作品带来的利益真正惠及广大音乐创作者与消费者。[2]

一 音乐作品的特殊性与版权法的制度回应

（一）音乐天生的使命就是得到广泛传播

音乐是表演的艺术，是传播的艺术，是体现人类共同情感的艺术。相较于其他各类文学艺术作品而言，音乐作品自身具有较强的特殊性。

音乐具有强烈的社会性，相比其他形式的作品，音乐受地域、文化差异及受众群体层次的影响相对较小，是人类群体情感与文化沟通的重要渠道。

音乐具有传播的便利性，音乐作品的传播形式多样，且易于表演与

---

[1] 参见熊琦《音乐著作权制度争议的历史由来与法律应对》，载知产力 http：//mp.weixin.qq.com/s/qhYkQ3rCXh1mP7MsB7GNiA 访问日期：2018 年 3 月 11 日。

[2] 《国家新闻出版广电总局关于大力推进我国音乐产业发展的若干意见》也曾立场鲜明地指出，"坚持把社会效益放在首位，实现社会效益与经济效益相统一"。

呈现，无论是即刻演唱、演奏的现场表演，还是不受时空地域限制可随时随地播放的录音制品，音乐总能借助各类便捷、直接的传播形式惠及听众。

音乐具有消费的高度重复性，音乐作品通常均短小精致，听众可利用很短的时间即欣赏一部完整的音乐作品，这使得公众对音乐作品的消费，相较于其他类型的作品，更具重复性、忠实性，人们对喜爱的歌曲绝不会欣赏寥寥数次，而是可以重复千百遍。

正是因为音乐作品以上的特殊性，决定了躺在乐谱上的音乐并不具有生命力，音乐的价值，只有在重复表演，重复传唱，重复欣赏中才能得到真正的体现。因此，也决定了音乐注定是大众的传播艺术，而不能成为人们日常消费中的"奢侈品"，音乐天生的使命，正是在于得到广泛传播。

（二）版权法对音乐作品特殊性的回应

现代社会，音乐作品作为人类重要的创造性智力成果，具有很高的经济价值，因此必然也离不开法律的保护与规制。版权法的根本目的在于鼓励创造，促进传播。[1] 而音乐作品作为一门表演的艺术、传唱的艺术，其与生俱来的传播使命必然要求更为精巧的版权制度设计，以保证音乐作品在复杂多样的传播渠道中不被产业内的利益集团所垄断，确保公众能够及时欣赏到各类音乐作品，实现音乐创作者利益与公众利益间的平衡与共赢。

实践证明，版权法制度相对完善，音乐市场发展成熟的法域，均针对音乐作品的传播、权利内容与归属以及权利限制等问题进行了专门的制度设计。纵观世界各国法域，以及重要国际版权条约，均对音乐作品、录音制品进行了特殊规定。较为典型的制度主要有，音乐录音制品的法定许可制度，录音制品专有许可限制制度与音乐著作权集体管理制度。

---

[1] 我国《著作权法》第1条规定，"为保护文学、艺术和科学作品作者的著作权，以及与著作权有关的权益，鼓励有益于社会主义精神文明、物质文明建设的作品的创作和传播，促进社会主义文化和科学事业的发展与繁荣，根据宪法制定本法"。

音乐录音制品的法定许可，是被众多法域所认可、借鉴的一项针对音乐作品传播问题的制度安排。其核心内容是，如果一个音乐作品（而非录音制品）已经被公开录制、发行为录音制品，则其他人可以将其音乐作品直接录制为新的另一录音制品，而不需要经过音乐作品（主要指词曲）权利人的同意，只需向其支付合理报酬。该制度最早源于美国，其主要目的为防止针对同一首音乐作品，只有一家或某些唱片公司利益集团才有权制作录音制品出版，从而实现对该音乐作品传播的垄断。除美国外，中国、英国、韩国、日本、德国等国的著作权法中亦作出了类似的规定。其中，我国《著作权法》第40条第3款规定，"录音制作者使用他人已经合法录制为录音制品的音乐作品制作录音制品，可以不经著作权人许可，但应当按照规定支付报酬；著作权人声明不许使用的不得使用"。

录音制品专有许可限制制度，是针对互联网环境下音乐作品垄断问题的一项制度设计。互联网使得音乐作品与录音制品的传播与利用更为便捷，一个普通公众即可易如反掌地复制、存储、传播数字格式的录音制品，由此，实体唱片业迅速走向凋敝。在此背景下，经济利益受到威胁的录音制品权利人对其版权更加看重，采用各种方式加紧控制录音制品的授权、传播，并借此跑马圈地，利用版权优势在网络领域抢占、划分新的市场。针对传统实体唱片业的录音制品法定许可制度，能被适用的机会已经不多，实体唱片的流转，也被数字音乐格式文件的网络串流（streaming）所取代。此时，如果只对音乐作品著作权人的权利加以限制，则不足以保障音乐作品能够满足社会公众的正当需求，因为录音制品权利人会通过专有权利的滥用，对音乐的传播形成新的阻碍。有鉴于此，音乐市场最为发达的美国早在20世纪90年代就预见到，未来握有录音版权的唱片公司，可能会同网络数字音乐服务商一起，利用数字传播这种新型的便利形式，垄断唱片市场的网络准入，阻碍其他经营者对作品进行广泛传播，以此获得垄断性利益。由此，美国的立法者创造性地将反垄断思维继续延展到版权法领域中，专门设计出了针对互联网渠道下音乐录音制品的专有权限制制度。美国于1995年通过了《录音制品数字表演权法案》（DPRSRA

以更新修改其《版权法》。① 该法案的目的之一，即是防止少数网络音乐服务商通过获得大量录音版权专有许可而形成垄断地位。立法者根据该法案，在美国版权法中增加了第114（d）（3）条，②对网络音乐服务商在提供交互式播放服务模式下所获得的录音制品独家专有许可权利期限进行了限制。此举有效抑制了网络音乐平台依靠版权垄断优势截流音乐版权红利的做法，有效遏制了唱片公司与数字服务音乐商合谋恶意垄断市场，掠夺音乐创作者本应获得的经济利益的趋势，同时保护了音乐创作者和大众消费者利益。

著作权集体管理制度，是根据音乐作品传播特点而设计的又一重要版权法制度。技术的革新不断推动着作品传播媒介的发展，特别是录音技术与录音制品的出现，使得本就容易传唱的音乐作品，能够以更加零散、广泛、大量和即时的方式传播。在这样的情况下，音乐作品的作者或权利人难以仅凭个人能力就有效掌握音乐作品的使用情况并对之进行控制和监督。例如，一首歌曲在距作者数百公里遥远的地方，甚至在国外被用于表演时，作者或权利人几乎不可能知晓。另一方面，使用者也确实难于就每一次使用每一部音乐作品向每一位对应的权利人取得同意，谈判对价，支付报酬。特别是在一次使用涉及众多作品和权利人的情况下，音乐版权带来的交易成本更加高昂。因此，如何在音乐作品的合法使用与广泛利用这两者之间取得平衡，成为版权法上的一个难点。而著作权集体管理组织则有效解决了这一难题。著作权集体管理，是指成立一个将众多分散的著作权利集中，由集体管理组织以自己或权利人的名义，代替权利人进行著作权授权、维权与管理活动，从而降低版权权利人与使用者之间的谈判成本，形成一种既经济又有效的权利控制方式，从而便利作品的传播与广泛利用。世界范围内，音乐产业较为发达

---

① 该法案英文全称为，Digital Performance Right in Sound Recordings Act of 1995，于1996年2月1日正式生效。
② 该条的主要内容为，"提供交互式播放的服务商不得基于106（6）而获得超过12个月的以数字音频传输方式公开表演录音的专有许可，拥有不超过一千首的录音版权的许可人除外，该授权人可授权给交互式服务商不超过24个月的专有许可；但是，该被许可人在前一许可到期后的13个月内，不得再次获得对该录音表演的专有许可……" 参见 Digital Performance Right in Sound Recordings Act of 1995（House Report No. 104 – 274）。

的欧洲、美国、日本等国家和地区，均有十分健全的音乐著作权集体管理制度。我国也拥有在音乐作品与音像制品领域的著作权集体管理组织。但基于我国国情与音乐市场的特点，我国采用了"设立唯一的音乐作品著作权集体管理组织"，即中国音乐著作权协会对音乐作品著作权实施集体管理的制度。但是目前中国音著协在商业化、代表广泛性与收益分配机制等方面距离发达国家仍有一定差距，且同时面临着网络音乐产业变革带来的诸多挑战。如何通过法律加强我国著作权集体管理组织行使职权的能力，扩大行业影响力，是目前迫切需要解决的问题。

二 我国网络音乐市场的现实困境

我国互联网产业发展之迅速，世界瞩目。国内互联网产业的急速发展，使得我国音乐市场全面走向数字时代，也导致国内传统唱片业迅速凋零。截至2017年6月，我国网络音乐用户规模达5.24亿，占网民总体的70%，[1] 网络音乐已经成为人民群众精神文化生活的必需品。根据国际唱片业协会（International Federation of the Phonographic Industry，IFPI）的最新数据，我国数字音乐的市场占比高达96%，远远超过实体唱片，比例位居全球第一。[2] 而在经历了数年的盗版侵权肆虐，用户尽享免费数字音乐之利的乱象后，在国内强势政策压力与主流数字音乐服务商的配合与争取下，国内网络音乐市场快速走向正轨，盗版数字音乐已基本销声匿迹。然而，逐步建立新秩序的我国网络音乐市场，仍面临着较多现实困境。具体而言，下列几大问题最为突出：

（一）滥用音乐版权独家专有许可现象突出

目前，我国网络音乐市场存在大肆采卖独家音乐版权以争夺听众市

---

[1] 参见《中国网络音乐用户破5亿 数字音乐产值达143.26亿》，新华社2017年9月7日：http://media.people.com.cn/n1/2017/0907/c40606-29519735.html，访问日期：2018年3月11日。

[2] 参见中国传媒大学《2017年数字音乐产业市场发展报告》，搜狐网，http://www.sohu.com/a/190713244_152615，最后访问时间：2018年3月11日。

我国网络音乐市场的现实困境与法律制度完善

场的现象。实力较强的网络音乐平台,纷纷掷重金以独家专有的方式采购音乐曲库,从而阻止同类竞争者掌握相同资源,以便形成强有力的差异化优势。倘若仅以独家专有形式采购、运营版权,本是市场交易主体的意思自治行为,且属于商业自由竞争的合理方式,并无问题。[①] 但国内网络音乐市场逐渐走向"独家版权+并购"的商业模式,网络音乐平台借此滥用手中掌握的独家版权,将差异化竞争转为压倒性的垄断优势。例如,腾讯将酷狗、酷我等占据国内市场领先地位的网络音乐平台,以及其他众多大型版权代理公司收购,合并成为腾讯音乐娱乐集团。目前,在我国的网络音乐市场上,腾讯音乐(拥有QQ音乐、酷狗、酷我三个网络音乐平台)已占80%的市场份额,网易云音乐约10%,其他网络音乐平台占剩余的10%,而腾讯音乐娱乐集团所掌握的网络音乐版权资源占据国内市场的90%。[②] 而以环球、索尼、华纳等三大唱片业巨头为代表的140多家国内外唱片公司,将1000多万首数字音乐版权,即词曲版权和录音制作权当中的信息网络传播权,全部被腾讯音乐娱乐集团以专有许可的方式获得。[③] 鉴于此,国内网络音乐市场形成了曲库高度集中的局面,网络音乐服务商将版权资源与市场份额紧密地绑定在一起。这种涉嫌滥用独家版权的商业行为,给国内网络音乐市场的秩序带来极大混乱。取得大量数字音乐独家版权的某一家网络音乐平台,不仅是版权的"使用者",更是版权的"管理者",既当运动员,又当裁判员,坐享版权专有许可权带来的竞争优势。即便掌握大量独家版权资源的网络音乐平台可以将手中的版权资源转授权给其他同业竞争者,但这种完全基于市场交易与权利自由的模式存在不确定性与不公平性。如在转授权时,掌握独家版权的服务商可以在任何时候选择不再转授权,直接切断版权供应,消灭竞争者;或者大幅抬高转授权的价

[①] 参见熊文聪《在线音乐独家版权的困局与出路》,知产力:http://news.zhichanli.cn/article/5912.html,最后访问日期:2018年3月11日。

[②] 参见《腾讯音乐占有中国总曲库的90% 但版权垄断将彻底毁掉音乐市场》,凤凰科技:http://tech.ifeng.com/a/20170908/44676954_0.shtml,最后访问日期:2018年3月1日,以及下文注10。

[③] 参见《QQ音乐发版权声明 数字音乐正版化全行业启动》,腾讯娱乐:http://ent.qq.com/a/20151102/038116.htm,最后访问日期:2018年3月1日。

格,将高额独家版权费以不合理的比例转嫁给其他平台;或者附加不合理的条件,采取限制播放终端范围、设置轻易的单方解除权以及巨额违约金等方式,限制竞争者的后续开发能力,并辅以打击侵权盗版的名义,迫使其他平台接受。

(二)网络传播渠道存在垄断危险

国内网络音乐平台滥用音乐版权独家专有许可交易模式"跑马圈地"的行为,必然会进一步加剧国内网络音乐传播渠道的垄断风险。实体唱片时代,基于实体音乐出版物发行、物权流转,以及录音制品法定许可制度的调节,音乐市场垄断问题并不突出。但在网络音乐占据绝对优势的我国音乐市场,网络音乐平台已成为最重要的传播渠道,音乐市场的法律关系主体也相应扩展为上游词曲作者、中游唱片公司和下游的网络音乐平台。潜在垄断的风险也由唱片公司转移到网络音乐平台,其可能与其上游权利人以专有许可的方式垄断后续的传播渠道,将版权利益的垄断表现形式从专有的录音制作发行许可合同,演化为专有的信息网络传播合同,形成传播渠道上的垄断可能。如,《2016 年中国在线音乐行业研究报告》中称:QQ 音乐、酷狗和酷我的版权音乐在整体版权音乐中占比均达到 90% 以上。[①] 公开信息显示,腾讯音乐向网易云音乐、太合音乐集团、唱吧、映客、快手以及 Apple Music、Spotify、KK-BOX 等十余家平台都转授过音乐版权。[②] 过度集中的曲库与过度单一的版权权利持有者,给市场带来了极大的不稳定性。近年来,各大网络音乐平台在独家版权资源的竞争中,迫于市场压力而不得不使用未授权曲库的内容,进而导致版权纠纷不断,而执法机构却无法找到合适有效的法律依据对独家版权垄断带来的恶性竞争进行规制,陷入了"(1)市场混战;(2)形成寡占;(3)协商失败、民怨暴起;(4)政府匆促介入;(5)楚河汉界、暂时妥协;(6)争议再起;(7)政府再次介入;(8)

---

① 参见艾瑞咨询《2016 年中国在线音乐行业研究报告》,http://www.iresearch.com.cn/report/2617.html,最后访问日期:2018 年 3 月 6 日。
② 参见《腾讯音乐版权转授方多达十余家,Apple Music 在列》,环球在线:http://www.kejixun.com/article/170831/367137.shtml,最后访问日期:2018 年 3 月 6 日。

偃旗息鼓、等待未来再战"的恶性循环。①

（三）音乐著作权集体管理组织被变相架空

从制度设计看，著作权集体管理组织将众多分散的著作权利集中起来，由该组织以集体的名义，代替分散且谈判能力相对较弱的音乐作品权利人进行授权、维权与权利管理活动，是一种符合音乐作品版权授权特点的管理模式。而我国音乐著作权协会作为国内唯一的音乐著作权集体管理组织，其影响力与规模庞大而活跃的网络音乐市场尚未完全适应，加剧了国内网络音乐服务商的版权割据。据此，网络音乐服务商不但可以独家掠夺音乐录音制品的版权，甚至可以争夺音乐词曲版权。某些网络音乐服务商绕开音著协，利用资本优势，大量购买上游音乐词曲、录音版权权利，变相行使集体管理的职能，垄断了音乐作品从生产、销售再到使用的各个环节。

三 国内著作权法亟须对网络音乐版权问题作出回应

国内网络音乐市场的现实困境，根本上是著作权法制度设计上的缺失与滞后。现行著作权法针对音乐作品的特定条款已远不能满足网络环境下数字音乐作品传播的特点，而著作权法中对音乐作品与录音制品潜在的权利滥用与垄断问题亦无任何制约。因此，针对我们网络音乐实践产生的突出问题，需积极推动著作权法修改予以正面回应。

（一）完善录音制品法定许可制度

我国现行著作权法规定："录音制作者使用他人已经合法录制为录音制品的音乐作品制作录音制品，可以不经著作权人许可，但应当按照规定支付报酬；著作权人声明不许使用的不得使用"。该条虽然明确了针对录音制品的制作，相关制作者可以享有法定许可制度的保障，但在

---

① 参见孙远钊：《2P（平台）相争、3Q 情景再现？——谈网络音乐平台服务的运营争议》，知产力，http://mp.weixin.qq.com/s/2ZYG2oq009XNT6FS45qjOA，最后访问日期：2018 年 2 月 26 日。

设计上仍存在一定缺陷，主要体现在以下两个方面：

首先，该条在表述上仅仅明确用合法录制的音乐作品"制作"其他录音制品的行为适用法定许可，而未明确是否涵盖后续的复制、发行、以及信息网络传播的行为。尽管最高人民法院为了避免出现只允许"制作"，而不允许"发行"局面的出现，明确了对本条"制作"一词的理解也应涵盖对录音制品的"复制"、"发行"行为，[①]但无论是司法机关还是立法者，都没有对该条是否延伸至"信息网络传播"行为进行过任何表态。但基于目前我国实体唱片业衰弱，音乐作品传播主要依靠网络的现实状况，法律应当将录音制品的法定许可延伸至互联网环境，确保音乐作品在无需获得额外许可的情况下自由地被不同表演者演绎，并有效防止网络音乐平台与音乐作品权利人签订独家版权许可协议。在这一问题上，美国已经提供了较为成熟的先例。[②]

其次，应当删除录音制品法定许可中"著作权人声明不许使用的不得使用"的但书条款。但书条款的设计，实际上打破了录音制品法定许可制度设计出的微妙平衡，将法定许可的实施决定权最终授予著作权人，实则丧失了"法定"的效力。在但书的前提下，只要第一家与音乐著作权人签订协议的唱片公司要求著作权人作出"其他唱片公司不许使用"的声明，则其他唱片公司不能再以法定许可的方式利用音乐作品制作唱片。这种使"法定许可"名不副实的但书规定，将直接影响音乐作品在互联网环境下的广泛传播。从比较法的角度看，除我国外，其他规定"制作录音制品法定许可"的国家都没有增加类似的"但书"。

（二）增加"录音制品专有许可限制"条款

在网络音乐占据绝对优势的市场环境中，网络音乐平台已成为最重

[①] 参见最高人民法院（2008）民提字第51号。
[②] 美国版权法第115（c）（3）（A）条规定，"本条中的法定许可包括授予法定被许可人通过符合'数字唱片传递'的数字传播方式发行，或授权发行非戏剧音乐会作品的录音的权利，不论该数字传递是否也构成第106（6）条中对录音的公开表演或是对第106（4）中音乐作品的公开表演。"详见：State of Marybeth Peters, United Sates of House of Representatives, 108th Congress, 2d session. "to describe the process whereby a consumer receives a phonorecord by means of a digital transmission. https：//www.copyright.gov/docs/regstat031104.pdf，最后访问日期：2018年2月26日。

要的传播渠道，法律关系主体也相应扩展为上游词曲作者、中游唱片公司和下游的网络音乐平台。在这样的情况下，如果只对音乐作品著作权人的权利加以限制，还不足以保障音乐作品被广泛传播，录音制品权利人还会通过专有权利的滥用形成新的阻碍。建立录音制品专有许可限制制度，对互联网环境下音乐作品的垄断具有限制与震慑作用。因此，我国著作权法中需增设录音制品专有许可限制条款。在具体的制度设计上，可以借鉴美国版权法中的类似条款，对互联网服务商获得录音制品专有许可的最长期限进行限制。具体而言，可在著作权法中新增一条，"音乐作品的录音制作者与表演者以专有形式许可他人通过信息网络向公众传播音乐作品的录音制品的，许可期限不得超过12个月"。

（三）加强和完善音乐著作权集体管理制度

网络环境下的音乐作品传播与使用，数量往往都是百万级、甚至千万级的级别。这使得音乐作品的使用者与权利人逐一核实权利并签订使用许可协议变得更加困难。传统的著作权集体管理模式，主要针对实体唱片时代的版权授权市场，而面对更加繁复庞杂的网络环境，其代表性与影响力均受到了挑战。大量音乐作品的权利人、网络音乐服务提供者，都设法绕开音著协进行单独议价与授权，一定程度上弱化了著作权集体管理制度，加剧了市场恶性竞争。因此，著作权法应当高度重视互联网领域集体管理的制度建设，进一步探索建立针对互联网音乐领域的延伸性集体管理制度，[1]从而使得网络音乐平台可以以相对公平合理的价格，便捷地从著作权集体管理组织通过一揽子协议的方式获得音乐作品的授权，从而将竞争的着力点放在服务上，而不是仅仅注重上游版权的争夺。

---

[1] 所谓延伸性集体管理，也称扩展性集体管理，是指在满足一定条件的情况下，集体管理组织与使用者签订的作品使用许可合同的效力不仅及于会员，也延及至非会员。只要作品的传播与利用进入了某一法域，或法域中的特定领域，则该作品的授权，可以自动被集体管理组织代表权利人行使。目前，部分北欧国家，如挪威、瑞典，实施有著作权的延伸性集体管理。

结 语

音乐作品作为人民群众重要的文化生活必需品，需要被广泛地传播和利用。只有客观、理性地看待我国网络音乐市场所面临的垄断风险和现实困境，有针对性地完善著作权制度，才能从根本上保障国内音乐市场良好的版权秩序，实现音乐作品创作者、录音制作者、网络音乐服务提供者以及大众消费者之间的利益平衡和互利共赢。

（责任编辑：张鹏）

Exterritorial Trends
域外动态

美国《澄清域外合法使用数据法》译文

张露予　译

（对外经济贸易大学法学院硕士研究生）

第101节　法律简称

本部分可称为《澄清域外合法使用数据法》或"CLOUD法"。

第102节　国会决定

国会决定如下：

（1）及时获取由通信服务提供者持有的电子数据是政府保护公共安全和打击严重犯罪行为（包括恐怖主义）的核心举措。

（2）若美国政府不能获得那些储存在境外，但受美国管辖的通信服务提供者所监管、控制或拥有的数据，那么美国政府保护公共安全和打击重大犯罪的能力将被削弱。

（3）为了打击严重犯罪行为，外国政府也越来越多地需要获取美国通信服务提供者持有的电子数据。

（4）当外国政府要求通信服务提供者提交美国法律可能禁止披露的电子数据时，通信服务提供者的域内外法律义务将产生潜在的冲突。

（5）依据《美国法典》第18卷第121章（通称为《存储通信法》）的规定，要求披露外国法律禁止通信服务提供者披露的电子数据，同样可能会造成类似的法律义务冲突。

（6）若美国与相关外国政府对法治、保护隐私和公民自由作出共同承诺，那么国际协议可提供解决潜在法律义务冲突的机制。

第103节　记录的保存；法律程序的礼让分析

(a) 要求保存与披露通信和记录。

（1）修订——《美国法典》第 18 卷第 121 章在末尾增添以下修订内容：

"§2713．要求保存与披露通信和记录

"无论通信、记录或其他信息是否存储在美国境内，电子通信服务和远距离计算服务提供者均应当按照本章所规定的义务要求，保存、备份或披露关于用户或客户的有线或电子通信内容、所有记录或其他信息，只要上述通信内容、记录或其他信息为该服务提供者所拥有、监管或控制。"

（2）条款目录——《美国法典》第 18 卷第 121 章的条款目录，在第 2712 节之后插入如下内容：

"2713．要求保存与披露通信和记录"

(b) 获取有线或电子通信内容的法律程序的礼让分析——《美国法典》第 18 卷第 2703 节在末尾增添如下修订内容：

"(h) 获取有线或电子通信内容相关法律程序的礼让分析和信息披露

"（1）定义——在本条中——

"（A）"适格外国政府"是指一个外国政府——

"（i）依据第 2523 节与美国签署一个生效的行政协定；以及

"（ii）其法律为电子通信服务提供商和远程计算服务提供商提供类似于第（2）款和第（5）款规定的实质性和程序性机会；以及

"（B）"美国人"一词具有第 2523 节规定的含义。

"（2）撤销或变更的动议——（A）当一个向公众或远程计算服务（包括境外电子通信服务或远程计算服务）提供电子通信服务的提供者需依本节法律程序要求披露用户或客户的有线或电子通信的内容时，当其合理地相信如下情况，该提供者可提出撤销或变更法律程序的动议——

"（i）客户或用户不是美国人，并且不居住在美国；以及

"（ii）所要求的披露将会使提供者面临违反适格外国政府法律的实质性风险。此类动议应在提供者进入法律程序之日起 14 天内提交。若缺少政府协议或经法院允许，可依据 14 天内提出的申请延长期限。该

提起撤销的权利不妨碍基于其他理由撤销法律程序或提出抗辩，但其是因域内与"适格外国政府"有关的法律冲突而撤销法律程序的唯一理由。

"（B）在收到依据（A）项提出的动议后，法院应当给予根据本节申请或签发法律程序的政府实体进行回应的机会。法院只有在认定以下情形后，才可酌情修改或撤销法律程序——

"（i）披露义务将会导致提供者违反"适格外国政府"的法律；

"（ii）基于该个案的所有情况，为维护正义，该法律程序应当被修改或撤销；以及

"（iii）客户或用户不是美国人且不在美国居住。

"（3）礼让分析——为依据第（2）（B）（ii）款作出决定，法院须酌情考虑——

"（A）美国利益，包括寻求披露的政府实体的调查利益；

"（B）适格外国政府防止任何违禁披露的利益；

"（C）由于服务者未满足法律要求，对服务者及其雇员的处罚的可能性、程度和性质；

"（D）被获取通信内容的用户或客户的位置和国籍（若能知晓），以及用户或客户与美国发生关联的性质和程度，或若依据第3512节规定为外国行政机构利益而启动法律程序时，用户或客户与外国行政机构所在国发生关联的性质和程度；

"（E）提供者与美国的联系及存在的性质和程度；

"（F）调查所需披露的信息的重要性；

"（G）通过产生更小严重消极后果的手段，实现及时有效地获取所需披露的信息的可能性；以及

"（H）提出协助请求的外国执法机构的调查权益，若根据第3512节为外国行政机构的利益而启动法律程序。

"（4）动议未决期间的披露义务——在依据本条提出的获取信息的动议未决期间，服务提供者应保留信息，但不负有出示信息的义务，除非法院认为立即出示信息对于防止出现第2705（a）（2）款中认定的不利结果确有必要。

"（5）对适格外国政府的披露——（A）依据本节规定，向受第 2523 节行政协议指定的适格外国政府实体披露存在获取该适格外国政府国民或在该国居住的用户和客户的有线或电子通讯内容的法律程序的事实，并不违反依据第 2705 节对向公共或远程提供计算服务的电子通讯服务提供者签发的保护令。

"（B）本款任何规定不得解释为以变更或以其他方式影响任何其他行政机构提出变更或撤销依据第 2705 节发布的保护令的动议为目的。"

"（C）解释规则——本节中的任何内容或对本节所作的修改均不得解释为变更或以其他方式影响那些通过其他强制程序类型或根据《美国法典》第 18 卷第 2703 节所发布的强制程序实例下获得和适用礼让的普通法标准。《美国法典》第 18 卷第 2703 节发布的强制程序依据本节修订，但不受第 2703 节（h）（2）款调整。

第 104 节　现行通信法的补充修正

《美国法典》第 18 卷修订如下——

（1）在第 119 章——

（A）第 2511（2）条，在文末增添以下内容：

"（j）依据本章的规定，向公众或远程计算提供计算服务的电子通信服务的供应商依据来自外国政府的命令而拦截或披露有线或电子通信的内容不违法。如果该命令为根据第 2523 节的规定，由司法部长认定并向国会认证的行政协定所调整。"以及

（B）在第 2520（d）条中，将第（3）款修改如下：

"（3）本卷第 2511（3）条、2511（2）（i）条或 2511（2）（j）条中准允的被申诉行为的善意认定；"

（2）在第 121 章——

（A）在第 2702 节——

（i）在（b）条中——

（I）在第（8）款中，在末尾插入句号，并插入"；或"；以及

（II）在文末增添以下内容：

"（9）对外国政府，根据第 2523 节规定，由司法部长认定并向国会认证的行政协定所调整的外国政府命令"；以及

(ii) 在（c）条中——

（I） 在第（5）款中，在文末删去"或"；

（II） 在第（6）款中，在文末插入句号，并插入"；或"；以及

（III） 在文末增添以下内容：

"（7）对外国政府，根据第2523节规定，由司法部长认定并向国会认证的行政协定所调整的外国政府命令"；以及

（B） 在第2707（e）条中，将第（3）款修改如下：

"（3）本卷第2511（3）条、2511（2）（i）条或2511（2）（j）条中准允的被申诉行为的善意决定；"

（3） 在第206章——

（A） 在第3121（a）条中，在文末句号之前插入以下内容："或来自依据第2523节规定，由司法部长认定并向国会认证的行政协定所调整的外国政府命令"；以及

（B） 在第3124节——

（i） 修改（d）条如下：

"（d）依据本章，提供者披露信息的行为不存在诉由——依据本章，任何法院均不得认为有线或电子通信服务的提供者，包括其高级职员、雇员、代理人或其他提供信息、设施或协助的特定人员的行为存在诉由，只要这一行为是根据本章的法院命令做出，或是依据本篇第3125节的规定做出，或是由满足第2523节规定，由司法部长认定并向国会认证的行政协定所调整的外国政府命令做出。"以及

（ii） 修改（e）小段如下：

"（e）辩护——根据本章对法院命令的善意信赖，根据本卷第3125节的请求，立法授权、法定授权，或是由外国政府命令所许可的被申诉行为的善意决定，是针对依据本章或任何其他法律提起的任何民事或刑事诉讼的完整抗辩。其中，上述外国政府命令是满足第2523节规定，由司法部长认定并向国会认证的行政协议所调整的外国政府命令。"

第105节 外国政府获取数据的行政协议

"（a）一般性规定——《美国法典》第18卷第119章修改如下：

"§2523 外国政府获取数据的行政协议

"（a）定义——在本节中——

"（1）"对永久居留的合法承认"一词的含义依《移民与国籍法》（8 U. S. C. 1101 (a)）第 101 节（a）条的规定；以及

"（2）"美国人"一词是指美国公民或国民、合法承认为永久居民的外国人、大量成员是美国公民或拥有合法承认的永久居留权的外国人的非法人团体，或在美国注册成立的法人。

"（b）行政协定的要求——就本章、第 121 章和第 206 章的目的而言，依据本章、第 121 章和第 206 章规定的外国政府获取数据的行政协议应被认为符合本节的要求，若司法部长经国务卿的同意做出认定、并向国会提交该认定的书面认证，包括书面认证以及对第（1）、（2）、（3）、（4）款每一款中对价的解释——

"（1）在考察受该协议约束的外国政府的数据收集和行为下，外国政府的国内立法（包括对其国内法的执行）提供了对隐私和公民权利的强有力的实质性和程序上的保护，如果——

"（A）在本节中，该认定的作出酌情考虑可靠的信息与专家意见；以及

"（B）在作出认定时要考虑的因素包括外国政府——

"（i）在网络犯罪和电子证据方面，是否拥有充分的实质性和程序性法律，如为 2001 年 11 月 23 日在布达佩斯完成、并于 2004 年 1 月 7 日生效的《网络犯罪公约》的缔约方，或根据其国内法是否符合公约第 1 章和第 2 章的定义与要求；

"（ii）表明对法治和非歧视原则的尊重；

"（iii）遵守可适用的国际人权义务和承诺，或展现出对国际基本人权的尊重，包括——

"（Ⅰ）保护隐私免于肆意和非法的干涉；

"（Ⅱ）公平庭审的权利；

"（Ⅲ）表达、结社和平游行的自由；

"（Ⅳ）禁止肆意逮捕和监禁；以及

"（Ⅴ）禁止酷刑和残酷的、非人道或贬低人格的待遇和惩罚；

"（iv）对允许通过行政协议授权获取数据的外国政府实体行为而

言，有清晰的法律要求和程序，包括这些实体收集、获取、使用和共享数据的程序，以及对上述活动进行有效监管；

"（v）有充分的机制确保外国政府收集和使用电子数据的可问责性并提供适当的透明度；以及

"（vi）表明推动和保护全球信息自由流动，以及维护互联网开放、分布式、互联本质的承诺；

"（2）根据协议，该外国政府应采取适当的程序，最小化涉及美国人的信息获取、留存和散布；以及

"（3）协议的条款不应规定提供者具有解密数据能力的义务或限制供应商解密数据；以及

（4）就任何受协议约束的命令而言，协议规定如下——

"（A）外国政府不得有意地将美国人或位于美国境内的个人作为目标，且必须采取满足该要求的目标锁定程序；

"（B）外国政府不得以处于美国以外的非美国人为目标，获取有关美国人或位于美国的个人的信息；

"（C）外国政府不得应美国政府或第三国的请求或者为获取提供给美国政府或第三国政府的信息而发布命令，也不得要求外国政府分享任何其和美国政府或第三国政府共同产生的信息；

"（D）外国政府发布的命令——

"（i）应与预防、侦察、调查或起诉严重犯罪行为（包括恐怖主义）相关；

"（ii）作为命令的对象，应明确特定的个人、账号、住址，或个人设备，或任何其他特定的标识物；

"（iii）应符合该国的国内法律，并且电子通信服务或远程计算服务提供者提交数据的任何义务应完全来自该法律；

"（iv）应遵循合理理由的要求，该合理理由依赖于清楚表达的、可信的事实，在调查相关行为的特定性、合法性，以及严重性；

"（v）在命令执行前和命令执行时，应受法院、法官、治安法官或其他独立机构的审核或监督；以及

"（vi）就拦截有线或电子通信及其任何相似物的命令而言，要求

该拦截命令——

"（I）有固定、有限的期限；以及

"（II）持续时间不得超过完成命令的相应目的所需要的合理时间；以及

"（III）只有在通过另一种较不干扰的方法无法合理获得相同的信息的情况下，才能发布；

"（E）外国政府发布的命令不得用于侵犯言论自由；

"（F）外国政府应立即审查依据协议收集的材料，并将未经审查的通信存储在一个安全的系统中。该系统只有经过使用程序培训的人员才能访问；

"（G）外国政府应尽最大可能使用符合1978年《外国情报监视法》（50 USC 1801）第101节关于最小化程序的定义的程序，隔离、封存或删除，以及不传播那些不被认为是与预防、侦查、调查或起诉严重犯罪行为（包括恐怖主义）相关联的信息，或有必要了解或评估上述信息的重要性，或有必要保护任何人免受死亡或严重身体伤害的威胁；

"（H）外国政府不得向美国行政机构传播美国人通信的内容，除非根据（G）项传播通信，并且其与对美国或美国人的重大伤害或重大伤害威胁相关，包括涉及国家安全的有关犯罪行为，如恐怖主义、重大暴力犯罪、剥削儿童、跨国有组织犯罪，或重大财务欺诈；

"（I）外国政府应提供数据获得的互惠权利，在适当情形，包括取消对通信服务提供者（包括受美国管辖权的服务提供商）的限制，并允许其回应政府实体所适用的有效法律程序（如第2711节所定义的），即使外国法律另行禁止通信服务提供者披露数据；

"（J）外国政府应同意定期审查外国政府遵守美国政府协议条款的情况；以及

"（K）当美国政府认为协议可能被不当援引时，美国政府保留认定协议对命令不适用的权利。

"（c）司法审查的限制——由司法部长依据（b）条作出的认定或认证不应受司法或行政审查。

"（d）认证的生效日期。

"（1）通知——在司法部长依据（b）条认定行政协议后的7天内，司法部长需依据第（b）条规定通知该决定并提供行政协定副本给国会，包括——

"（A）参议院司法委员会和外交关系委员会；以及

"（B）众议院司法委员会和外交事务委员会。

"（2）生效——由司法部长认定并证明符合本节要求的行政协议应在不早于依据（1）款的规定提供通知的180天后生效，除非国会依据第（4）款作出联合决议不予批准。

"（3）对信息的索取——依据第（1）款所述的国会委员会主席或首席成员的要求，机构负责人应及时提供在认定外国政府命令符合规定时所考虑因素的摘要。

"（4）国会审议——

"（A）联合决议的定义——在本款中，"联合决议"术语仅指下列情形中的联合决议——

"（ⅰ）在第（2）款所述的180日内提交的；

"（ⅱ）没有序言；

"（ⅲ）其标题为："否决美国和＿＿签署的行政协议的联合决议"，空白处填写适当的内容；以及；

"（ⅳ）解决条款之后的事项如下："国会否决司法部长就＿＿＿提交的＿＿＿访问某些电子数据的行政协定"，空白处填写适当的内容。

"（B）联合决议生效——尽管有本节的其他规定，但依据第（1）款，如向国会提交通知日起不超过180天内，否决本节下的行政协议的联合决议被制定为法律，该行政协议不应生效。

"（C）提交讨论——在（B）项所述的180天内，否决行政协定的联合决议可提交讨论——

"（ⅰ）在众议院中，由多数党领袖或少数党领袖；以及

"（ⅱ）在参议院，由多数党领袖（或多数领导人的指定人）或少数党领袖（或少数党领袖的指定人）。

"（5）众议院的席位审议——如果将否决行政协议的联合决议提交到众议院的委员会进行讨论，委员会在120天内并未报告该联合决议，

该委员会将被从联合决议的进一步审议中除名。

"（6）参议院审议——

"（A）提交委员会进行讨论——参议院提出的否决行政协定的联合决议应当同时提交——

"（i）司法委员会；以及

"（ii）外交关系委员会。

"（B）报告与除名——如果一个委员会在否决行政协议的联合决议提交讨论后120天内没有报告该联合决议，则该委员会将被从联合决议的进一步审议中除名，并且应为联合决议安排合适的时间。

"（C）审议程序——在司法委员会和外交关系委员会均向参议院报告否决行政协定的联合决议，或司法委员会和外交委员会从被进一步审议中除名（尽管前一个产生同样效果的动议并未被同意）后，应继续审议联合决议，并且所有针对联合决议（以及针对联合决议审议）的问题不分次序。动议不容争议且不能被延后。重新考虑审议表决的议案，无论被通过或驳回，都不符合规则。

"（D）参议院审议——在参议院，对联合决议的审议，以及与此有关的所有有争议的动议和上诉，应限制在不超过10小时的时间内，并应平等地分配给那些赞成和反对联合决议者。进一步限制辩论的动议是符合程序的，无可辩驳的。对其他事项进行变更或推迟的动议，或对其他事项进行审议的动议或重新提出联合决议的动议不符合程序。

"（E）对否决信息的审议——参议院就任何否决行政协定的联合决议（包括与联合决议有关的所有有争议的动议和上诉）的否决意见辩论应限于10小时之内，平等地由多数党领袖、少数党领袖或其指定人员分担，并由他们管控。

"（7）有关参议院和众议院的规则——

"（A）众议院中参议院联合决议的处理——在众议院中，下列程序适用于从参议院收到的否决行政协议的联合决议（除非众议院已通过了关于同一拟议决定的联合决议）：

"（i）联合决议应提交适当的委员会讨论。

"（ii）如果该委员会在联合决议提交讨论的7天内并未对该联合决

议进行报告，该委员会将被从联合决议的进一步审议中除名。

"（ⅲ）自众议院各委员会提交对联合决议的报告或被从进一步审议中除名的第三个立法日开始，应在众议院中进一步审议联合决议。所有关于动议的问题不分次序。在众议院处理过动议并继续审议联合决议后，此类动议不应成立。前面的问题应被视为是按照通过动议排序，并不存在干预动议。该动议不容争议。不应由于动议的组成而提出重新考虑审议表决的动议。

"（ⅳ）联合决议应视为已阅读。关于联合决议及其审议的所有问题不分次序。除联合决议发起人（或指定人）和反对者平等分配和控制的2小时辩论以外，上一个问题应视为在联合决议中按照最后通过的联合决议排序，并不存在干预动议。不应提出重新考虑联合决议通过表决的动议。

"（B）参议院对众议院联合决议的处理——

"（ⅰ）如果在参议院通过否决的联合决议之前，参议院从众议院收到相同的联合决议，则适用下列程序：

"（Ⅰ）该联合决议不提交给委员会。

"（Ⅱ）关于该联合决议——

"（aa）参议院的程序应与未收到众议院联合决议相同；但

"（bb）通过投票应以众议院的联合决议为基础。

"（ⅱ）如果在参议院通过否决的联合决议后，参议院从众议院收到相同的联合决议，那么联合决议应放在适当的参议院日程上。

"（ⅲ）如果从众议院收到否决的联合决议，并且参议院没有提出相伴随的联合决议，参议院依据本款的程序应适用众议院联合决议。

"（C）税收措施的应用——本段的规定不适用于众议院否认税收措施的联合决议。

"（8）众议院和参议院的规则——本条由国会制定——

"（A）作为参议院和众议院分别行使规则制定权，以及因此被分别视为是每一议院规则的一部分，并且仅在与其他规则不一致的范围内，取代其他规则；以及

"（B）在任何时候，以同样的方式，并与该议院其他规则修改的相

同程度下，充分认可任一议院均有在修改规则的宪法权利（甚至包括该议院相关的程序）

"（e）认定的更新。

"（1）一般性规定——司法部长在征得国务卿的同意后，应每 5 年更新在依据（b）款项下的认定。

"（2）报告——在依据（b）款重新作出认定后，司法部长应向参议院的司法委员会和外交关系委员会，以及众议院的参议院委员会和外交事务委员会提交报告，该报告阐述如下事项——

"（A）更新理由；

"（B）自最初的认定以来，或在第二次或其后更新的情况下，自从上次更新以来，该协议或外国政府的有关法律或程序的任何实质性修改；以及

"（C）该协定是如何实施的，以及如有，因该协议或其实施情况而产生的问题或争议。

"（3）不予更新——如果依据第（1）款不再更新认定，则不再认为该协议符合本节的规定。

"（f）协议的修订——在本节中，依本节的立法目的，协议的修订应当被视为一个新协议，并应当符合（b）条的认证要求并满足（d）条的程序，除了基于以下目的修订的协定——

（1）在（d）条（2）、（4）（A）（i）与（4）（B）款中的适用期限是在（d）（1）款规定的通知后的 90 天；以及

（2）（d）条（5）与（6）（B）款中的适用期限是在（d）（1）条中规定的通知后的 60 天。

"（g）公布——依据本节规定，依据（b）款针对行政协议作出的任何决定或认证，包括对该协议的终止或更新，应尽快在合理可行时在联邦登记册上公布。

"（h）程序最小化——依据本节行政协议的有关规定，从外国政府处收到第（b）（4）（H）款所述的通信内容的美国机构应尽最大可能使用满足 1978 年《外国情报监视法》（50 USC 1801）第 101 节最小化程序定义的程序。以适当保护与美国人相关的非公开可获得的信息。

（b）条款目录的修订——《美国法典》第 18 卷第 119 章的条款目录，在第 2522 节后插入以下修订内容：

"2523. 外国政府获取数据的行政协议"

第 106 节　解释规则

本法或本法的修正案均不得解释为阻止任何外国机构在刑事调查或指控中依据《美国法典》第 18 卷第 3582 节、第 28 编第 1782 节的规定或其他法律规定获得协助。

（译校：孙南翔）

Contents and Abstracts

On Basic Concepts of Network Security Law

Shou Bu

Abstract: A law should be self-consistent. However, the Network Security Law of China has not fulfilled self-consistent. The contents of personal information protection and illegal information control are not included in the extension of "network security" defined by the Network Security Law. The International Standards of ISO/IEC 27032: 2012 define four terminologies about cyberspace, cybersecurity, cybersafety and cybercrime. If take these definitions as the logical starting point, we can clearly distinguish cybersecurity from the other five easily-confused terminologies, including information security, application security, network security, Internet Security and critical information infrastructure protection. Thus, we can construct the logic system of cybersecurity law of China, which meet the requirements of self-consistent.

Key Words: Network; Network Security; Cyberspace; Cybersecurity; Cybersafety; Cyber

Boundaries of ISP's Obligation in Assisting Law Enforcement: from the Perspective of Personal Data Protection

Pei Wei

Abstract: In the era of internet, internet service providers (ISP) undertake trifurcate roles: commercial body, agent of citizen's fundamental rights, and agent of government power. These roles interact with each other and confine the scope of the ISPs obligation in assisting law enforcement. On the one hand, under the framework of the interaction between citizen's rights and state power, the assisting obligation should be confined within the legitimate scope of state power, which is first and foremost restricted by fundamental human rights in accordance with the principle of proportionality. On the other hand, the commercial nature of ISPs demands that the obligation should not fundamentally infringe the purpose of profit maximization, which is mainly embodied in three aspects: economic cost, customer's confidence, and market globalization. Seven specific principles derive from the two perspectives to draw boundaries of the ISPs in assisting law enforcement.

Key Words: Internet Service Provider; Concurrence of Roles; Assisting Law Enforcement; Principle of Proportionality; Economic Purposes

Research on the anti- assignment clauses of the internet service terms
Liu Ming

Abstract: In modern marketing environment, transformation of virtual property has become more common. But in the service term of ISPs, transformation of virtual property is always under an embargo. Virtual property is a bundle of contract rights essentially, so the validity of anti- assignment clauses should reference to the contract law and consumer protection law. In somecases, anti- assignment clauses have a commercial and lawful reasonable basis, so that clause are not fully violate the law. To protect the property owners' right to disposing, the law should set three requirements of validity for the anti- assignment clauses: legally, commercial reasonable basis, and actual effect standards. The legal effect of anti- assignment clauses can only take effect to the contract parties and malicious assignee.

Key Words: Srvice Terms; Virtual Property; Anti- assignment Clause; Transaction of Virtual Property

On Private Intervention Obligations Based on Public Law: Discussion of the Justification of the Responsibility of Network Group Management

Zhang Liang

Abstract: As an important form of modern state governance, the obligation of private intervention is essentially a mode of public-private cooperation that interferes with the administration. First, efficiency should be used as the basis for legitimacy, and at the same time, it should be consistent with the constitutional requirements that the administrative tasks can be transferred and the state's public power can not be transferred. Retain the country's performance responsibilities. Second, since the obligation of private intervention is a kind of coercive force, only one third person who has considerable control over the harm to the order can be legislated to be an obligor responsible for the actions of others. Finally, the obligations that are required of private individuals based on public interests should be limited and subject to formal and substantive legitimacy. In the Internet era, the application of private intervention obligations has become increasingly generalized, and network group management responsibilities are typical. Public-private partnership is the basic feature of network administrative law. It is necessary to actively introduce private participation in network governance, clarify the regulatory elements of the responsibility of governance entities, treat the creation of private intervention obligations prudently, and avoid excessive private obligations and the escape of state administrative responsibilities.

Key Words: Private Intervention Obligations; Public-Private Partnerships; Network Governance; Obligations of Administrative Law

The Dual Logic of Internet Platform Regulation and Its Reflection

Xu Ke

Abstract: With the rise of the platform economy, various countries around the world have changed their attitude of "platform neutrality" and the regulation of platforms has been increasingly strengthened. There are underlying causes of this trend. From the perspective of the platform and government, the platform has been the "new center" on the decentralized Internet, which becomes the key node of government regulation. From the perspective of the platform and Internet users, the platform has the "quasi-legislative power, quasi-executive power and quasi-judicial power" over users, by the advantages of architecture and the commercial need to create the business ecology and to develop the market. It is derived by the dual logic that "government regulates the platform and the platform regulates the other subjects". However, this linear structure of "government-platform-user" may be violate the principles of rule of law, such as "reservation of law", "functional reservation" "proportionality" and "forbidding the public responsibility escaping to private relations". As such, this top-down regulatory approach should be adjusted in due course. By learning from multi-stakeholder governance model, the new pattern will be established, which is the co-regulation of government, platforms, and other subjects.

Key Words: Platform Economy; Internet Platform; Centralize; Private Power

The Collaborative Governance Mode of Internet Platform Economy
Wei Xiaoyu

Abstract: The Internet Platform Economy is a material market, having web structure and complicated interest conflicts, which make the regulation tasks complex. Under this background, the "Collaborative Governance" mode which is based on the theory of "polycentric governance" corresponds to the Internet Platform Economy. This mode can reach the interests balance among public advantages, industry development and citizens' rights safeguard through negotiation, communication and agreement. The mechanism of collaborative governance mode has three elements: polycentric institutional supply, collaborative institutional implement and diversified institutional supervision and evaluation. In the governance system of Internet platform economy, the collaborative governance mode and other modes coexist harmoniously and interactively to make the governance structure organic and united.

Key Words: Internet; Platform Economy; Collaborative Governance; Government Regulation; Polycentric Governance

Study on the Tort Liability of Car Platform in Traffic Accident

Yu Tingting

Abstract: The law status of car-hailing platform varies with the different models of car-hailing service, and the form of liability in traffic accidents varies depending on its legal status. In terms of quartet protocol model, platform is the lessee of the car, and also the employer of the driver. There exist dominant control between platform and the car as well as the driver. Moreover, platform is the owner of operating interest. As a result platform must bear vicarious responsibility; In terms of business cooperation model, private car owner is the carrier, but the platform is not a simple intermediator simply, it has security obligation to the passenger and the third party in traffic accident and needs to bear proportional liability rather than supplementary responsibility.

Key Words: Car-hailing platform; the Carrier; Security Obligation; Vicarious Liability; Proportional Liability

The Rule of the Consent by Users in Personal Data Protection: Problems and Solutions

Fang Yu

Abstract: Although the rule of the consent by users, which based on the principle of autonomy of will and the principle of equity and free will, is a reasonable statutory rule, and it has been highly applied and agreed in the lawmaking of personal data protection, is a reasonable statutory rule, it doesn't perform well in practice. Therefore, we need to balance the Internet industry development and the protection of personal data, by adjusting the range of personal data and changing the distribution of the rights and obligations between the ISP and users, as well as designing the mechanism of shifting of burden of evidence, to make the rule of the consent by users more reasonable and maneuverable.

Key Words: Personal Data Protection; Consent by Users; Rules; Improvements

International Conflicts in Terms of Cross-border Data Transfer Restrictions and Corporate Responses

Deng Zhisong, Dai Jianmin

Abstract: Against the backdrop of economic globalization and the rapid development of Internet technology, cross-border data transfered by companies are common practice which occurs frequently. At the same time, countries based on data sovereignty, have different legal restrictions on cross-border data transfer, which gave arise to international conflicts. With the implementation of the *Cybersecurity Law of the People's Republic of China*, such international conflicts have imposed more stringent compliance and challenges on companies' international operations. Relevant companies should enhance their understanding on the regulations on data cross-border transfer in different jurisdictions, examine the requirements for localization of data storage, establish an internal data security assessment mechanism, and cooperate with preventive work concerning data cross-border transfer during administrative supervision and court litigation.

Key Words: Data Cross-border Transfer; International Conflicts; Corporate Responses; Data Localization

Data Usage Rules in Data Commercialization from the Perspective of Data Attributes

Wang Lei

Abstract: With the further expansion of the Internet, more and more information is gathered on the form of data in the Internet. Big data has the characteristics of large volume, large category and low value density. The development of data-based analysistechnology makes it possible to utilize such a large amount of data resources, so the commercialization of data is inevitable. Business practice in the use of data are mainly in the following areas: Identity information data, Users' behavioral data and User Generated Content. The main problems of data commercialization are data commercialization rules, the interests balance between personal information protection and data utilization, and the boundary between information flow and unfair competition. Facing these problems, it is necessary to adjust the interests of all parties on the basis of data industry and the commercial cost, summarize the experience from relevant cases and find the appropriate way to commercialize the data.

Key Words: Data Commercialization; Data Interests; Data Utilization; Unfair Competition

The Right to be Forgotten in the Cyber Society

Zheng Zhifeng

Abstract: With the help of the digital technology and the globalization of the network, Memories become the norm, forgetting became the exception, the digital age of "never forgets" has arrived. In this context, the EU put forward the right to be forgotten, which is very practical and necessary. The right to be forgotten is rooted in the existing framework of EU data protection, and blend in the new background of the digital age, but it is not a new rights in essence. US and EU have divided opinions on the right to be forgotten. The former argue that the implementation of the right to be forgotten is bound to have a chilling effect on freedom of speech, and behind the reaction is the difference of between their treatment with the personal privacy protection. In practice, the right to be forgotten also face many problems, including the definition the effectiveness of content and scope, application of public figures, censorship system, and the allocation of the duty to inform etc. Network globalization makes the right to be forgotten beyond the geographical boundaries, and all countries need to deal with the problem. China, as the emerging internet development country, should reasonably define its legal position and concrete structure based on the the advanced experience of the EU.

Key Words: the Right to be Forgotten; the Right to Privacy; Freedom of Speech; the Right to Personal Information

Legal Analysis on the Review and Revision of the International Telecommunication Regulations (ITRs)

Wang Chunhui

Abstract: ITU Council Working Group Meeting (CWGs) and the Second and the Third Meetings of the Expert Group on International Telecommunication Regulations (EG-ITRs) were held in Geneva in September, 2017 and January 2018 in Switzerland, undertaking a review of the 2012 ITR. ITR is an important multilateral treaty of international telecommunications. The review and Re-revision of ITR not only involves the function and positioning of ITR in the new trend of Global Telecommunication but also involves major issues such as the change of ITU's function in the future. This paper makes a detailed analysis of the proposals made by some member states at the second meeting of the ITR Expert Group. The paper also analyzes the main points of the representatives of the Member States and the main problems faced by ITR under the new trend of International Telecommunication. The "two propositions" and "three proposals" proposed by the Chinese government at the third meeting of the ITR Expert Group are presented. Meanwhile, some suggestions on the applicability and Re-revising of ITR in the new trends of International Telecommunications are put forward.

Key Words: ITU; ITRs; Legal Analysis; Telecommunication Network Security; Privacy Protection; Review & Re-revision on ITRs

Cyber and Information Law Research Institute Construction and Development Report (2004-2017)

Zhou Hui

Abstract: At present, the Internet is experiencing a profound process of integration with the economy, culture and society, especially under the guidance of strategies to promote cybersecurity and informationization, promote the implementation of the national big data strategy, and accelerate the construction of "Digital China". The study of cyber and information law has ushered in new opportunities for development, but also facing higher requirements of the times. The construction of cyber and information law research institutions has extremely important significance for frontier theoretical research, discipline construction and personnel training. The purpose of this report is to sort out the current situation of the construction and development of cyber and information law research institutions, identify problems and make recommendations, so as to facilitate the development of cyber and information law research.

Key Words: Cyber and Infornation Law; Legal Research Institute; Discipline Construction

The Plight of China's Online Music Market and Its Legal and Policy Reform

Zhao Yizhou

Abstract: Owing to the government's endeavors on anti-piracy and intensive investment from deep-pocket industry players, China now has one of the most active and diversified online music markets in the world. However, China's music market is in a new predicament due to the fierce competition and malicious monopoly on copyright resources launched by the music platforms. The current copyright law system which lags behind the internet technology development and new market demands has deepened such adverse effects. Music has its own particularity and thus needs more targeted copyright law system in order to balance the interests between the copyright holders and the public interest and this need becomes more imperative in the fast-changing internet era. China's music market requires a legal and policy reform to suppress abuse of exclusive rights on musical works and sound recordings, improve the statutory licensing system and strengthen the power of collective management organizations. Only in this way, can a fair and sustainable music market be built in China.

Key Words: Online Music Market in China; Music Copyright; Exclusive Right; Statutory Licensing; Collective Management Organizations; Monopoly

The Translation of U. S. "Clarify Lawful Overseas Use of Data Act"
Zhang Luyu

《网络信息法学研究》
征稿启事

为推进互联网法治建设,提升互联网信息法学研究水平,推进中国特色新型智库建设,推动相关优秀成果的现实转化,《网络信息法学研究》现面向社会公开征文,诚邀国内外专家学者踊跃投稿。

一 概要

中国网络与信息法学研究会是中国法学会直属的全国性一级研究会,是中国网络与信息法研究的核心和中坚力量。《网络信息法学研究》作为中国网络与信息法学研究会会刊,汇集国内外网络信息法领域理论性、前瞻性、创新性研究成果,引领、推动、服务中国网络信息法发展。

二 主题

本刊注重对网络发展突飞猛进背景下网络与信息领域的法治研究,探讨解决理论与实务界的最新问题,交流国内外最新理论研究成果及实践经验。辑刊的栏目设置有:共享经济与政府规制、个人信息保护、网络信息内容监管、互联网全球治理等。欢迎有独立见解、反映网络信息法学最新理论与实务动态的文章。

三　投稿要求

1. 稿件内容应与网络信息法学密切相关，要求学术主题明确，结合实务，具备创新理念，符合学术规范。

2. 作者信息须完整准确，包括姓名、中英文工作单位、学位、职称、通信地址、邮编、联系电话及电子信箱；文章为得到基金项目资助的，请注明。

3. 论文类稿件一般应在 8000 字以上（含脚注），须有英文标题、200 字左右的中英文摘要、3—5 个中英文关键词。摘要应简明扼要地陈述文章内容，不宜用"我认为"、"本文认为"等写法，不加注释和评论。

4. 论文引证体例参见《网络信息法学研究体例规范》。

5. 投稿采用电子版形式。来稿一律不退，请作者自留底稿；凡投稿三个月内未收到用稿通知的，即为不予采用。

6. 对拟采用稿件，在尊重作者原意的前提下，本刊有权进行技术处理。作者如不同意，请在来稿时书面声明。

7. 本刊鼓励首发，反对抄袭、剽窃等侵犯他人著作权的行为。由此给本刊造成不良后果的，本刊将追究责任。

四　联系方式

投稿信箱：cyberlawjournal@126.com（长期有效）
来稿邮件标题格式：作者姓名+作者手机号+稿件题目

中国法学会网络与信息法学研究会
《网络信息法学研究》编辑部
2017 年 7 月 31 日

附

《网络信息法学研究》体例规范

一 篇章结构与标题

书稿篇章的设置须逻辑紧密、结构合理、层次清晰,标题序码一律用中文标示,如:第一编、第一章、第一节;节下如有小标题,标题序码仍用中文,如:一、二、三……;再下面的标题序码,依层次分别用(一)(二)(三)……,1. 2. 3.……,(1)(2)(3)……标示。

二 引文

重要文献均须校核,并以人民出版社、中央文献出版社、人民日报、新华网等最新版本为准。旧时作者的著作或文章结集出版,可依当时的版本。

三 注释

1. 著作

标注顺序:①责任者与责任方式/书名/卷册/出版者、出版时间、版次(初版除外)/页码。〔注:责任方式为著时,"著"字可省略,其他责任方式不可省略(下同,不再标注);同一页所引文献相同且注释顺序相邻时,责任者、书名可省略为"同上书";同一页所引文献相同、

页码相同且注释顺序相邻时,责任者、书名、页码可省略为"同上";责任者本人的选集、文集等可省略责任者〕

示例:

余东华:《论智慧》,中国社会科学出版社2005年版,第35页。

同上书,第37页。

同上。

刘少奇:《论共产党员的修养》,人民出版社1962年第2版,第76页。

《毛泽东选集》第1卷,人民出版社1991年版,第3页。

2. 译著

标注顺序:责任者国别、责任者与责任方式/书名/其他责任者与责任方式/出版者、出版时间、版次(初版除外)/页码。

示例:

〔美〕弗朗西斯·福山:《历史的终结及最后之人》,黄胜强等译,中国社会科学出版社2003年版,第7页。

3. 析出文献

标注顺序:①责任者/析出文献题名/所载文集责任者与责任方式/所载文集/出版者、出版时间、版次(初版除外)/页码。

示例:

刘民权等:《地区间发展不平衡与农村地区资金外流的关系分析》,载姚洋《转轨中国:审视社会公正和平等》,中国人民大学出版社2004年版,第138—139页。

4. 期刊、报纸

标注顺序:责任者/所引文章名/所载期刊名、年期(或卷期、出版年月)。责任者/所引文章名/所载报纸名称/出版年、月、日及版别。

示例:

袁连生:《我国义务教育财政不公平探讨》,《教育与经济》2001年第 4 期。

杨侠：《品牌房企两极分化　中小企业"危""机"并存》，《参考消息》2009 年 4 月 3 日第 8 版。

5. 转引文献

标注顺序：责任者/文献题名/转引文献责任者与责任方式/转引文献题名/出版者、出版时间、版次（初版除外）/页码。

示例：

费孝通：《城乡和边区发展的思考》，转引自魏宏聚《偏失与匡正——义务教育经费投入政策失真现象研究》，中国社会科学出版社 2008 年版，第 44 页。

参见江帆《生态民俗学》，黑龙江人民出版社 2003 年版，第 60 页。

6. 未刊文献

（1）学位论文、会议论文等

标注顺序：责任者/文献题名/论文性质/地点或学校/文献形成时间/页码。

示例：

赵可：《市政改革与城市发展》，博士学位论文，四川大学，2000 年，第 21 页。

任东来：《对国际体制和国际制度的理解和翻译》，全球化与亚太区域化国际研讨会论文，天津，2006 年 6 月，第 9 页。

（2）档案文献

标注顺序：文献题名/文献形成时间/藏所/卷宗号或编号。

示例：

《汉口各街市行道树报告》，1929 年，武汉市档案馆藏，资料号：Bb1122/3。

7. 电子文献

标注顺序：责任者与责任方式/文献题名/获取或访问路径。

示例：

陈旭阳：《关于区域旅游产业发展环境及其战略的研究》，2003年11月，中国知网（http：//www.cnki.net/index.htm）。

李向平：《大寨造大庙，信仰大转型》（http//xschina.org/show.php？id=10672）。

8. 外文文献

（1）专著

标注顺序：责任者与责任方式/书名/出版地/出版者/出版时间/页码。书名用斜体，其他内容用正体；出版地后用英文冒号，其余各标注项目之间用英文逗号隔开（下同）。

示例：

Seymou Matin Lipset and Cay Maks, *It Didn't Happen Hee: Why Socialism Failed in the United States*, New York: W. W. Norton & Company, 2000, p. 266.

（2）析出文献

标注顺序：责任者与责任方式/析出文献题名/所载书名或期刊名及卷册/出版时间，页码。析出文献题名用英文引号标示，期刊名或书名用斜体，其他内容用正体。

示例：

Christophe Roux-Dufort, "Is Crisis Management (Only) a Management of Exceptions?" *Journal of Contingencies and Crisis Management*, Vol. 15, No. 2, June 2007.